编

前沿之风

周末讲坛·第五辑

丛书总编

国外环境恶化和我们的对策建议
社会变迁六十年
遭遇中国创造
《圆头上的第一艺术教室入口》
未雨绸缪，蓄势待发
来自中国南极科学考察的报告
基因工程与我们的生活
机器人与人类

江西教育出版社
JIANGXI EDUCATION PUBLISHING HOUSE

南昌大学

"前湖之风"周末讲坛文化丛书

序言

九秩风雨，春华秋实。

南昌大学有着93年的办学历史和文化传承。近年来，学校大力实施文化强校战略，取得了一定成效，涌现出了一批具有广泛影响力的文化精品，《前湖之风》周末讲坛就是其中一颗璀璨的明珠。

自2007年10月举办以来，《前湖之风》周末讲坛迄今共成功举办154场，先后获得教育部高校校园文化建设优秀成果二等奖、江西省高校校园文化建设优秀成果一等奖，在《中国新闻周刊》2010年发布的中国大学专家学者讲座满意度排行榜中排名第一，并获批为江西省社会科学知识普及宣传基地。

《前湖之风》周末讲坛讲稿的结集出版，既是学校推崇文化精品，传播核心价值的导向之举，同时也是学校积淀文化底蕴，推进以文化之的育人之责。

习近平总书记在中共中央政治局第十二次集体学习时强调，在5000多年文明发展进程中，中华民族创造了博大精深的灿烂文化，要使中华民族最基本的文化基因与当代文化相适应、与现代社会相协调，以人们喜闻乐见、具有广泛参与性的方式推广开来，把跨越时空、超越国度、富有永恒魅力、具有当代价值的文化精神弘扬起来。南昌大学《前湖之风》周末讲坛正是秉持着这种包容高雅互动的原则，经过七年的坚持，打造成了广大师生、市民自发自愿参加、推崇的一项文化活动品牌。

作为江西省唯一一所学科门类齐全的国家"211工程"重点建设大学，肩负着传播优秀中华文明和赣文化的历史使命。学校在科学发展观的指引下，传承文脉、砥砺奋进，提出了学术立校、文化强校的发展理念和"强学科、精管理、惠民生、兴实干"的发展思路,制定并实施《南昌大学文化发展纲要》,开启了传播先进文化、建设文化强校的新境界;涌现出了一批以《前湖之风》周末讲坛为代表的校园文化精品活动。

但是,把大学文化资源优势转化为教育优势和品牌优势,实现文化事业和教育事业的大发展大繁荣,实现向学术立校和文化强校的跨越,我们还有很长的路要走,还需要付出更多更艰辛的努力。站在新的起点,我们有理由相信,曾经创造过文化辉煌的南昌大学师生员工,一定会创造出更加璀璨的大学文化,涌现出更多像《前湖之风》周末讲坛一样的文化精品。

中共南昌大学委员会书记 胡永新

2014 年 6 月于南昌大学前湖校区

目录 CONTENTS

第六篇

解读大家

第一篇　复兴之路

"前湖之风"周末讲坛第五十九期
主　题:《新中国的社会变迁六十年》
主讲人:王明美
时　间:2009 年 9 月 12 日(周六)上午 9 时
地　点:南昌大学法学楼报告厅
嘉宾寄语:"前湖之风,前卫之风。"

　　王明美,江西省社科院研究员,原社会学研究所所长,院学术委员会委员,学术带头人,享受政府特殊津贴专家。现受聘担任南昌社科院社会政法研究所所长。

　　社会兼职有:江西省社会学学会会长,北大江西校友会副会长,省社会心理学会副会长,省劳动学会副会长,省妇女研究会副会长,省谱牒研究会、省农村社会学研究会名誉会长,中国社会学会常务理事,中国妇女研究会理事,江西省社会科学学会联合会理事,南昌大学、江西财经大学、南昌航空大学等高校兼职教授,江西财经大学社会学硕士生导师。

　　长期从事社会学研究,主要研究方向为社会发展与社会问题,尤其关注江西社会经济发展的宏观运行与走势,关注民生问题,被誉为"平民学者"。先后领衔主持 2 项国家课题、2 项省级重点课题和其他多项课题。撰写的多份研究报告分别获得江西省委书记、省长、副省长的批示。主要著作有《江西社会发展五十年》、《江西个体私营经济二十年》、《社区建设:中国和江西的实践》等。

校园文化丛书

4

　　新中国的六十年,是历经坎坷、创造奇迹的六十年,是一个民族走向繁荣昌盛的六十年。在这六十年里,中国实现让世人震惊的辉煌蜕变。政治民主、经济发展、社会稳定、人民安居乐业,而在这华丽转身的背后,中国社会究竟有着哪些变化?历经了怎样的辗转沉浮?本期讲坛,主讲人将带我们一起了解那一段值得回味的变迁往事。

社会变迁六十年

◎王明美

我又来到南昌大学了！曾经在你们法学院作过一次讲座，那是多年以前的事情了。多年以前和多年以后当然会有所变化。正如60年以前我还是一个在地上爬着玩的小孩，而60年以后我变成了一个白发苍苍的老头。60年对人类历史来说不算什么，不过是历史长河中的一瞬间；但对一个人来说基本上是大半辈子甚至可能是整个人生。

我出生于1946年，过了60岁，还赚了3年。那我们能不能一辈子活上两个60年呢？可以，有人活过120岁，但那是凤毛麟角。我的老师——前不久刚逝世的季羡林先生（掌声）活到98岁，很不容易。当年季先生担任北京大学东方语言文学系主任的时候，我就在北大东语系学阿拉伯语，所以我真是他的学生，绝对不是假冒的。（掌声）北大原校长马寅初先生活到将近100岁了，那时曾因"新人口论"受批判的他得以平反，大家希望他老人家能够活过100岁，可惜最后还是未能成真。不过中国有个算虚岁的传统计龄方法，即出生时记为一岁，以后每到一个新年增加一岁，这样马老先生就有100岁了。就在他临终前不久，大家隆重庆祝了马寅初先生的百岁寿辰，十分热闹。

我们多数人当然没有这个奢望。我原来的目标就是活60年，活满一个甲子，不是"短命鬼"就行了；60岁以后多活一年就等于多赚了一年。60岁以后的日子希望过得更轻松、更自在、更舒适、更潇洒一点。以上是我的前言。

闲话少说，言归正传。今天给大家讲三个问题：第一，题解。第二，新中国60年社会变迁。第三，新中国60年社会变迁给我们带来的思索。对第三个问题，我们不要回避，可以大胆讨论,这对我们国家的未来发展有好处。所以第三个问题是我要讲的重点。

一、社会变迁

我这个题目原来叫做社会变迁六十年,后来我想还是要加个定语:新中国,是新中国的社会变迁六十年。

牵涉到社会变迁就有几个问题。第一,什么叫社会变迁?第二,社会变迁的内容、形式。第三,社会变迁的特点。

(一)社会变迁的概念

什么叫做社会变迁?我讲课不太喜欢翻教科书看人家怎么讲。凡是教科书讲的都很严谨,定义一大串,找不出毛病,很好;可是记不住。这是因为没有抓住精髓,没有抓住本质。凡是抓住了精髓、本质的,就能记得住、记得牢。把握了精髓、本质,如何用文字表达那是个人的事,你能够用越简单的语言把它表达出来,你的水平就越高。

我所总结的社会变迁的概念是:在某个时间段里面所发生的一切社会现象的变化。这里面有两个关键词:时段、内容。

"时段"这个词很重要。社会变化每时每刻都会有,比如我现在讲话的这一分钟、这一秒钟里,世界都在发生变化。但要说到变迁,就一定是在某个时间段里发生的变化。比如我现在是将现在和 60 年前做一个前后比较,看看这 60 年当中,我们的社会有一些什么样的变化。时间跨度越大,变迁往往越大。所以光是讲变化还不够,一定要有一个时段。

(二)社会变迁的内容

社会变迁非常广泛。我今天所说的"社会"是指"大社会",凡是人类社会中的一切,包括政治、经济、文化等,都属于社会。社会是由人所组成的,"人类"、"社会",这两个词是连在一起的,由人类所组成的社会才叫社会。人类社会里的一切,政治、经济、文化、法律,等等,应该都包括在"社会"里面,都是"社会"的内容。这就是"大社会"的概念。我们今天讲的就是"大社会"。大社会里包括很多方面的发展,其中,经济发展无论对一个国家、对一个整体还是对个体来说,都是非常重要的。我们现在往往将"经济"单独划出去,好像它不是社会发展的内容,但实际上它仍然属于社会发展的范畴,并且左右着社会其他方面的发展。

我今天讲的社会变迁指的就是"大社会",包括人类社会中的一切变迁。那么60年中新中国这个大社会里的一切变化都是我今天要讲的内容。其中包括:第一,自然环境变迁;第二,人口的变迁;第三,经济变迁;第四,社会变迁(这是指的是"小社会");第五,科技变迁;第六,文化变迁。

(三)社会变迁的形式

社会变迁有什么形式呢？它有两种形式。一种是突发、急剧的变化,一种是演进、缓慢地变化。作为一种社会变革,它的方式一是革命,二是进化(或者我们经常讲的改良)。

我们以前在"左"的思想影响下往往喜欢革命,不喜欢进化。文革时期"越激进越好、越革命越好"的"左"的思想深深地根植在我们的头脑里。经过改革开放以后的一次次反思我们才逐渐认识到,人类社会不是越革命、越激进越好。拿世界近代史上两次大的革命来比较——一个是英国革命,另一个是法国革命——我们就可以看出它们的后果是不一样的。

英国革命被叫做"光荣革命",它是新兴的资产阶级同封建王朝妥协,新兴资产阶级将整个封建王室都买下来,养起来。但有一个条件,王室不能干涉政权。被养起来的国王作为国家元首只是国家的一个象征,没有权力,真正掌权的是资产阶级。英国资产阶级革命的成功是妥协的产物,所以叫"光荣革命"。它带来的社会震荡比较小,过渡得比较平稳,所以英国的社会比较稳定,发展较快。

法国资产阶级革命则不然,暴力得很,今天绞死某国王,明天又把某某送上断头台,带来的社会动荡非常大。英国的面积只有24万平方公里,法国的面积有50多万平方公里,而且法国人口更多,但是这两个国家在近两三百年的竞争中一直是英国占上风。我想,这恐怕与两个国家所选择的不同的革命方式(一渐进一激进)有很大关系。

人到了我这个年纪,反思过去,就会觉得不是越革命越好。这个世界上有很多事情是需要改良的。革命的方式是暴力的方式。改良的方式是协商的方式,大家可以坐下来好好谈,得到一个大家都能接受的结果。利用谈判来解决问题可以避免很多因暴力带来的严重后果,而暴力对正常健康的社会变迁更是一种破坏,这种破坏一旦形成,后果是很严重的。

(四)社会变迁的特点

社会变迁有如下几个特点:

1.社会变迁是客观存在的普遍现象。从古至今,社会在不断地发生变化,一个个社会变化在一定时段后构成社会变迁。社会变迁是客观存在的普遍现象,不管我们高兴不高兴、喜欢不喜欢,都在发生,并有其内在的客观规律。

2.只有符合社会发展规律、社会发展方向和潮流的社会变迁,才能推动社会的进步,否则就会阻碍、延缓社会的进步。社会变迁有正面和负面两类,改革开放以来的 31 年与改革开放以前的 29 年两相比较,我们会发现:前 29 年的变迁和后 31 年的变迁,前者负面的东西多些,所以我们应该有一个价值判断——只有符合社会发展规律的社会变迁,才能推动社会的进步,才应该得到我们的支持。对于那些阻碍、延缓社会进步的社会变迁,我们要对它进行批判,应该认真反思,认真总结历史的经验教训。

3.社会变迁是曲折的。总的趋势是前进的、向上的,但也有倒的、堕落的。包括后 31 年中也有堕落的(比如社会伦理道德的全面滑坡),我们要以辩证的眼光来看待。

4.社会变迁的过程就是新陈代谢的过程,意味着旧事物的消亡和新事物的产生。比如我王老头王明美今年 63 了。原本是一个小孩子,粉红的脸,很可爱,很秀气。现在是个糟老头,很悲哀。但是我的孩子大了,孙辈也出现了——我的小外孙长得很好,活泼好动,可爱极了。像这样一代一代的更迭,就是社会变迁中的新陈代谢:老人去了,新人来了。这就是社会变迁、新陈代谢的过程,旧事物会由新事物所替代。人类社会总会出现新的事物代替旧的事物,而新的事物、新的东西更有力量,更加朝气蓬勃,更为可爱。

5.社会变迁是复杂的、形式多样的。各个国家的社会变迁有所不同,这是多元化的表现。但社会变迁总的来说是有规律可循的,从低级到高级、从野蛮到文明、从低层次文明到高层次文明,越来越进步,这个社会变迁的规律全世界都大致差不多。

二、新中国 60 年的社会变迁

(一)社会变迁的主要成果

新中国 60 年社会变迁的主要成果是什么呢?

1.政治变迁:迈向民主政治和依法治国。

大家注意,我这里用的是"迈向"一词,我们正在"迈向"民主政治和依法治国。60 年来我国在政治层面发生了很多变化,我认为集中表现在"三个转变"上:

(1)曾经横行神州大地的"左"的思想不断遭到清理和摒弃,主流指导思想从"以阶级斗争为纲"转向"以经济建设为中心"。前29年和后31年这两个阶段的政治变迁有非常显著的特点:前者是"以阶级斗争为纲",对国家、对人民危害巨大;后者是"以经济建设为中心",对国家、对人民利莫大焉! 这个转变要归功于邓小平,改革开放以来我们所取得的所有成就都与这个转变分不开的。

(2)整个国家的政治生活走向制度化,正在向民主政治、法治社会迈进。尽管在这个方面还存在不少问题,但是,我们应该看到:整个社会的民主风气越来越浓郁。但是我们的自由表达空间越来越大是不争的事实。比如我们现在,同学之间,师生之间,家人之间,朋友之间,是完全能够随心所欲地表达意见的。我们现在的手机中经常会收到很多段子,有些段子甚至将玩笑开到了国家领导人身上,而这些大家都感到很正常了,收到了就打开看看,看了就笑笑而已,不会想到这是什么政治问题。而若倒回二三十年,这是不可想象的事情。这说明我国在民主政治方面有了很大进步。

还有一点就是我们的社会正向法治社会迈进,虽然在这个方面我们还有很多不足,还要做很多努力以改变我们的法治环境,但是这方面的进步毕竟是巨大的。

(3)公民的个人自由度不断增大。这包括社会生活的各个方面。仅举一例:现在只要有钱,你就可以到任何地方去。可在二三十年以前是根本不可能的,因为你的外出要受到很多限制,政治上的限制不说,物质上的限制就会使你寸步难行。比如你起码得带粮票,没有粮票你就没饭吃,哪怕买一个馒头、吃一碗面条,都得有粮票。这在你们看来匪夷所思,但在二三十年前却是千真万确的事! 而且那时候的粮票并不好得到,不是任何人都能得到粮票。改革开放以后我国实行包产到户,调动了农民的生产积极性,粮食大增产,解决了吃饭问题,再也不需要粮票了,才有了后面蔓延全国的社会大流动。成千上万的农民工走向城市,推动我国的现代化建设。其实,我国的农村劳动力早就有所剩余,农村早已"人满为患",可为什么那时候多余的劳动力不能流出农村呢? 一个重要原因就是没有解决流动人口随时随地都能吃上饭的问题。一旦这个问题解决了,社会大流动也就自然成行了。当然,限制人们自由流动的其他因素(比如政治因素)也大大减少,我国公民的自由流动成为现实。这说明,我国公民的个人自由度有了很大提高。

2.经济变迁:走向市场经济。

走向市场经济道路是一件意义极其重大的事情,特别是在我们这个搞了几十年计划经济的国家。可以说,我们现在所取得的巨大进步和骄人成绩,都是市场经济带来的。市场经济真是一只巨大而神奇的手!

经济变迁可以说是整个社会变迁中最重大的变迁,它为我们国家的发展做出的贡献最大,为老百姓带来的实惠也最大。

经济变迁主要体现在两个进步上。一是产业结构大大优化,趋于合理。2007 年的三大产业比例为 11.3：48.6：40.1。即第一产业所占的比例只有 11.3%,而以前所占比例超过了 50%。第二产业占到了将近一半。第三产业所占比例也达到了 40%,今后还会不断增加。这是一个符合现代国家标准的产业结构。

二是经济实力大大增强,经济总量达到世界第三,仅次于美国和日本。这就是在后 31 年里所发生的变化。我国已由低收入国家跃升至中等偏低收入国家。1980 年我国的 GDP 世界排名第 11 位,占世界的 1.83%,而 2008 年我国的 GDP 世界排名跃升至第 3 位,占世界的 6.18%。2008 年世界经济总量排名第一位是美国,占全球的 18.29%。我一直在追踪这项排名,十几年前美国在这项数据上占世界的 30% 多,然后逐年下降,当然如今它依然很强大,目前是中国的 3.39 倍。日本占全球的 6.18%,是中国的 1.15 倍。接下来依次是:中国、德国、法国、英国、意大利、俄罗斯。俄罗斯原本是 10 位开外,我们曾经笑他们的"休克疗法",但是如今他们已经慢慢缓过气来,正在稳步快速发展。其"休克疗法"虽然带来了一段时间的混乱,但是它却使俄罗斯彻底地走入了市场经济,自有其优势。印度排在第 12 位,虽然它想与中国抗衡,但它是一个"坐在牛车上的国家",其前进步伐根本不可能赶上中国。唯一需要担心的就是有一天他们的人口会超过我们。(笑声)有人预测明年中国就能超过日本跃居第二位,2015 年能够超过美国跃居第一位。我当然很希望这一天早日到来。按照我们的官方说法,在 2049 年新中国成立 100 周年时,我们要基本实现现代化,完成中华民族的伟大复兴。我虽然可能看不到 2049 年的强大中国,但如果 2015 年真的能赶超美国,那我是无论如何也要挣扎着活到 2015 年!(掌声)

3.科技变迁:进入信息时代。

信息时代给我们带来的变化太大了。信息时代在欧美国家是上个世纪五六十年代开始的,在我国则是八十年代才出现的。没有电脑之前,我们是怎么打字的？即在打字盘坐标的上下左右找到每个字的位置,然后

"咔嚓"一声敲出一个字来。一个打字员速度再快,一个上午也只能打一两千字。电脑出现以后,打字速度突飞猛进。一开始的电脑型号叫"286",打字速度比手工打字不知要快上多少倍。可现在我们已经用"286"来骂人了——如果说某某脑子迟钝,就会说"这人简直是286"!十年前我们的腰间还挂着BP机,当它响起来时就急忙四处找电话回话。可现在,整个BP机产业早就垮了,手机的短信功能完全代替了传呼机的传呼功能。光是手机的变化就足以让人惊叹。相信不久的未来,手机可能会变成一小型电脑,能操控一切。

现在电脑的更新速度太快了,如果配置太低,其"慢"速度会让人无法忍受。网络天地无限广阔,十分奇妙,它会给我们的生活带来怎样的变化,我们现在还无法完全预测。

4.人口变迁:人口增长速度放缓,人口结构大大优化。

我国的人口从1952年的5.7482亿增加到2007年的13.2129亿,增加了1.3倍;同时实现了人口再生产类型由高出生率、低死亡率、高增长率向低出生率、低死亡率、低增长率的历史性转变,人口结构大大优化,对整个社会的发展有很大的好处。但是,过于严格的计划生育政策也带来许多问题,会对我国的长远发展造成负面影响。其实,"人"包括"人口"和"人手"两个方面。人不但是"人口",会吃饭,要消费;更是"人手",会劳动,会创造财富,而且"人手"所创造的财富一定多于"人口"的消费。所以,人是巨大的人力资源,是世界上最宝贵的资源。人所创造的社会财富一定会大于他所消耗的东西。一个人如此,一个家庭如此,一个国家、一个社会也是如此。所以我们应该辩证地看待人口生产,重新审视我们过于严格的计划生育政策。

5.文化变迁:走向多元文化。

"文革"时期文化凋零。"文革"十年,全国只有8个样板戏和3部电影("三战":《地道战》《地雷战》《南征北战》)。这是什么世道?还能叫"文化大革命"吗?应该叫"大革文化命"才对!

但现在不同了,经过改革开放三十余年的发展,我们的文化生活越来越丰富多彩,文化也越来越多元化了。其实,一个国家的强大,不仅取决于它强大的硬实力,更取决于它强大的文化软实力。正如有人曾经说过,一个国家是否强大,在于你能不能输出有价值的文化,你的价值观能不能被别人接受。这就是文化软实力的重要性。

我国拥有几千年的深厚文化底蕴,曾给世界带来巨大影响。如今,随着我国经济实力的不断壮大,我国的文化软实力也在世界上发挥着越来越大的作用和影响力。我国已经在世界各地办了一百多所孔子学院,学习汉语的外国人已达几千万人,汉语"托福"考试也已经兴盛起来。

澳大利亚新任总理陆克文首次访华时在北大演讲,讲的就是中文,这在以前是不可想象的。他演讲的第一句话就是:"天不怕,地不怕,就怕老外说中国话。"引得大家哄堂大笑。

以前我们到国外淘金,现在很多外国人来中国淘金了;以前很多中国人偷渡到国外,现在很多外国人偷渡到中国来。如有很多黑人在广州做生意,他们大多是黑户口。这是一种表象,而表象背后隐藏着中国的实力在上升的事实。这里所说的实力包括硬实力,也包括软实力。

文化的变迁实际上是最大、最终的变迁,一切的变迁最后都浓缩在文化上。无论是个人、家庭还是国家的变化、变迁,最后都体现在文化的变迁上,而我们60年文化变迁的特点就是走向多元文化。这是一个了不起的变化。

6.社会变迁:迈入现代社会。

讲到新中国60年社会变迁的主要成果,可用一句话概括为"迈入现代社会"。

以前我们似乎认为"现代化"是一个遥远的词汇,现在已经不觉得遥远了。很多外国人到中国,看到中国的大城市同国外发达国家的区别不大,甚至更为繁华。许多出国的人也有一种不比人家差的感觉。因为国外有的,国内基本都有。比如说手机,欧美国家少男少女用的最时髦的手机,我们的少男少女也用上了,一点不落后。我们生活的各个方面,都已经充满了现代社会的气息。由此可见,我们讲社会变迁迈入了现代社会一点都不假。

社会变迁迈入现代社会主要有以下几个标志:

(1)社会结构的变化

第一,城乡结构的变化。

中国的城市化水平在2007年已经达到44.9％,2008年提升至45.7％,这是很大的进步。要知道,解放初,我国的城市化水平只有百分之十几,改革开放初期也不到20％。而经过改革开放三十余年的发展,我们的城市化率已接近50％,这是了不起的进步!

第二,阶层结构发生了非常大的变化。

中国社科院社会学研究所原所长陆学艺教授主持了一个大型调查,

以了解中国社会的社会结构发生了哪些变化。当时作为抽样调查的省份,江西的调查是由我主持的。经过调查,陆学艺等人得出结论:中国现今存在五大社会经济等级和十大社会阶层。

五大社会经济等级是:

①上层,包括高层领导干部、大企业经理人员、高级专业人员及大私营企业主;

②中上层,包括中低层领导干部、大企业中层管理人员、中小企业经理人员、中级专业技术人员及中等企业主;

③中中层,包括初级专业技术人员、小企业主、办事人员、个体工商户、中高级技工、农业经营大户;

④中下层,包括个体劳动者、一般商业服务业人员、工人、农民;

⑤底层,包括生活处于贫困状态并缺乏就业保障的工人、农民和无业、失业、半失业者。

十大社会阶层是:

①国家与社会管理者阶层,拥有组织资源;

②经理人员阶层,拥有文化资源或组织资源;

③私营企业主阶层,拥有经济资源;

④专业技术人员阶层,拥有文化资源;

⑤办事人员阶层,拥有少量文化资源或组织资源;

⑥个体工商户阶层,拥有少量经济资源;

⑦商业服务业员工阶层,拥有很少量的三种(指组织、经济、文化,下同)资源;

⑧工人阶层,拥有很少量的三种资源;

⑨农业劳动者阶层,拥有很少量的三种资源;

⑩城乡无业、失业、半失业者阶层(社会底层),基本没有三种资源。

这十个阶层的划分引起了不小的社会反响,其中反响最大的是原来的领导阶级工人阶级和作为工农联盟基础的农民阶级被划为"老八"和"老九"。这种社会阶层划分是不是科学的,还有待探讨,但是有一个社会分层体系还是有好处的。实际上,不管我们承认不承认,社会分化为不同的阶层是一个客观事实,任何社会都有高层、中层和低层。其实,我们不必太在意阶层分化及现阶段所处的阶层,而更应看重社会流动,以及一个社会允许社会正常健康流动的社会氛围和背景。所谓"人往高处走",每个人都希望从低层向高层流动。但哪怕我现在处于社会底层,只要通过努力奋斗,学到了真本领,我就能"鲤鱼跳龙门",一级一级跳到社会上层。在一个正常的、健康的社会里,这是完全有可能的。试问,我们在座的有谁的头上写了"王"字?没有。但谁又能说我们在座的中间以后不会出现部长、省长甚至总理?

当然,有些社会阶层的改变需要几代人的努力,比如我们的农民工。第一代农民工很受歧视,老了还要回到农村;第二代农民工有一部分进城了;第三代农民工很可能就会在城市里扎下根,基本城市化了。这就是社会流动所带来的结果。如果还是按照"龙生龙,凤生凤,老鼠的儿子会打洞"这种反动血统论去发展,这个社会还会有进步吗?贫苦的、低层的孩子又有什么翻身的希望?那就是永远的"家天下,王天下"了。两千多年前,陈胜就说过"王侯将相,宁有种乎?"刘邦也说"他(指秦始皇),我可取而代之"。社会流动,就使得"王"也会发生变化,刘邦果然取而代之,成为皇帝。我们在座的各位,如果以后参加了工作,掌握了权力,一定要努力地推动我们国家发展,营造一种有利于正常、健康流动的社会背景和社会环境。这个非常重要!

(2)生产方式的变迁

它的特点是比较落后的生产方式向比较先进的生产方式转变,也就是我们所说的工业化和现代化。最显著的特点就是人类从手工时代进入机器时代,能够批量和规模化生产。信息社会就不光是机器了,而是信息控制机器,信息自身生产,生产方式更科学、更进步,生产出来的产品更多、更先进,给人们带来的好处也更大。

(3)生活方式的变迁

我们普通人可能更注重生活方式的变迁。我归纳的它的特点是走向更为科学、文明、健康、自由的生活方式。

有一个手机段子,四句话中有三句讲到的是我们生活方式的变化。哪三句?第一句是"吃菜要吃素"。以前是要吃肉!连皮带骨头,包括槽头肉我们都吃得很香。但现在谁会老去吃肉?吃菜要吃素,这种变化太大了!第二句是"穿衣要穿布"。透凉啊!不像的确良、涤卡,表面上很笔挺,但不舒服,现在要穿布。第三句是"出行要走路"。如今轿车家庭化,有车的家庭越来越多,但有车有时候也不坐,出行要走路,锻炼身体,保持健康。这三句话说明我们的生活方式更为科学、文明、健康、自由了。

我们能够达到这点,跟我们国家的富强有非常大的关系。我在外面讲课,人家留我吃饭,每一次我都婉拒,我跟主人开玩笑说:"如果三十年前,可能我讲课会故意讲到 11 点 55,就是挨到吃你这顿饭。"因为那时肚子里油水少,希望在你这里补充补充油水。但现在你有山珍海味我都不想吃,我吃得很累,你陪着也很累。这就是不同点。所以国家富强,人民生活水平提高,为我们更加健康、文明、科学、自由的生活方式提供了基础,这是非常重要的。当然还有一个条件是我们打开国门、改革开放,通过交往引进人家的生活方式,从而带动我们生活方式的变化和进步。

30 年前我们的女孩子是不化妆的(不会化也不敢化),女孩子的发式就是短头发或者挽个辫子,所以有歌词写道"村里有个姑娘叫小芳……辫子粗又长"。现在,你想怎么打扮就怎么打扮,你爱怎么打扮就怎么打扮。这是多么大的变化呀! 这就是进步。可我们男同胞亏呀! 我们的消费品 80% 是为女同胞生产的,都想赚女人的钱,因为"女人的衣柜里头永远少一套服装,少一双皮鞋"。

说句笑话,到百货大楼等公共场所,假如我们男同胞穿着背心拖鞋,保安就会把你拦住:"对不起,先生,请留步! 你衣衫不整,不能进去。"而若我们的女同胞穿着背心,保安就会盯着直愣愣看! 可你要问保安为什么拦你不拦她,他会说:"你是衣衫不整,她是时髦、时尚!"

我赞成女同胞打扮得越漂亮越好,但我不赞成去整容,那很可怕、很恐怖。迈克尔·杰克逊整容几十次,结果怎么样,整得吓死人! 所以女同胞去整容要小心。迈克尔·杰克逊那么有钱,全世界最好的医生都能请到,最后整得吓死人,魔鬼一样,你有这个本钱么?美美容、画个淡妆什么的,更漂亮、更高雅,我觉得很好,赏心悦目。但是若去整容,后果不堪设想!

所以说,国家的富强和对外开放,给我们的生活方式带来了很大的变化。

(4)社会意识形态的变迁

这个方面我归纳为四点:第一,社会意识的变迁;第二,思想道德观念的变迁;第三,社会价值观念的变迁;第四,婚恋、家庭观念的变迁。

第一,社会意识的变迁。

我们有十个意识,变化非常大:

① 开放意识方面的:我们国人开放意识大大进步了。

② 市场意识:以前是计划经济,一切等着组织安排,等着计划;现在是市场意识,竞争意识、风险意识、自立意识都大大增强了。

③ 自由意识:追求和享受自由。

④ 民主意识。

⑤ 公正、平等意识:现在我们社会上有一个词汇叫"追求公正和社会正义",得到了大多数老百姓的拥护。对于社会上不平等的事情,网络一片哗然。最近的几个事件,网络是胜利者,主导了整个舆论,甚至主导了法院的判决。这是整个社会主持正义、追求公正平等的一大进步。

⑥ 法制意识:法制意识包括维权意识,我们公民维护自己权益的意识大大提高。

⑦ 个人意识:个人的意识包括自主意识、奋斗意识、维权意识,这有很大进步。个人主义和集体主义不能完全对立。

⑧ 人权意识:这是非常大的进步。较长一段时间,我们国家连"人权"这两个字都不提,我们把人权的主导权奉送给资产阶级国家,等着挨骂。后来才觉得我们尽管有人权问题,但美国、英国、法国等资本主义国家也有人权问题。我们的人权在改善,他们却也存在很多问题,为什么我们不敢讲呢?而且倡导人权,维护人权是我们共产党的宗旨之一。人权意识在十多年来进步非常大,这是社会变迁的一大特色。

⑨ 生态环保意识:这是最近几年兴起的,虽然还存在很大的问题,但这也是社会意识变迁里的一大进步。什么时候上升到谁破坏环境谁就是人民公敌,人人得而诛之,我们的环境保护环境改善就有希望了。

⑩ 多元意识:不是一元化。

第二,思想道德观念的变迁,包括以下内容:

我举个例子,"投机倒把"在改革开放初期是犯罪。比如说,前湖红角洲有几万学生,根据商品的供求关系,它的物价肯定要上涨,要比市区高。在市区白菜一块钱一斤,这里可能就要一块二。而作为个体商人户的我看到有两毛钱的差价,就会从市区贩运一些白菜过来。这在 20 多年前,是投机倒把,要治罪的。虽然在现实生活中,早已经"投机倒把罪"被取消了,但是今年的 8 月 24 日,十一届全国人大常委会第十次会议才把"投机倒把罪"的法律规定删除。所谓"投机倒把",其实是搞活流通的功臣。

第三,社会价值观念的变迁。

这体现在评判标准的变化上。比如,人们不再以政治表现作为唯一或主要的评价标准;不再以官方态度为唯一或主要的评价标准;对先进与落后、公与私、穷与富等的评价有了重大变化。

人们的个人价值观也发生着重大变化,比如敢于肯定自我,勇于重视自我,再不忌讳自我奋斗。以前是不讲自我奋斗的,自我奋斗是资产阶级思想。现在不一样了,人们的多元价值观逐渐建立起来。所以,总体说来,在价值评判中,人们大大降低了以政治为评价尺度的道德标准,提高了尊重人权、崇尚人性的份额,扩大了个人的自由空间选择。

以前"三好学生"还可以考试加分,我想在座的绝大多数人都反对,我也反对。尽管我们的高考制度还有许多弊端,但高考是现在唯一可以基本保持公正的人才选拔方式,可是现在却有很多附加的东西出现。今年重庆的高考状元,他没有加分就是高考状元,但是他父母帮他伪造了少数民族身份,所以北京大学没有录取他。

对此,社会上有不同的声音。有人说:"北大你不能这样做,你埋没了一个人才。"而我却是支持北大这样做的。因为你已经是成年人了,知道父母给你改了民族身份。你明明知道这是错的,违背了国家法律,为什么不出来反对呢?尽管最后你考得很好,不需要享受少数民族加分的优惠待遇,但你主观上是希望享受更改民族身份所带来的好处。我们要遏制这种歪风,这是北大不录取他的原因之一。

第四,婚恋、家庭观念的变化。这主要表现在如下三个方面:

一是婚恋自由、尊重个人情感的观念逐渐为大多数人所接受,并成为社会的主流。所以现在离婚率很高。社会上对此也有很多议论,觉得好像婚姻大事变得不严肃了。但假如我们站得更高一点来看这个问题,这其实是个人自由的充分表达。一个社会是不是一个健康、民主、现代、先进的社会,有一个标志,即个人的自由能否得到最大的尊重。但这个标志不是说不要遵守家庭规则,不要遵守纪律和国法。在这些都遵守的同时,我们个人的自由就越少受到干扰,越多得到尊重,个人越能够按照自我选择去做,就表明这个社会更进步了。

马克思当年所追求的就是这么一个社会。按照这个理论来套我们的婚姻自由:原来我很爱你,所以我们结合在一起;后来发生变化,不爱了,那就尊重个人自由,这并没有什么不好。如果以这种观念来看离婚率高低,那么离婚率高事实上并不代表社会的退步,相反在某种意义上它代表的是进步。婚恋自由、尊重个人情感的观念逐渐为大多数人所接受并成为社会的主流,这是一个好的变化。

二是"贞操"观念日益淡化。我们知道"贞操"观念主要是针对女同胞的,这很不公平。"贞操"观念日益淡化也是社会的一个极大进步。上个世纪八九十年代我们国家就对此有过争论。以前大家有不同的想法可能会有所顾及而不敢说,但现在不同了,各种学术观点都可以亮相,这就是进步。

三是性自由逐渐扩大。这其中也具有一定的进步性。但是应该有一个限度,有一个标准,要洁身自好。我认为性是带着很大的情感色彩的,没有情感的性,有什么意思?不洁身自好的性,我认为不能放在性自由这个范畴里头。

所以,婚恋、家庭观念的变化,站得高一点,从社会发展的总趋势,从人的自由、解放的角度去看,才不会被一些迷雾所迷住。离婚率升高带来很多家庭问题,但离婚率不升高带来的家庭问题会更多。现在有个说法:"为了孩子不离婚"。假如每一个人都为了孩子不离婚,那就牺牲了一代又一代人的婚姻自由,很可怕。所以我主张每一代人享受当代人应该享受的幸福生活,当然也应该做出当代人应该做出的贡献。什么意思呢?你不要说:"我三十岁,我没有希望了,我把希望寄托在我孩子身上。"三十岁你就没有希望,你就自暴自弃,不做该做的贡献吗?如果女同胞三十岁结婚有孩子,就粉也不搽,霜也不抹,不美容也不化妆,那就太亏了。你照样应该享受我们当代人的幸福生活。

"为了孩子"是给孩子提供正常健康成长的基本条件,而不是为了孩子牺牲大人的幸福。假如为了孩子,牺牲上一代人的幸福,一代一代都是如此,那么这个社会就完蛋了。这是我个人的观点。

(二)社会变迁的负面绩效

社会变迁也有负面的东西,我把它叫做"负面绩效"或者"逆向成效"。主要有如下几个方面:

1.生态遭到破坏,环境状况恶化

中国80%的江河湖泊枯竭断流,2/3的草原沙化,绝大部分森林消失,近乎100%的土壤板结。1/3的国土已被酸雨污染,主要水系的2/5已成为劣V类水(把水分为五类,Ⅲ类以上可以使用,Ⅲ类以下不能使用)。3亿多农村人口喝不到安全的水,4亿多城市居民呼吸着严重污染的空气,1500万人因此患上支气管炎和呼吸道癌症。世界银行报告列举的世界污染最严重的20个城市中,中国占了16个。

《2008年环境质量状况》披露——

2008年七大水系水质:Ⅰ~Ⅲ类断面比例为55.0%,劣V类为20.8%。

2008年七大水系水质状况:

长江水系水质状况:干流水质为优;支流水质良好。

黄河水系水质状况：干流水质为优；支流为重度污染。

珠江水系水质状况：干流水质良好，支流水质优，广州段轻度污染。

松花江水系水质状况：干流为轻度污染；支流为中度污染。

淮河水系水质状况：干流为轻度污染；支流为中度污染。

海河水系水质状况：干、支流均为重度污染。

辽河水系水质状况：辽河干流为中度污染；辽河支流、大辽河为重度污染；大凌河为中度污染。

重点湖泊水质状况：

滇池：重度污染，重度富营养。

太湖：重度污染，中度富营养。

巢湖：中度污染，中度富营养。

洪泽湖：重度污染，轻度富营养。

洞庭湖：中度污染，中度富营养。

鄱阳湖：轻度污染，中度富营养。

中国的生态环境有个"警示图"，叫"有水皆污，逢雨必酸"。2005 年，近 1/3 监测断面为劣 V 类水质，失去了生态功能，1/3 国土面积受到酸雨影响。《环球时报》说：环境问题影响国家形象，中国崛起需跨"环保门"。在很多国外舆论的印象中，"这条崛起的中国龙就像是从下水道里腾空而起的，身上流淌着污水，散发着难闻的恶臭"。英国《每日电讯报》文章的标题直言："中国在接管世界之前是否会被自己排放的废水淹死？"这话讲得很尖刻，但很发人深省。

北京大学国际关系学院国际组织研究中心主任张海滨也向《国际先驱导报》直言："如今，能阻碍中国崛起的问题之一或许就是环境问题。"西方国家要阻碍我们的崛起都不起作用。这样讲是很有道理的。

环境保护部部长周生贤曾透露："在中国信访总量、集体上访量、非正常上访量、群体性事件发生量下降的情况下，环境信访和群体事件信访量却以每年 30％以上的速度上升。"最近出现儿童铅中毒事件，死亡人数很多，造成很多群众上访。所以环保问题不但会影响到民生，而且会影响到党群关系、政群关系，以后还可能会成为一个矛盾的集中爆发点。

我们江西被称为绿水青山，但江西的生态环境状况也不容乐观：

中科院编纂的、科学出版社出版的《2008 中国可持续发展战略报告》称，我国环境问题不断加重，但生态状况基本保持稳定。与 1995 年相比，除北京、上海、山东 3 个省、直辖市外，全国其他省、自治区、直辖市的环境水平呈现下降态势。除北京、天津、江西、海南、云南、青海等少数省、直辖市生态状况较之 1995 年有所下降外,其他绝大部分省、自治区和直辖市的生态状况基本保持稳定,甚至略有好转。

我们江西是生态环境状况下降的省份之一。每当提到江西的"青山绿水,绿水青山"时,我们感到很自豪,但在自豪的同时也应看到环境问题的严重性。环境状况并不是那么乐观:有"最后一盆清水"之誉的鄱阳湖,环境正在恶化。

江西省水资源公报的数据表明:2001 年,鄱阳湖全年没有污染水,水质优于Ⅲ类的占八成,属于Ⅲ类的占两成。此时的鄱阳湖的确可以被称为"一盆清水"。但到了 2006 年,鄱阳湖水全年优于Ⅲ类的不到六成,属于Ⅲ类的有两成多,劣于Ⅲ类的则逼近两成。按照水利部的统计,到了2006 年,鄱阳湖已经从整体上呈现出中度富营养化的状态。鄱阳湖水质在 2007 年仍在进一步恶化。所以说江西的情况并不像我们自己讲的那么好,必须看到它问题的严重性。

《江西日报》报道:2009 年 5 月 26 日,"艾溪湖水质污染依旧,桃花河臭水横流。"

值得赞赏的是,江西省正在实施每县一个污水处理厂计划。但效果如何还要拭目以待!建了以后不使用,还是白建。很多工厂建了污水处理池却不用,为什么?使用污水处理池的开销比乱排放的罚款还大。例如使用污水处理池每年的开销是 10 万块,罚款为 5 万块,那很多厂长则会宁交罚款而不去开动污水处理器。所以违法的成本低,守法的成本高,不解决这个问题就会产生很严重的后果。

2.社会结构失调

社会结构失调主要表现在三个方面:

一是区域(东部与中西部)差距扩大。就拿江西和上海来说,改革开放初期,江西的职工平均工资大概是上海的 60%,现在下降到只有 40%多,也就是说我们同样是国家职工,但从纸面上说我们的工资还不到上海的一半。此外,江西的职工平均工资是全国最低的,多年以来排在大陆的第 31 位(最末一位)。收入差距这么大,所以会"孔雀东南飞",江西的人才都飞走了。我说,不仅是孔雀,麻雀都会东南飞!因此,江西要留住人才不提高工资待遇是不行的,所谓"感情留人"是留不住的。

二是城乡差距扩大。

三是贫富差距在不断扩大。

温家宝总理昨天在大连举行的达沃斯论坛上又讲到贫富差距的问题,他说:"我们的社会除了存在着经济发展不协调、不平衡和不可持续的问题之外,还存在一个突出的问题,就是收入差距过大。因此,我们需要更多地关心穷人,关心社会公益事业。"他要求每个企业家身上都要流着道德的血液,用自己的实际行动维护社会的公正。

3. 社会思想与伦理道德的某些方面出现倒退

一是道德全面滑坡。改革开放以来我们取得了非常大的成就,但是道德全面滑坡却是一个不争的事实。现在轿车家庭化,可是轿车轧死人后的逃逸事件却比比皆是。在以前(一二十年、二三十年前),这种事情是不可想象的,会人人诛之,满街谴责。开车轧到人司机会马上停车先把伤者送到医院救人,这是每个人脑子里面、道德观里面想到的第一件事。而现在许多司机想到的却是马上逃匿,这种逃避责任的现象就是全社会道德滑坡的一个缩影。可以这么说,现在我们社会每个行业的道德操守,基本上都大大退步了。

二是社会诚信缺失。现在人与人打交道,遵守诚信、讲究信誉的人很少。银行追讨借贷所发的公告越来越多,法院处理的这方面案例也越来越多。平日里我们总觉得能放心信赖的人太少太少。一个社会,如果诚信缺失,那是十分可怕的事情,起码在人际交往中要增加许多不必要的成本,造成社会资源不必要的浪费。

三是腐败横行。我们中国自古以来对官员有一个起码的道德操守要求,即"文官不贪财,武官不怕死"。"武官不怕死",我们的解放军基本上做到了,这很好。但"文官不贪财"却差得太远了。现在官员的贪污腐化现象可以说比比皆是,用中纪委的一句话说是:"腐败蔓延的趋势还没有得到根本遏制。"这些贪官污吏,特别是高级干部,受党的教育时间是最长的,本应是教育别人的人,结果自己却去贪污,并且贪污的数目越来越大。

胡长清,原江西省副省长(他不是江西土生土长成长起来的高级干部,而是从北京下派到江西当副省长的),成为我国第一个被枪毙了的副省级贪污犯。可他只贪污了几百万,就"砰"的一声被枪毙了。现在贪污上亿都不会被枪毙,只判死缓,是什么原因呢?因为事情发展到现在,贪污几百万根本不算是什么了不起的事情了,贪污上千万、上亿都已经不稀奇了。这是一个值得注意的动向,不但贪污的数目越来越大,贪污所涉及的面也越来越广,揭露出来的贪官级别也越来越高。所以,从贪官这一现象可以看出我们整个社会的道德出现了滑坡,而且滑坡得很厉害!

这三个方面是社会思想和道德出现倒退的比较典型的方面。

中新网2008年9月24日电:根据国际透明组织公布的2008年度全球贪污指数,排位越前越清廉:丹麦、瑞典和新西兰并列成为全球最清廉的国家;新加坡排行第1;芬兰和瑞士并列第5;美国、日本并列第18;中国台湾排第39,说明台湾的反腐力度比大陆大;韩国排第40;中国为第72名;印度为第85;俄罗斯排名第147。贪污成风的国家则以索马里的情况最为严重。所以说无论是在国内还是在国际上,我国的清廉状况都不太好,这是应该引起我们高度重视的一个问题。

4.政府监管缺失和滥权现象严重

我们应该承认政府清廉方面有很大的进步,特别是在进入新世纪,胡锦涛担任总书记、温家宝担任总理以后,我们国家以人为本、以民为本,政府清廉度得到很大的提高。但是应该看到我们国家政府监管缺失的现象和滥权现象依然比较严重。前者以三鹿奶粉事件为代表。现在免检产品非常多,可谁都不敢相信什么免检产品。三鹿奶粉事件爆发后,食品、药品安全问题才引起我们的警觉。

"公权"侵犯"私权"的现象也很严重。尽管近两年,公众在网上对这种现象的揭发、抵制和"审判"有了很大进步,但应该看到"公权"侵犯"私权"的现象仍是很严重的,公民的觉醒才刚刚开始。

三、60年社会变迁引发的思索

(一)60年社会变迁的阶段性特点

前29年(1949-1978)社会变迁的特点可以概括为:违背规律,政治唯大,唯意志论,极"左"思想,给社会正常、正面的变迁带来干扰,给社会的进步与发展造成破坏性影响。

后31年(1978-2009)社会变迁的特点可以概括为:拨乱反正,返璞归真,回归社会发展的健康道路,使社会变迁正常、正面运行。尽管也存在许多不足,但总体来说是进步的,社会是健康向前发展的。我们都享受了改革开放给我们带来的成果,享受了社会变迁给我们带来的好处。

第二个阶段我们又可以把它分为三个时期:

第一个时期,1978-1992,是改革探索时期。这个阶段可以说是中国尝试改革、探索前进的时期,是"哇哇学语"、"姗姗学步"的阶段。改革开放困难重重,举步维艰。"价格闯关"差点出事:1988年有个大的抢购风潮,物价大幅度上涨,货币贬值,商店的东西都被"抢"(买)光了,连质量非常次的商品都被一抢而空。改革开放,各种社会矛盾不断出现。

第二个时期,1992－2002,是建立市场经济体制的时期。邓小平同志在上世纪八十年代初就陆续发表了一系列讲话,讲到"资本主义也有计划","社会主义也可以搞市场",可一直到1992年小平南方谈话才公开他关于搞市场经济的讲话。1992年,小平同志已经没有任何职务了,但看到当时那股反对改革、要反攻倒算的思潮非常强劲,可能会使我们的改革开放倒退停止,这位年近90的老人坐不住了,以他个人的政治魅力、甚至政治生命来力挽狂澜,以扭转倒退的势头。那个时候,他已经功成名就,有着非常高的威望,确立了崇高的历史地位,但是他还要视察南方,以他的南方谈话来打破当时弥漫全国的沉闷空气,把改革开放的方向重新拨正,响亮提出建立市场经济的主张,警告全党全国"左"是主要危险。正因为有了南方谈话,我国才坚持了改革开放的大方向,并且加快了经济体制改革的步伐。实际上,我国的大发展是在1992年确立市场经济体制之后才出现的,特别是经过几年的磨合,进入新世纪以后,我国的现代化建设才真正进入到一个加速发展、繁荣昌盛的阶段。我国的经济实力真正大幅上升、引起世人惊叹,应该说是在进入新世纪以后。

所以说,外部世界对我们中国刮目相看是在进入新世纪以后,进一步说是在"胡温新政"以后。追根寻源,这得益于1992年小平同志响亮地提出建立市场经济体制。在这以前,我们的改革总是磕磕碰碰,总要躲躲闪闪。讲了要扩大"市场调节",就得强调一下"计划为主"束手束脚。陈云同志提出的所谓"鸟笼经济"就是限制市场经济的,是要把你像鸟一样关在笼子里养起来,给你一点自由,但只能局限在笼子里面,不能乱飞。

第三阶段,2002－2009。2002年党的十六大建立了胡温体制。翌年,响亮提出科学发展观,强调以人为本,关注民生。我认为,这标志着我们国家迈入了一个新阶段,党的执政理念、执政方式有了一个很大的转变和提高。以前老百姓的很多事情党和政府也关注,但从来没有像现在这样关注得那么多、那么深。这几年来,我们的政府为老百姓做了大量公益事业。去年汶川地震,温家宝总理刚刚回京,正在去办公室的路上,但他一得到汶川发生强烈地震的消息,马上叫司机调转车头直奔机场,立即飞到四川地震第一线去指挥、落实救灾。这体现了"胡温新政"对人民生命的看重,体现了以人为本,是真正地落实科学发展观。我们以前也有发展观,或者发展观中也有科学的成分,但科学发展观作为一个发展理论体系提出来却是 2003 年以后的事情。发展是硬道理,但是,不科学的发展却不是硬道理;损害生态、破坏环境的发展也不是硬道理;老百姓得不到实惠的发展也不是硬道理,而是歪道理。归根结底,我们的发展就是要让老百姓得到更多的实惠和好处,让人民都能享受到改革的成果。

(二)60 年社会变迁的启示

通过对改革前后两个 30 年的比较,我们可以得出三个结论:开放胸襟,融入国际大家庭,与“世”俱进;坚持改革开放不动摇——改革一切阻碍中国现代化步伐的体制;坚持“三不”。

一是要与“世”俱进,这个“世”是“世界”的“世”。我们要与“时”俱进,也要与“世”俱进。我们要大胆开放,与国际接轨,这样可以促进国内体制的变革。比如通过举办奥运会,我们国家的环保意识、人本意识就增强很多,因为举办奥运有一套环保要求和人权要求。这就促使我们加快进步的步伐,把许多要以后“慢慢来”的事情提前到“现在”就办。在没有外部比较和外界压力的情况下,我们国内的许多事情虽有改进,但进展却是十分缓慢的。我们应该把我们的市场搞得更活跃,一切属于计划的东西应该少之又少。开放是为了发展,我们不应害怕融入国际,应该和世界同步发展。

二是要认识到,“左”的思想仍然是主要危险。我认为,阻碍中国前进的,更多的还是“左”的思想,所以破除“左”的思想束缚仍然是我们今后思想领域里的主要任务。上个世纪 80 年代,我们甚至连“人道主义”都不敢提,我们党内的一位“理论家”当时大批特批“人道主义”,把“人道主义”说成是资产阶级的专利。“文革”时期,邓小平的儿子邓朴方(当时是北大物理系的学生)囚禁在北大,被迫害致残。当时他从三楼坠楼摔伤以后被送到医院,躺在医院的过道上七八个小时无人问津,耽误了宝贵的救治时间,落下高位瘫痪。这就是可怕的“文革”,医院连最基本的救死扶伤都做不到,毫无人道可言!就是因为邓朴方对“人道主义”有着深刻的体会,他以个人名义发表文章从残疾人的角度说要提倡革命的“人道主义”,为“人道主义”正名。邓朴方高位瘫痪,但他利用自己的影响、地位,把中国残疾人协会搞起来了,为残疾人争取了不少权益,做了一件大好事。

三要坚持“三不”:不动摇、不折腾、不懈怠。这是胡锦涛主席在去年纪念改革开放 30 周年大会上讲的。不动摇就是指改革开放不能动摇。不折腾,是以前我们折腾得太多了,劳民伤财,结果什么事也办不成。现在就应该提倡不折腾。不懈怠,就是每一个中国人都要认真做事,踏踏实实,勤勤恳恳,不偷懒,不耍奸,做好自己的本职工作。我们每一个有志青年都应该有不懈怠的精神。不动摇、不折腾、不懈怠,这是前后三十年给我们的最大启示。

(三)60 年社会变迁后的展望

1.我们需要什么样的社会发展和社会变迁

发展和变迁是客观规律,每天都在发生,问题是我们需要什么样的社会发展和社会变迁。可以这么说:第一,我们要的是可持续的发展。假如发展不是可持续的,只管今天,不顾明天,这样的发展又有什么意义呢?第二,我们要的是能给老百姓带来好处、带来实惠的发展。如果老百姓得不到好处、得不到实惠,这样的发展是要打问号的。而且这个实惠应该包括物质和精神两个方面。第三,以这个标准审视,凡是符合这个总体目标的发展和社会变迁,我们都应肯定,反之我们都要反对。我们应该积极地参与这种发展,用自己的行动推动健康的发展和健康的变迁,矫正不好的发展和变迁。

2.摆在中国面前的几个严重问题

要回答"我们需要什么样的社会发展和社会变迁",我们应该弄清楚摆在我们面前的有哪些严重问题。

第一,日益恶化的生态环境问题。尽管我们对环境问题的重视程度越来越高,但是我们的实际行动还是跟不上。我们应该从法律和文化两个层面共同促进环境的改善。除了制定严厉的法律以外,我们还应该营造一个良好的社会道德氛围:谁污染环境,谁就是人民公敌,就要"人人声讨之,人人共诛之"。这就让你无论有多高的地位、多大权力、多少钱财,都不敢破坏环境。

第二,尾大不掉的腐败问题。前面讲了,我们的腐败蔓延势头还没有得到根本遏制,反腐败还缺乏应有的力度。腐败和反腐败问题关系到国家的兴衰存亡,不可小视。

第三,欠账甚多的社会保障问题。搞好社会保障是解决贫富差距问题的根本之道。在市场经济条件下,贫富差距拉大是不可避免的。这并不可怕,关键是要完善社会保障。一个健康、和谐的社会应该是这样的社会:你有本事尽可以发财,成为富翁,但社会底层的人也能活得下去,而且随着经济的发展和社会的进步活得更好。只有社会保障健全的社会才会是健康的社会、和谐的社会、真正稳定的社会。所以应该高度重视和大力加强社会保障这一块。

我们不要怕富人更富,不要有仇富心理。我们应该明白,一个人的财富到了一定程度,只要财富没有转到境外,实际上就是社会财富。不管富人怎么高消费,他消费之后的财富就是社会财富。我们只要把好不让它汇往境外这个"关"就行了。

第四,不能回避的宪政问题。宪法赋予我们的权利,我们都应该享受到,但现在我们的制度、民主还存在很多缺点,不能保证人民能够享受到宪政赋予的全部权利。人权是天赋的,全体人民都应该享受到。在我们国家的发展过程中,人民有些权利还无法享受到,这方面是需要大力改进和改善的。

如政宪问题中的人权与维权问题,这些年发生了一些大的事件,下面举几个典型事例。

一是"孙志刚事件"。2008年,湖北的一个大学毕业生到广州打工,一天没事到街上闲逛,因为没有带身份证,被拘留扣押起来,最终被打死了,以他生命的代价引起全国一片哗然。有几个法学学者上诉全国人大,上诉国家领导人,所以很快我们国家原来的收容制度、条例取消了,变成了救助制度。一个活生生的人,不要说是大学生,就算是一个普通人,怎么可以因为不带身份证就抓起来,被活活打死呢?这是草菅人命的典型事例。以一条生命为代价换来法律在这个方面的调整,这个代价尽管太大了,但也是一个社会进步。

二是"乙肝歧视"。实际上我们很多人都携带乙肝病毒(据说我国有1.3亿人),这并没有关系,它是不会传染的,但是在高考、公务员招考等方面却受到歧视,不予录取。对此,有一位参加公务员考试的名叫张先著的安徽人勇敢地拿起法律武器,打官司状告芜湖人事厅,最后获胜。这使全国的乙肝病毒携带者从乙肝歧视中获得了"解放"。

三是"身高歧视"。不到一米五的女同胞不能当老师。我们江西去年有个小学教师要转岗,因为不到一米五而不被批准。记者还就此采访了我,我严厉批评了江西省教育厅:这没有道理。还好,省教育厅后来给省人大去了函,准备修改这样的条例。

四是"同命不同价"。什么意思?一个城里人,一个乡下人,同样被汽车压死了,赔偿金额不一样。2005年底,在重庆的一起车祸中有3个孩子不幸丧生,2个城市户口的孩子各获20多万元赔偿,而另一位农村户口的孩子所获赔偿只有9万元,不及前者的一半。江苏省无锡市锡山区法院审理的一起4名安徽农民工在交通事故中死亡赔偿案,4名农民工获赠各种费用 240 万元。这一判决已经生效。据报道,如果按这 4 位死者户口所在的安徽农村人均收入标准判决,每人仅能获赔 7 万元,两者之间相差近 10 倍。"同命不同价",这个现象很不合理。不过这个问题正逐步得到解决。

五是"在家看黄碟事件"。陕西延安有一对夫妻在家看黄碟,被警察抓去,说要罚款。抓他的时候,警察要把他家里好不容易买回来的影碟机拿走,男子不肯,就顺手拿了根棍子,敲了警察的头。结果男子被指妨碍公务、袭击公务人员,除了罚款以外还要拘留。这个事情在网上曝光以后引起了哗然,最后以派出所出面道歉和赔偿损失结束。尽管如此,对这一家人打击实在太大。这对夫妻,男的是医生,原先在老家开了间诊所,经营得不错,出事后遭人指指点点,开不下去,两个人便一起到西安打工。女的好不容易在百货大楼找到一份站柜台的工作,可不知怎么回事,暴露了,大家说这个人就是看黄碟的那个女的,结果几百人涌过去,不看商品而去看她这个服务员,使得她干不下去。这一家人在西安到处躲藏,恐怕一辈子都要受这件事的影响。这件事是一个惨痛教训:公权一定不能侵犯私权,我们的公权行使者(无论是单位还是个人)对私权的处理一定要慎重。

西安"看黄碟事件"的最后处理结果反映了我们社会的进步。这个事情如果放在前些年,理所当然地要被处罚,主流舆论也会支持。但是随着社会的进步,随着人们维权意识的提高,有的人提出来:我在家跟老婆看黄碟碍你什么事? 可在以前公权就可以打着公众利益的旗号、以公共道德的名义干预个人私事,而且还是名正言顺的。这个事件是一个非常大的转折,是公权与私权的博弈,是公权逐渐让步、私权不断得到增强的表现。

六是"躲猫猫"事件,也是草菅人命。在云南,拘留了一个人,然后在警察局里将他打死了。问死因,说是玩"躲猫猫"游戏被犯人打死了。"躲猫猫"现在成为了网络语言。

七是"邓玉娇事件"。某乡镇招商局有几个公务员喝酒喝得头脑发昏要"潇洒"一下,看到邓玉娇在洗东西,就要她陪酒,对她动手动脚。她手上正好有把水果刀,刺了其中一人,竟然将他刺死了。一开始认定她是故意伤人,后来在舆论的压力之下变成了防卫过当、无罪释放。这又是我们国家民主法治建设的一大进步。

八是重庆"最牛钉子户"事件。这个"钉子户"因为他的房子一赔一的要求达不到,开始维权。他的房子四周已被挖空,孤零零地矗立在一个土堆上面,离地面有几十米高,断水、断电、断路。在这种情形下,房主举着五星红旗在楼上挥舞,他的妻子拿着一本《中华人民共和国宪法》,声明要维护自己的合法权益。那时正好是《物权法》刚通过不久,虽然《物权法》还管不到这个时候,但是《物权法》的公布对全国人民私有财产的保护起了非常大的作用。不管你发财与否,都有私有财产,假如每个人不管有多少私有财产都提心吊胆、担心随时会被剥夺掉,那这个社会还怎么发展,谁还去劳动呢?人人都去当抢贼算了,这样的社会还像话吗?开发商可以打着公权、公共事业的名义来随便侵犯私人利益,这像话吗?这就是一个典型的私权得到伸张的事件,也是一个标志性的事件。

第五,民主问题。《民主是个好东西》——这是北大一个校友,现任国家编译局副局长的俞可平前几年写的一篇文章,当时一发表便引起了一些人的反感,纷纷反驳他。这很可笑。民主是个好东西,这是地球人都知道的常识,他却因为写了这篇文章而成为他人质疑的对象。

去年汶川地震以后,《南方都市报》写了一篇文章,说政府非常清廉,救援非常及时,这是我们政府对人权、对普世价值的一种承认和回归。这话没有什么问题,是赞扬我们政府的,说的也的确是我们政府的一个很大的进步。我要引用胡锦涛同志的讲话,胡锦涛在美国耶鲁大学演讲时说:"我们坚持以人为本,就是要坚持发展为了人民,发展依靠人民,发展成果由人民共享,关注人的价值、权益和自由,关注人的生活质量,最终是为了实现人的全面发展,保障人民的生存权和发展权","我们将大力推动经济社会发展,依法保障人民享有自由、民主和人权,实现社会公平和正义,使13亿中国人民过上幸福生活。"在这里,他虽然没有说到"普世价值",但他讲的内容都是普世价值。温家宝总理也讲过这样的话:"民主、法治、自由、人权、平等、博爱,这不是资本主义所特有的,这是整个世界在漫长的历史过程中共同形成的文明成果,也是人类共同追求的价值观。"可见,普世价值是有的,我们党和政府也是承认并接受普世价值的。

3.展望未来,前途光明

看到过去60年里新中国的社会变迁,我们倍感欣慰,尽管有许多变迁我们并不太满意。但展望未来,可以预见,我们的社会变迁将是前途光明的。我们应该像胡锦涛同志所讲的那样:不动摇、不折腾、不懈怠,我们国家的社会变迁会更大,进步会更多,发展会更快,我们所享受的改革发展成果会越来越多,会过上更加幸福美好的生活。当然,你们会比我们更幸福。因为你们还年轻,好日子在后头!

好,谢谢大家!

现场互动

学生一:谢谢王教授对新中国社会变迁 60 年的解读,我有一个问题。我们学的《马克思哲学基础》中是这样说的:马克思认为经济基础决定上层建筑,社会的发展是由经济决定的,然而 19 世纪的社会学家马克斯·韦伯在分析工业革命为什么只在英美等国家发展的时候认为是清教徒的勤劳节俭推动了工业革命在英法等国的发展,因此认为精神和文化决定了社会的发展。而且在分析"亚洲四小龙"发展举步维艰的原因时,认为是传统的文化阻碍了它们的发展,在它们发生经济奇迹的时候又认为是一种传统的儒家文化推动了它们的经济发展。我想问:新中国 60 年社会变迁的关键因素是什么? 我们为什么会在有些时候有正面的影响,有些时候又有负面的影响? 尤其是改革开放后 30 年,到底是什么关键因素导致我们有不同的发展现象? 谢谢!

王明美:好的,简单回答你的问题。第一,马克思所说的经济基础决定上层建筑这个命题,我认为是对的。宏观地看,一个社会的发展最终是经济基础决定的。第二,基督教的国家之所以发展比较快,是由于他们敢于勤劳致富,解除了"致富是罪恶"的思想负担,这跟经济基础决定上层建筑并不矛盾,属于思想解放的层次。就像我们江西进入新世纪,孟建柱同志来了以后兴起了一个思想解放的大潮,使得江西人民的观念有了比较大的进步,这促使江西在之后取得了较快的发展。解除了思想顾虑和障碍,往往会促进生产力的发展,但总体规律还是经济基础决定上层建筑,这并不矛盾。讲到第三个问题,我们怎么看社会变迁,实际上也应按照我刚才讲的那个观念来看。不知道我这个回答是不是基本上满足你的要求。

主持人:一切事实都反映一个哲学道理:事物是发展变化的,但变化中总有了些坎坷曲折。我们可以感觉到王明美教授为我们两个多小时的讲解充满激情。那么在最后,应大家的请求,想请王教授为我们唱一个您所说的你们那个时代非常上口的样板戏,可以吗?

王明美:我们那时候比较兴盛的是八个样板戏和语录歌,就是把毛主席的语录编成歌。毛主席的语录都是白话,歌曲却是艺术的,是诗歌的。要把白话编成歌曲是要有水平的。当时,有一些语录歌编得不错,有的就不行。那我就唱一首语录歌,以西藏的调子编成的:"我们都是来自五湖四海,为了一个共同的奋斗目标,走到一起来了,走到一起来了,走到一起来了。"我为什么记得这么牢呢?因为"我们都是来自五湖四海"这个歌背后还是有一定音乐成分的,不是纯粹的打打杀杀。我这嗓子不行,鸭公嗓,所以不好意思,唱得不好。谢谢大家!

精彩评论

凤舞中国

高雅(人文学院07级)

一个背负着千年使命的民族,在六十年前焕然一新。然而,漫长的岁月洗礼让一切百废待兴。蜿蜒的历史走廊展现出一片阴沉和无望。兜兜转转,小心翼翼,随着时光的脚步,沿着成功的轨迹,这个民族不断迈进。六十年的岁月恍若弹指,社会的巨大变迁让这个民族惊艳四方。"中国"——一个响亮的名字,就这样被创造无数奇迹的中华民族带领着来到了世界的前方。

一切都好像还没有改变。天还是那样蔚蓝,地还是那样广袤,云朵漫步,风沙起舞。可原本在肃杀凄凉笼罩下的土地,却变得光彩熠熠。原本写满苦难的人民的脸,却开始露出灿烂的笑容。原本被时代所抛弃的一切,却都走出了前进的整齐步伐。

"六十年雨雪,六十年沧桑,六十年的脚步,六十年的辉煌",六十年的中国就这样走上康庄。

都说历史永远不会成为真正的历史,因为它总是会不断地融入我们前进着的岁月,形成新的篇章。辗转缠绵着,你也许还能依稀看见当年祖国的身影,它就这样亲昵地走在身边诉说着以前的故事。那样的呢喃却慢慢演变成前进路上一段段警示恒言,提醒着我们未来之路的正确方向。

新中国带来了一个全新的时代,从此传统笔墨融入了时代的风骨,连呼吸间都充满了绮丽的美好。一代一代辛勤的人们交出了手中斑斓的答卷,一波一波改革的浪潮席卷了这片日新月异的土地。我们生活在这样优越环境里,我们历练在这样激烈的竞争中,我们成长于这样纷繁的背景下,我们必将谱写下未来华丽的篇章。

六十年的岁月就这样慢慢碾过了一个刚刚成立的东方大国,走在六十年后今天的我们,无论年轻或年长,稚嫩或成熟,皆眼中坚定,嘴角含笑,昂首看向明亮的远方。

网站留言精选

玉:其实我很想让王会长用一两句话概括一下他对中国这六十年的变迁的亲身感受。经历了文化大革命,经历了十一届三中全会的变革,感受到了改革开放给中国带来的巨大变化,他的人生真是丰富!

（主持人　孔曼婷　录音整理　肖梦瑶　肖亚琴　摄影　程志坚）

第二篇　热点聚焦

"前湖之风"周末讲坛第六十五期
主题:《国外环境保护和我们的对策建议》
主讲人:许苏卉
时间:2009年11月14日(周六)上午9时
地点:南昌大学法学楼报告厅
嘉宾寄语:"以创新的精神,培养更多的人才。"

　　许苏卉,江西省人大常委、环资委副主任委员,江西省第十一届人民代表大会代表,第十届全国人民代表大会代表,江西财经大学生态文明与现代中国研究中心兼职研究员。1976年毕业于江西大学化学系有机化学专业,1999年毕业于中央党校法学研究生班。2004年1月至7月参加了联合国环境署德累斯顿环境保护研究生班学习。曾任江西省妇联副主席、江西省纪委副书记兼省监察厅厅长、江西省环境保护局局长。2002年至2007年先后被聘为江西农业大学、江西财经大学、南昌航空大学兼职教授。

　　《德国学习体会》2005年获国家环保总局第三届全国环境保护优秀调研报告三等奖;论文《东江源区生态保护补偿机制研究》(第一作者)2006年获国家环保总局第四届全国环境保护优秀调研报告一等奖、江西省"既要金山银山,更要绿水青山"主题征文评选特等奖;《鄱阳湖流域污染防治现状和建议》获2008年度江西省环境保护优秀调研论文二等奖。

　　在全球一体化的进程中,环境问题已经成为制约经济发展的主要因素之一。臭氧空洞、能源短缺和温室效应等造成的影响频频向我们发出警告:环境保护刻不容缓! 为了应对环境危机,世界各国纷纷出台相关政策,采取相应措施。那么,国外的环境保护工作中有什么是我们可以借鉴的? 又有哪些方面值得我们思考? 我国的环境保护工作还有哪些方面需要引起重视? 本期讲坛,主讲人将针对当前形势,为我们解析国外环境保护的现状,提出应对国内环境问题的对策和建议。

国外环境保护和我们的对策建议

◎许苏卉

尊敬的各位老师、同学们,大家早上好!"前湖之风"周末讲坛自开办以来已经有 60 多期了,在此之前有许多专家学者来到前湖校区做了精彩的报告。能够来到这与大家见面并且介绍和谈论国家及省内的环境保护情况,我感到非常荣幸。由于我不是一名专家学者而只是环境保护工作者,我所介绍的内容不一定符合同学们的要求。若有不当之处,敬请大家指正!下面我将介绍在国外学习、参观,以及在省内乃至国内从事环境保护工作的体会与感想。我的主题是《国外环境保护和我们的对策建议》。

两百多年来,全球工业发展在为发达国家创造积累财富的同时,也带来了空气污染、全球气候变暖、雪山融化、海啸地震、SARS、禽流感、食品污染、甲型 H1N1 流感等负面效应,环境问题形势严峻,世界各国已达成联手保护环境的共识。近十几年来,各国积极订立各种环境保护协议,采取联合行动保护环境:1972 年联合国斯德哥尔摩人类环境会议通过《人类环境宣言》,1992 年里约热内卢联合国环境与发展大会通过《联合国气候变化框架公约》(以下简称"公约");1997 年日本京都公约第三次缔约方大会通过了《京都议定书》;2007 年12 月 15 日,联合国气候变化大会在印度尼西亚巴厘岛召开,世界各国政府和 NGO 代表共 12000 多人参加,通过两个多星期的艰苦谈判,最终达成了原则性协议,即区分责任,按照发达和发展中国家的不同情况,各国自行制定节能减排计划,履行可测量、可报告、可核实的温室气体减排责任等,即著名的"巴厘岛路线图"。在 2009 年 11 月中旬于丹麦哥本哈根召开的《公约》第十五次缔约方会上,各国将研究讨论如何落实

"巴厘岛路线图"。由此看出,保护环境和可持续发展在联合国活动和世界各国的外交活动中的地位变得越来越重要。

作为一个负责任的发展中大国,尽管我们发展的任务很重,人均GDP还很小,但是,在履行环境保护的责任方面,中国是非常认真和积极的。我们参加了世界上各种环境保护公约的签订,在快速的经济发展中履行保护环境的义务,为取得经济和生态环境"共赢"目标而努力。

今天我向各位介绍的内容是2004年1月至7月,我作为江西省环保局局长参加联合国环境规划署于德国德累斯顿技术大学举办的发展中国家环保人员学习班学习,以及在那段时期是对德国、美国、奥地利、南非等国家的环境保护工作进行短期考察的情况和体会。对于你们来说,我所讲的内容也许很粗浅,但我希望我的粗浅认识能够增强同学们生态环境保护的理念,期望大家走上工作岗位后能进一步采取有效的措施,防止污染,保护生态。我也希望同学们在参加这个讲座后,能够学到一点在日常生活中保护自然资源、减少浪费与污染的一些知识并予以实践,以促进我们整个社会的环境友好与和谐,为我们国家的科学发展贡献自己的力量。

一、关于环保理念

(一)德国的环保理念

1. 政府的责任

德国的环境保护理念非常先进,他们的基本理念是"生态是环保的基础"。长期以来德国各级政府把环境保护作为自己义不容辞的责任,并将"对子孙后代负责任"解释为"积极地保障未来政策的实行推广。工农业发展、城市建设、交通设施建设都必须谨慎使用有限的自然资源,如能源、原料、土地和水资源,从而使子孙后代能够拥有稳定的气候、物种丰富的自然环境、肥沃的土壤与充足的水资源"。从资金投入上看,德国在环保工作上耗资巨大:至2002年,巴伐利亚州政府仅在生活垃圾处理问题上就已投入几十亿欧元;为了鼓励和发展环保型交通,联邦政府资助20亿欧元用于首段北莱茵—威斯特法伦至巴伐利亚的磁悬浮铁路路线;为了促进可再生资源利用与电热产业扩展的结合,鼓励能源节约,减少二氧化碳的排放量,联邦政府又于2002年追加了10亿欧元资金投入。

德国联邦政府加上各州关于环境保护的法律的法规有3000多条。我从德国巴伐利亚州环保部得知,该州除了认真执法之外,还与企业协商、签订环境友好协议,鼓励和奖励企业主动做好各种污染防治工作。巴伐利亚州不仅参与欧盟所有环保规划活动,而且在环保工作方面还与东欧国家,中国政府部门(如卫生部)、地方政府(如广东省)及高校(如同济大学)都有合作交流,并积极组织了 2002 年 4 月底在慕尼黑召开的国际环保会。

2.公众的参与

德国不仅要求政府积极履行责任,而且要求经济参与者和民众都具有环保理念。他们认为,政府的责任和公众的参与在环保事业中非常重要。早在 1913 年,德国就有了环保 NGO 组织——德国自然保护联盟。2002 年夏天我在德国慕尼黑参观他们的湿地保护项目时,带领我们参观的马克斯先生(大约 40 来岁)告诉我们,他从小就受到有关环境保护的教育。

巴伐利亚州环保部充分发挥非政府组织力量,积极向民众宣传环保知识,建立公民参与体系。欧盟《水域保护框架法》规定:政府在制定环保规划时,首先应在媒体上公布信息,鼓励所有民众积极参与并听证。德国各州都积极贯彻欧盟这一法令。巴伐利亚州出版了许多专门宣传欧盟水域管理法令的小册子及刻录光碟,并建立网站论坛与各界人士进行对话交流。比如,在"水论坛"中不仅有地方组织(如州计划部、农业部、经济部等),也有农村、环保、自然保护、体育休闲、工业行业、渔业等协会作为 20 个非政府组织参与者,开会时由外请人员主持,以更好地保持彼此间的平等与政府的中立。

(二)美国环境保护的公众参与

美国是最早提出公众环境参与权利理念的国家。它主要有三种理论依据:

1.公民环境权理论

上世纪 70 年代,美国学者提出了环境权理论。他们认为"每一个公民都有在良好环境中生活的权利,这是公民最基本的权利之一,应该在法律上得到确认并受到法律的保护"。在对环境权利的呼吁下,一些国家及国际组织均相应地将"环境权"写入了环境保护的法律文件之中。

2.环境的公共信托理论

美国学者萨克斯在上个世纪 70 年代初期提出了环境资源管理的公共信托理论,他认为公共信托理论有以下三个相关的基本原则:第一,将水、大气等对全体公民生存至关重要的公共资源作为私有财产是不合适且不明智的;第二,大自然对人类的恩惠不受个人的经济地位和政治地位的影响,公民可以自由地合理利用;第三,政府不能为了其本身的利益将可广泛使用的公共物予以限制或改变分配形式。实质上,这是以信托的形式将本应由公众行使的管理环境资源权利,转交于民选的环境资源管理机关即政府机关行使。政府机关对公众负责,公众可通过行政或司法等程序对政府的管理行为进行监督。

3.环境公共财产理论

空气、阳光、水、土壤等人类生活所必需的环境要素,不像古典经济学所认为的那样是取之不尽、用之不竭的"自然财产",它们一旦被污染,就很难恢复。这些环境要素应该作为全人类的公共财产,悉心保护、合理开发、科学利用。任何人不得对其非法占有、支配和损害。

(三)低碳经济的先行者——英国

1.低碳经济概念的提出:低碳经济是低碳发展、低碳产业、低碳技术、低碳生活等一系列经济形态的总称。2003年,英国在国家能源白皮书《我们能源的未来:创建低碳经济》中首次提出此概念,并在其后"巴厘岛路线图"中得到进一步的肯定。他们的具体计划是:

①到2020年,温室气体的排放在1990年的基础上减少34%;

②到2020年,英国将有120万人从事绿色职业,700万栋房屋将进行能源革新,超过150万户家庭将得到政府赞助自产清洁、可再生能源(如沼气),40%的电力将来自低碳能源包括可再生能源、核能和清洁煤;

③新车平均碳排放量减少40%等。

2.英国在发展低碳经济中的收获:走上一条可持续发展的道路。有人曾质疑,发展低碳经济会提高工业发展的成本,降低人们的生活水平。然而,低碳经济将会带来由发展新能源如核能、风能、生物能而衍生出来的新行业、新就业机会、新贸易机遇等益处,从而形成新的经济增长点。所以,发展低碳经济不仅不会导致就业率降低,反而会促进经济的健康发展。为此,英国制定了《英国低碳工业战略》、《英国可再生能源战略》和《低碳交通——更环保的未来》等战略文件。

3.2008年,世界环境日主题:转变传统观念、推行低碳经济。

4.当前,发达国家已经向低碳经济转型。

5.虽然中国仍是发展中国家,但中国已制定了《中国应对气候变化国家方案》。2009年8月,全国人大常委会通过了中国应对气候变化有关决议。中国的环保目标在"十一五"计划中已经实现:到2010年,我国的单位 GDP 能耗相对 2005 年降低 20％,可再生能源开发率达 20％,森林覆盖率达 20％。

二、环保措施

（一）水资源的保护

水是生命之源,各个国家由工业发展时期不重视保护、任意浪费水资源到如今积极采取措施保护水资源。

1.德国水资源的保护

德国水资源非常丰富,其用水量只占可供使用水资源的 24％。我们在衡量水资源是否得到有效利用时,要求生活用水、工业用水等用水量必须在可供使用水资源的 40％以内。

虽然德国的工业产业在发展,人民生活水平在提高,但是水消耗量却不断下降。究其原因,在于德国民众的节水意识在不断增强,这样就实现了对水资源的有效保护和利用。我们在德国的乡村看到,每户人家屋檐下都有备用塑料箱用于接雨水,作为浇花、冲厕所等日常生活所用。

德国所有大河如多瑙河、莱茵河、易北河等都是跨国性的河流,他们不仅立法对每一条河流进行保护,而且与周边国家签订协议进行共同保护和治理。如易北河发源于捷克,中下游在德国。在 20 世纪两德合并以前,工业发达的捷克和两德在易北河周边设有许多大型工厂,导致易北河污染非常严重。两德合并以后,当地民众环保意识不断提高,并意识到易北河严重的污染问题,所以于 1990 年与捷克签订协议对易北河进行联合治理与保护。两国都协定关闭易北河周边的化工厂,德国做表率首先进行关闭工作。同时,德国还采用了生态补偿的方式,在 2000 年赠予捷克900 万马克用于修建捷克与德国交界沿河城市的污水处理厂。

对于本国的地表水污染,德国也采取了严格的管理措施。过去 20 年中,通过采取诸如在全国范围内强制要求乡镇及工厂与污水处理厂连通、对污水处理规定严格的标准和排污付费等措施,调动了企业从技术上解决污水净化中存在问题的积极性。

今天,"谁使用谁付费"、"谁污染谁付费"构成了德国环境管理体系的组成部分。城镇生活用水 98％得到处理。多年来,德国的城市建设实行下水道雨污分流和工业水循环利用,使得进入城市污水处理管道的污水量小得令人难以置信,以至于某些地方地下管道 50 年都未改变翻新。以德累斯顿市为例,全市 46 万人口只需要一个污水处理厂,而且日污水处理量仅 11 万吨,人均污水处理量为 0.24 吨。而南昌市 200 万人口已经建成青山湖、象湖、红谷滩、朝阳等四个污水处理厂,每日的污水处理规模为 100 万吨左右,人均污水处理量为德累斯顿市的一倍多。这说明在节约水资源上我们还有较大的空间,还有许多工作要做。

2.奥地利萨尔茨堡青年旅行社的节水措施

2004 年 6 月的一个假日,我与几位留学生租车从德累斯顿市经慕尼黑到奥地利以及与德国交界的世界名城萨尔茨堡参观。这里有古老的制盐历史,有巍峨的古堡、湍流的大河和满目的青山。我们在该市一条小街上的一个青年旅行社住了一夜。在办理住宿手续时,总台发给我们每人一个 50 寸欧元的硬币(相当于人民币 5 元钱),告诉我们在洗澡时,将这 50 寸硬币投入洗澡龙头下面一个小小的投币口中,就有热水流出来,但热水在十分钟后就停止了,要你再投硬币才出热水。男同学好办,我们两位女士却从未计算过自己的洗澡时间!于是,我们俩商量如何才能在十分钟内洗完澡——她长发披肩,我是短发,她的难度比我要大一些。最后我们决定,先打湿头发和全身,把洗发液和浴液涂好搓洗,再去冲水洗净。事实证明,我们每个人都完全可以在十分钟之内洗完澡。奥地利是个不缺水的国家,他们为什么要如此珍惜水源?实际上这是个资源保护的理念问题,资源的节约与合理利用,不仅表明了一个国家发展理念的科学,也体现了国民素质的优秀。

3.德国"可呼吸的路面"

我国的城市路面大部分是水泥地,平坦、好走,相对过去,不仅美化了环境,提高了人们的生活质量,也促进了发展,但是从生态学的角度我们还有许多应该改进的地方。如我在德国看到,城市里几乎没有水泥路,除高速公路和城市主干道是沥青铺成的路面以外,大部分次要的街道、城市广场的路面都是由砖铺成。我留意他们铺砖的过程,发现这种砖块上面大下面尖、呈锥体形状,大概 30 公分左右长。工人们把砖块一个挨着一个紧密地铺在路面,铺好后很好看,整个街道或广场都给人一种深沉的历史感。我查过资料,人们把它们称为"可呼吸的路面"。这种铺路的方式,能尽量让多一点的雨水渗进土壤,目的是增加地下水的含量,提高地下水位。

4.美国的水资源保护

随着人民生活水平的提高和环境生态保护思潮的高涨,美国各级政

府对水资源保护也日益重视,把水资源保护工作作为各级水资源管理机构的重要任务,他们的主要措施有:

①严格限制污染型工业

由于美国自来水能直接饮用,因此对原水水质要求较高。美国各级机构对水资源保护的主要做法是:严格限制污染型工业的发展,注重合理的工业布局,绝对禁止在水源保护区发展污染型工业,大力建设污水处理厂(全美共有 20000 余座污水处理厂)。

滨海城市旧金山市,在下水道中修建了污水储存系统。在处理厂来不及处理时,将污水暂存在箱涵 pipebox 中,以免直接排入海湾而污染海洋环境。为保证供水水质,旧金山和丹佛市对供水水源地采取了严格的保护措施,将自来水集水区以国家购买的方式保护下来,防止因人类过度的开发利用而影响水源水质。特别有意思的是,2007 年当我们参观洛杉矶污水处理厂,对严重缺水的该市把已处理的水 90% 排向大海而仅用 10% 来灌溉感到疑惑时,工厂的工作人员告诉我们,洛杉矶准备在 2020 年对处理完的污水全部回收。目前不能全部回收的原因是公众对"马桶里的水经处理就能喝"还不能接受。

②考虑动植物的用水需求

美国在开发利用水资源的过程中,十分注意对野生动物的保护,对野生鱼种、动植物用水都给予了充分的考虑,大多数水库都有最小下泄流量要求,以保证野生动植物用水的需求。

③水质水量统一管理

为了有效地保护水资源,美国采取了水质水量统一管理的水资源保护体制,如波托马克河管理委员会就拥有对污染河流水质行为进行直接处罚且对河流水质保护监督管理的权力。同时,美国联邦环保署提供饮用水的标准,对自来水进行经常性的监测,对于民众水库,要求每个月检测一次。

④加大对水源的保护力度

美国环保署内设水源管理部负责给各州政府提供技术支持,管理饮用水改进设施的贷款性基金,以及全国饮用水数据库和全国各类污水(包括矿山污水、工业污水等)的地下注入。美国有些地方如加州非常缺水,保护好水源非常重要。如果水源质量好,水处理成本就低,也可减少工作失误带来的危害。美国的饮用水安全法要求各州保护水源:首先是水源评估,划定保护区;再是列出所有可能对水源带来危害的因素;三是将已有信息与水文信息整合在一起,建立对水源的充分了解;第四——也是最重要的,是向公众公布评估危害因素、污染状态、水文情况等全部内容,这是法律明文规定的。各州相应地有自己的保护方法,有自己的保护法律,但是,向公众公布环境信息是联邦法律规定的。

(二)所有垃圾得到无害化、资源化处理

1.德国的做法

德国全面实行垃圾分类,城镇居民在家里将垃圾分成生物性、纸张、玻璃塑料、旧衣物等几类,分别投入设在居民区的分类垃圾箱内。

德国的德累斯顿市,有好几种垃圾处理厂。如居民家中、学校、机关、企事业单位食堂,和饮食服务业生成的剩菜剩饭、丢弃菜皮等"生物垃圾",由城市环卫公司收集送往专门的生物垃圾处理厂。这些垃圾在这里被机器磨碎,然后发酵,堆放三个月后形成有机肥放置市场出售。

德累斯顿市的大型废旧物件垃圾处理厂,专门处理家庭、工厂等丢弃的各式家具及其他用具。这些物件从该厂大型机器的入口进去,经过分类、处理,再从机器的各输出口流出。各输出口流出来的分别为金属粒、塑料片、木屑卷和玻璃碴等。金属粒、塑料片、玻璃碴可卖给其他工厂做原料,木屑卷卖给发电厂,其他不易利用的废弃物则送去垃圾场填埋。

由于他们对垃圾进行专业的分类回收以及再利用,德国70%多的垃圾都得到合理处理再利用,只有约20%的垃圾拿去填埋。现今世界对于"垃圾"的观念是:世界上没有垃圾,只有放错地方的资源。

另外,德国废旧电子产品垃圾的处理管理更加严格,只有具备资质的公司才能回收处理这类垃圾。任何人请回收公司搬走废弃的旧家电,都要向公司支付处理费(如一台废旧家电付2欧元)。回收公司将这些垃圾按不同类别拆解后,分别送到指定的工厂进行处理。我在台湾也曾看到这类工厂。现在这类工厂利润非常高,它们把计算机等高端电子产品拆解后,将里面的重金属、塑料等材料分解出来,制作成各种新用品。但这类工厂只有经过国家批准才能开工运营,并不是任何人都可以做的。我们在做环保工作的时候,在南康市关掉了很多此类不合格的电子回收厂。这些电子回收厂对当地的污染非常严重,引起周边老百姓强烈不满,所以环保部门责令关闭。这些不合格的电子回收工厂没有做到国家要求的对垃圾完全回收和加工,并以此形成一个完整的产业链,只是重点回收某一类金属、材料、物品,并未做到专业拆解、专业加工。在这一点上,我们与德国的差距还很大。

由此同学们可能会问：环境保护、科学发展、低碳发展是不是会增加企业成本，减少就业机会？当然不是，低碳经济可以说是新的经济增长点，新的就业岗位增长点。我五年前在德国考察时，德国的总人口是8000多万，大约为江西省人口的两倍左右；它的土地面积为32万平方公里，而我们江西是16.69万平方公里，也是两倍左右。然而在只相当于两个江西省左右大的德国，有七千多家环保企业，一百多万个就业岗位，并且它在环境保护方面的技术设备在全世界处于前列。故而环保产业现已成为德国经济和科学技术发展的一个重要推动力。

2. 美国的措施

美国的垃圾处理也非常有原则。它规定一个城市，比如洛杉矶，星期一回收电子垃圾，星期二回收厨房垃圾，星期三回收废弃家具……那里的老百姓每到特定回收时间就将要处理的垃圾放在门口，等待专业回收。

垃圾回收利用有很多好处，我们要从自己的身边做起。从国外回来后我发现，把一些可回收的垃圾进行分类处理并不会增加太多的麻烦。现在路边的垃圾箱，虽然区分了可回收、不可回收，但实际上我们大都是打个包一起处理了，并没有起到分类的效果。

3. 多姿多彩的可再生能源

尽管德国煤炭资源丰富，但他们却非常注重和鼓励可再生能源的生产和使用。2004年，德国的燃煤发电量仅占发电总量的50.6%，且继续呈下降趋势；而风能、太阳能、水力、沼气和地热等可再生能源已占到10.7%。在城市里，有专门的取暖部门将暖气输送到各个家庭，不需要每家每户都烧煤取暖。在德国时，我曾去过一个养牛场，规模并不大，3000头左右。在这个养牛场里，牛的粪便、吃剩的食物都被输送到沼气缸中，发酵出沼气后由管道输送用以发电，再供给于养牛场。在德国，一个养牛场若没有沼气利用的设施，是不允许经营的。

4. 森林的保护

德国森林覆盖率已达到34%，比2004年中国森林覆盖率17%高两倍。德国林业部门自称，200年来他们一直在不断地总结经验，贯彻可持续发展原则。为保护森林和维护生物多样性，他们分别设立了占国土面积2.3%和25%的国家级自然保护区和风景管理区。在德国，向游人开放的各类自然保护区，除参观学习、生态旅游之外，不允许建造宾馆和非保护性设施，在少数特别偏远的游览区仅建一到两个小型餐饮店。

为防止工业化和经济发展造成的空气污染（如酸雨）使森林遭到破

坏,德国现今正以推行对生产和消费进行"生态更新"的政策来解决这些问题。例如,用确定极限值和标准的方法制定防止有害物污染的法规,如确定燃烧设备的排放极限值、整治计划和专业环保措施;提高市场透明度——根据消耗等级(欧共体能源标签)给电器加上不同的标识,以便根据该产品的运转时间和寿命计算能耗;国家财税鼓励——财政补贴,如对利用太阳能、沼气等可再生能源发电的企业进行补贴;制定可再生能源法等。

5.不"拆迁"的城市和市民花园

我在德累斯顿半年,发现他们很少有"房屋拆迁"的现象。旧房常修常新,新房规划严谨。上千年历史的宫殿、教堂、音乐厅,几十年、数百年历史的房屋,随处可见。我所居住的那栋18层学生宿舍楼已有50年的历史,每年只是对大楼的外墙、内部设施进行整修。我还曾看到一座令我印象深刻的教堂,外墙上既有白色的石头又有黑色的石头,这是由战争造成的。这座教堂在二战时期遭到严重损坏,几乎被夷为平地。战争结束后,人们从废墟中把还可以用的石头一块块地捡起来编号,在废墟边定做大型的铁架放置这些幸存的被炮火熏得漆黑的石块,待重新修复时,将这些石头按照编号砌回原处,在缺失的地方补上新开采的石头。

德累斯顿是个非常古老的城市,很有文化底蕴,曾是萨克森王朝的都城,一两千年历史的教堂随处可见。二战时,这些古迹大多遭到破坏,60年来,这里的人们将这些古迹慢慢地重建修复。他们的重建尽量采用原有材料很少改变古迹的原貌,这给我留下了非常深刻的印象。我曾经参观一个自来水厂,主车间建于1903年,车间内完全是现代化的装置和设备,但是从外面看车间就像一个古老的教堂,墙壁上爬满了常青藤。

该市还有一道亮丽的风景线,是一种称为"科罗尼"的组织形式——"市民花园"。"科罗尼"的建立始于1920年,一位叫施赫尔保的德国人注册了一家公司,向市政府租下一片城市土地,再把土地划成小片租赁给申请土地的市民。当时,每户市民可向公司申请200至500平方米用地面积,在里面种花、种菜、种果树,这在一定程度上解决了温饱问题。每平方米年租金如今为0.6欧元。每个"科罗尼"内按面积大小不同可容纳20到60户花园,每个花园用1.5米高的树墙隔开。公司负责"科罗尼"的通水、通电和搭盖小型工具房,并提供日常管理。水电费、租房费由使用者另付。八十多年来,"科罗尼"在德累斯顿已发展到1000多个,类似的市民花园在德国和许多欧洲国家也有很多。这种方法,不仅使垃圾生产的肥料得到广泛使用,促进就业和产业的发展,而且使政府在城市的美化上能够少花钱多办事,使市民有了劳动的场所,身体更为健康。

三、体会和建议

德国和欧洲一些国家的国情和体制与中国虽大不一样,但他们在环保方面的做法和经验,对我们贯彻和落实党中央"树立科学的发展观,走可持续发展的道路",以及建设"绿色江西"有着积极的借鉴作用。江西目前的环境状况良好,2008 年,全省森林覆盖率达 60.07%。就全省九条主要河流 175 个断面监测来看,江西省的水质量还是比较好的,在全国居于前列。我们的 I—III 类水占 78.5%,11 个社区内空气质量全年达 II 级标准,生态情况总体良好。但随着工业的快速增长,企业治理污染的力度跟不上,普遍地追求低成本高利润,再加上城市污水处理率很低,我省的生态环境面临严峻形势。我省近几年虽加大了此类环保监督的力度,但是问题还是很多,违法排污的企业仍比比皆是。

节约用水方面,我省一些地方对招商引进的小造纸厂不但不依法进行环评而且还不收或少收水资源费和排污费,助长了企业无节制地超量用水和非法排污。国家标准企业的吨纸排水量不得超过 60 吨,但这些小造纸厂本着"取之不尽,用之不竭"的错误理念,吨纸实际排水量达 150～200 吨,最高可达到 300 吨,水资源浪费相当严重。

水质的情况也令人担忧。尽管省政府已采取积极措施对我省污染严重的袁河、乐安河、萍水河等进行了连续几年的治理并取得不小的成绩,环境保护的力度也在逐年加大,但由于生态恢复不易,至今这些河流的污染问题仍很难较彻底地得到解决。环境保护最重要的是什么?一是可持续发展的方向,二是确保人民健康。一般来说,水质被破坏很难再恢复。江西省只是局部地方严重,总体还比较好。江浙地区的朋友告诉我说,他们家乡的河水、井水连菜都不能洗,洗菜必须用矿泉水。

从森林情况看,我省虽然森林覆盖率目前已达到 60.05%,但成材成林比例不高,且木材消耗量极大。以日本为例,日本森林覆盖率 64%,比江西省高。这个国家喜欢使用一次性筷子,他们走到哪儿吃饭都是用一次性筷子。据统计 2004 年当年共消耗一次性筷子 257 亿双,人均 200双。日本对本国的资源非常"吝啬":他们不砍一棵树,制作一次性筷子的所需木材 96% 来自于中国。因此他们的森林资源得到了极好的保护。

47

他们进口中国的木材拿去做了筷子，筷子用完之后回收，而绝不像中国老百姓一样用完之后丢进垃圾箱。回收以后他们将筷子做成上好的木浆，再做成 A4 复印纸、再生纸却又向我们中国出口。有人曾给我讲过这样一个笑话：日本人花生加工得非常好，他们在山东收购大量的花生，然后在本地加工成花生酪，花生壳粉碎后做成非常好的纤维板再出口到我们中国。我们花生多少钱卖给他们？一两块钱、两三块钱。然而他们将花生深加工后以成倍的价钱卖给我们。

我们绝对不能轻视我国有限的资源，资源不是取之不尽、用之不竭的。2002 年 4 月，我到深圳市环保局去学习考察，当地的同志告诉我们，当时开发深圳时，直接将山上打下的石头用来铺路，这种对生态的破坏现在拿十倍、二十倍的价钱都弥补不了。因为山顶再长出土壤来非常难，250 年长出一公分土壤——这需要多少代价？我们在进行环境保护工作时绝不能掉以轻心，需要不断自觉地纠正一些不适当的、过度的开发行为，同时也包括改正我们自己身边一些不适当的生活方式；要认真落实党中央"树立科学的发展观，走可持续发展的道路"，严格落实低碳经济社会的要求。为此，我建议重点从以下几个方面研究和开展工作：

（一）进一步落实科学发展观，走一条可持续发展的道路

什么是可持续发展？我推荐一本书，就是美国地理研究所所长、环保学家莱斯特·布朗所著的《B 模式》。"A 模式"是一种以牺牲自然资源为代价以发展生产和生活的方式；"B 模式"则是以节约资源为目的的发展模式。这本书非常好，希望同学们都能去看看。莱斯特·布朗认为，"既有利于当代又不损害子孙的发展就是可持续发展。"2006 年我们在南非参观开普敦的桌山。在桌山上，保留着许多原始状态的灌木。南非保护桌山、不准开发桌山的宗旨，就是希望子孙后代可以看到老祖宗时代的原始植物。这就是代际责任。

因此，我想我们贯彻落实"科学发展观，走可持续发展的道路"最好的抓手之一就是重视生态环境。在经济快速发展的同时，保护好生态环境，做到经济发展与环境保护的"双赢"。环境保护已经上升到国策地位，它决定着我们的发展模式和方向。我们应该坚持统筹规划；加大工业结构调整的力度，大力发展低碳经济和循环经济；改变单纯以经济 GDP 的增长速度为标准考核干部政绩的方式；加强环境保护教育，从娃娃抓起。环境保护理念的教育，我认为应从幼儿园、从小学抓起。我在新加坡参观时，导游告诉我们，幼儿园孩子们吃糖后将糖纸放在口袋里，为什么呢？

因为垃圾不能乱扔,回家后应该扔到垃圾箱里去。

(二)加大环境保护立法和执法的力度,把公众参与环保决策列入法定程序

1.尽快修改《中华人民共和国环境保护法》,完善法制建设。

《中华人民共和国环境保护法》自 1989 年颁布至今,20 年来从未修改过。当前在法制方面存有争论,有人认为我国无需颁布宏观的大法,制定专门具体的小法。例如,只要目前已有的《大气污染防治法》、《水污染防治法》、《固体废物污染防治法》、《森林法》等就可以了。我认为这并不可取。大法,就如同《宪法》一样是母法,确立了环境保护问题的基本方向。失去大法的指导,其下的小法不能有效地发挥作用,因此决不能够取消大法的制定。更为重要的是,我认为我们的《中华人民共和国环境保护法》一定要随着社会发展变化进行相应的修改,要从各个方面具体化环境保护问题,把环境知情权、环境资源公共财产理念、环境资源的有限性、保护环境资源的责任(企业责任、各级政府的责任以及每个公民的权利和责任)、公众在环境保护方面参与决策的权力等写入法律。

①公众应依法享有环境知情权。群众有权利知道他们所生存的地方所处的环境是怎样的状况:空气是怎样的空气,水是怎样的水。

②环境资源是公共财产,环境资源具有有限性。

③明确责任。保护环境资源,公民有公民的责任,企业有企业的责任,政府有政府的责任。按照《中华人民共和国环境保护法》的规定,各级人民政府是当地环境保护的第一责任人,有责任有义务保护环境、治理污染、改善环境。在涉及环境污染问题时,政府应负的责任比企业更大,为什么呢? 因为许多重度污染企业,大都是因领导干部不合理地招商引资而来。引进企业后经济 GDP 得到增长是领导干部的政绩,但环境受到严重污染破坏,谁来追究他们的责任? 所以,在我们的法律里面应该有“追究政府责任”这一项。此外,不能说环保只是企业和政府的责任,公民同样也有责任。比如说,公民有检举揭发破坏和污染环境行为的责任和义务。

④公众在环境保护方面有政策参与权。德累斯顿市曾计划建造一座桥,讨论了二十年,至今仍未建,为什么? 因为该区在易北河上已经有两三座桥可以通行,在公众投票的时候,公众以浪费资源为由反对,所以二十年以来,政府都未能建成这座桥。

2.加大环境保护的执法检查和监督力度。

目前仍有许多政府机关的环保机构不健全,人员偏少,专业技术人员缺乏,监测手段落后,往往说不清环境状况,解决不了应该解决的问题。加上体制方面的原因——环保局局长由当地政府任免,所以在执法方面,当关停违法排污企业影响到地方经济时,环保局局长往往是"站得住的顶不住,顶得住的站不住"。所以,必须从理顺体制入手,进一步加大环境保护的执法力度,并且从提高基层执法能力开始做起。

3.加快环境司法建设。

我国在新《刑法》里,已经确立了环境污染罪,这是环境保护司法建设的一大进步。但是,我认为判定环境污染罪的门槛过高,应适当降低。并且,仅此一点还远远不够,环境司法建设还有很长的路要走。

(三)建立生态补偿机制

世界自然基金会(WWF)前任秘书长白克明先生曾说:在中国,往往是大江大河的下游地区比较富裕,而大江大河的上游地区则相对落后贫困。因此应建立一种生态补偿机制,让下游富裕地区对大江大河源头区域因履行保护生态义务而做出经济牺牲的人们采取适当方式给予经济补偿,以利于从源头开始进行流域生态保护。

2003年,我作为第十届全国人大代表,在大会期间,以发源于江西流入广东最后到达香港的东江为例提出建议,要求在跨省的流域建立国家级的生态补偿机制,作为给予因保护源头而在经济上作出牺牲的贫困地区以经济上的补偿,以利于从源头保护好流域的生态环境,让香港的人们喝上干净的水。

2004年,国家发改委派人到东江源头进行调研;2005年上半年,全国人大领导在江西进行水污染防治法的执法检查时来到江西安远县三百山东江的源头区进行考察;同年,全国政协环资委专程来江西和广东深入调查,研究建立东江源生态补偿机制问题并向国务院写出了很有力度的报告,建议建立该流域的生态补偿机制。江西省政府高度重视这项工作,于2002年底建立了东江源生态功能保护区建设领导小组,并向当时的国家环保总局报送了建设国家级生态功能保护区的申请。由于种种问题,目前全国性的生态补偿机制尚未建立起来,但地方的生态补偿机制之花已经开遍了长江南北、南海之滨、黄河两岸:江苏省在省内长江段的污染防治地方性法规中明确规定,沿江城市长江断面水质达不到标准的,按照主要污染物的浓度予以赔偿;浙江省在钱塘江流域开展了生态补偿机制的试点工作;海南省对南渡河、万泉河及某些大型水库出台地方性法规予以保护并建立河流的生态补偿机制;河北省在子牙河流域建立生态补偿机制;江西省 2008 年和 2009 年连续两年从财政预算内拿出 1 个多亿,对省内的五条大河和东江源头保护工作做得好的地方政府给予奖励。

(四)利用市场手段开展市民花园建设

我建议在南昌市开展市民花园建设。这不仅可以增加城市绿化面积,有益于城市美化和空气净化,还为居民提供休闲娱乐场所,让我们的城市居民减少打麻将、打扑克等赌博行为,而能多做一些有益身心健康的体力劳动,身体力行于我们的环保事业。

(五)尽快实行垃圾分类

1.尽快实行生活垃圾分类,有机物质充当有机肥料;

2.塑料纸可以再生;

3.煤渣用以做砖和铺路;

4.汽车、自行车等废旧钢铁可以回收;

5.旧家具可以修理再用,或者粉碎拆解做燃料;

6.电子垃圾回收利用价值更高。

(六)让我们的生活再低碳一些

我们要大力发展低碳经济、循环经济。低碳经济应成为我们经济发展的亮点,以此来促进经济的增长,提高就业率,推动社会发展,节约资源和减少环境污染。

就我们个人而言,也可以在生活中做到更"低碳"一些。比如说:

1.参加植树造林、认养林地绿地等活动,拒绝使用一次性筷子;

2.在每天上班出门前拔掉电视和饮水机的插头,不要让电器处于待机状态,因为待机时耗电量很大;

3.电梯拥挤或是楼层不高时,尽量选择步行走楼梯;

4.附近没有垃圾桶时,不要急着丢掉手中的废纸;

5.去超市购物时,尽可能不用一次性购物袋;

6.夏天的时候,多扇扇子,少开空调;

7.在需要开空调时,夏天温度不应低于摄氏 26 度,冬天不要超过摄氏 18 度;

8.尽量使用可以反复洗涤的手绢,少用餐巾纸;

9.尽量步行,或者乘坐公交车,少开车,少打车;

10.节约用水,洗澡不超过十分钟。

所有这些我们力所能及的细小行动,积少成多,将对我们社会经济形式的转型起到重大的作用。人们生活低碳化的选择,目的只有一个,就是要减少二氧化碳等温室气体的排放,从而缓解两百多年来由于工业的高速发展以及人们追求奢侈、舒适生活所造成的气温升高、冰山融化、风灾海啸、洪涝灾害、疾病频发等严峻环境问题。因此,我们应该努力从各个方向发展低碳经济和低碳生活。

我们只有一个地球,这个理念要深深地烙入我们的灵魂。只有当我们每一个人都认识到保护环境的紧迫性,并且身体力行的时候,我们才能摆脱困境,创造美好未来,谢谢大家!(掌声)

现场互动

学生一: 许教授您好。今天,我想请问您两个问题。首先,有传闻说江西省是全国极少数的几个可能存在野生华南虎的省份。那么在我们经历了"假华南虎"事件后,在我们的希望破碎并被告知华南虎已经功能性灭绝的背景之下,您认为凭借江西省优越的环境资源,是否仍有存在华南虎的可能性呢?第二个问题,您刚才提到,现在全国有许多地方,飞快的经济发展是以牺牲环境为代价的。但据我所知,目前江西省的环境保护工作在全国范围内来讲还是不错的,比如说其森林覆盖率在全国排名居于前列。江西属于经济欠发达地区,那么,您是否认同:之所以江西省经济欠发达,就是因为我们过于注重环境保护,而忽视了经济发展呢?

许苏卉: 非常感谢!首先,关于华南虎。确实,我们在宜黄发现了虎毛、虎的粪便虎的足迹,但是目前还未曾有人真正看到过华南虎。宜黄县、抚州市政府甚至悬赏华南虎的目击者,至今未果。所以,华南虎是否存在,我不能妄下定论。此外在金溪,省林业厅和抚州市合作建立起一个保护基地,引进老虎进行繁殖。野生的华南虎,目前仍在寻找中,一旦发现就会用摄像头进行跟踪观测,并千方百计加以保护。

再者,我们江西省的环境保护,如刚才所讲,生态条件比较优越。按照国家环保总局 2008 年初公布的数据,我省总体水质在全国居于第七位,更好的是哪些地方呢?青海、云南、贵州、西藏等不发达的省份。

但是,并不是说因为环境保护做得好就会阻碍社会经济的发展。江西省非常注重环境保护与经济发展相结合,2001 年省委提出"以经济发展为核心,以大开放促进大发展"的发展战略的同时,就提出"三个坚决不搞":黄赌毒坚决不搞、严重破坏生态污染环境的坚决不搞、严重危害人民生命安全的坚决不搞。这为我们省又好又快地发展、科学发展,打下很好的基础。2003 年,省委主要领导提出"既要金山银山,又要绿水青山"的战略口号,使科学发展的理念深入到各个层面;2007 年,省委省政府召开绿色生态建设大会,提出"生态立省、绿色发展";2008 年,江西省委决定建立"鄱阳湖生态经济区",进一步发挥江西的生态环境优势以取得更好更快的发展。可以说,经过近九年的发展,我们省的发展速度由 2001 年在全国各省排位落后已前进到中游,而我们的生态环境并没有像一些发达地区那样,在开始发展不久就恶化起来。应该说,我们江西省的经济发展还是比较科学的,当然,还有许多新的问题在不断地产生,环境保护和经济发展一样都承担着长期的艰苦、复杂、艰巨的任务。

学生二:许教授您好,我是学生通讯社的记者,有两个问题想要请教您。首先,刚才您说到,国外发达地区的环保工作很早以前就已经开始了,那请问我国的环保事业是何时开始的呢? 第三,您能不能谈一谈我们江西省的水土流失问题呢? 谢谢!

许苏卉:我想,我国政府的环境保护工作有系统地开展,是从 1972 年开始。1972 年联合国人类环境会议在斯德哥尔摩召开,我国派代表团出席了会议。1975 年,我们江西省成立了省政府环保办作为政府职能部门,在此之后成立了环境保护城乡建设厅。我省的环保事业已走过三十年的历程。2005 年的时候,我们发起举办了大型主题活动"江西环保三十年",将江西省三十年环保事业所取得的成果公开展览于省展览馆。

第二个问题,关于水土流失。江西省水土流失问题在上世纪 80 年代极其严重,尤其是赣南地区——因为稀土资源的粗放采掘。假如某山丘稀土含量较高,采掘公司则组织当地居民将挖掘下的山土进行筛洗,反复之后沉淀下来的就是稀土。而经过采掘的山丘只剩下一个"骷髅"架子,只剩下石头。这种现象在赣南地区非常普遍。曾经有句戏语直接反映了赣南水土流失的严重程度:"宁都要迁都,兴国要亡国。"对此,我省成立了江西水土保持委员会,采取了植树造林、封山育林的措施。经过 80 年代初至今的治理,赣南地区植树造林效果显著——由原来 30％ 左右的森林覆盖率提高到现在的 60.05％,水土保持工作有极大的进展。

另外江西省还有闻名全国乃至世界的环境保护建设项目——"山江湖"工程。"山江湖"工程是指坚持"治湖必须治江、治江必须治山、治山必须治穷"治理理念的治理开发项目。想要治理好鄱阳湖,那我们首先要治理好江河流域,而江河的治理又依赖于山丘的治理,山丘的治理又依赖于当地的扶贫致富建设。对此,江西省政府专门成立了"山江湖开发治理委员会"、"山江湖办公室"。二十多年来,我省绿色生态环境建设因"山江湖"工程得到了发展,而今天"绿色生态江西"和鄱阳湖生态经济区的建设,又成为"山江湖工程"的有机延续。

在这里,我想对在座各位来自赣南地区的同学们说些话,回家乡后请转告各位父老乡亲。赣南脐橙闻名中外,产业发展得非常好。但脐橙种植却是水土流失最重要的原因之一。按照规定,高于25度的斜坡上不能进行开垦种植,但是目前都不加选择、不加节制地开垦。此外,在开垦山丘的时候本应确保给山丘"戴帽子",即从山顶开始到山腰三分之一处的原始植被不能动,山顶上一定不能开垦栽树,但我在寻乌、安远等地却看到,很多山上都是果树一直栽到山顶,这就是寻乌和安远县境内的主要河流、尤其流经县城的河流水量越来越少、河床越来越高的重要原因。因此,开垦山林一定要坚持科学合理的方法:山顶不"脱帽";山腰需种树;树下要种草,严防水土流失,保住了水土就保住了我们的生命。谢谢。(掌声)

学生三:许教授,您好!早在前几年,就有人大代表提议说要把绿色GDP纳入政府官员的政绩考核,那目前我国或者江西本省内是否已经采纳此建议并实施推广?另外,我也是江西人,现在东部许多破坏环境的木材加工厂、家具厂、水泥厂等都迁来江西省等中部欠发达地区,我们江西在招商引资时是否意识到了这个问题?这将给我们江西的环境保护带来怎样的影响?各级政府官员是否重视这个问题?谢谢!

许苏卉:非常高兴你能够关注这样的问题。的确,绿色GDP是个非常复杂的问题。2004年,国家环保总局副局长潘岳提出在全国建立进行绿色GDP计算的试点,当时有十个省参加。调查的结果非常惊人——我们为经济发展所付出的资源环境代价非常高!但是生态破坏的代价高低却无法计算,所以绿色GDP最后没有定论。

就我省而言,从2001年确定我们"以工业发展为核心,以大开放推动大发展"的发展战略以来,我省的经济得到快速发展。前面我已经讲了,在我们省快速发展的同时,我们的生态环境并没有严重恶化,应该说还是努力做到了发展与环保"双赢"。

但是,发达地区转变发展模式、产业换代升级,"腾笼放鸟"——老鸟去哪?当然是飞到我们不发达地区来了。就如同国际上,美国等发达国家将本国淘汰落后,如资源消耗高、环境污染重的产业迁往中国等发展中国家。在国内,这类企业就迁往欠发达中西部地区。所以,尽管这些年环境保护部门也拒审了许多各地报来的污染性项目,但是,还是有大量技术落后的小型废纸造纸、小型冶炼项目不经批准却在各地得到了不同程度的引进。经过每年的清理整顿,现在情况要好些,各地在这方面的治理水平也越来越高。有的地方已经开始"招商选资",坚决不再引进高污染、高能耗、高排放的项目。

对于江西这个中部省份而言,发展永远是第一要务。环境问题归根到底是发展的问题,是发展方向及发展方式、模式的选择问题。江西省自2001年确定"以工业发展为核心"战略至今已有八九年时间,在工业发展上取得了很大的进步。虽然环境埋了不少单,但环保事业也在逐渐地进步,经济发展的模式也在转变。谢谢!

学生四:许教授,您好! 我的问题是,虽然现在环境保护的重要性对于国家、对于整个地球已经到了迫在眉睫的程度,但是社会上仍然有不少人对于环境保护的呼吁充耳不闻,依然是我行我素地浪费水电、乱扔垃圾。那么您对切实有效地推进全民环保这一进程有什么建议呢? 谢谢!

许苏卉:从我们环境资源保护方面来讲,确实还有不少问题。现在我任职于省人大环资委,如何在这个岗位上履行好监督和立法保护生态环境的调研工作,是我常常思考的问题。立法保护环境和调研执法中的问题推进国家和地方环境保护法律法规的实施,是从源头上保护环境的有效手段。另外,环境保护的宣传教育工作也是个源头防范的工作,非常重要。我们不仅要树立科学发展的观念,更要自觉地培养利于环保的日常行为习惯。我认为这是一个"五讲四美"的问题,是道德素养教育的问题。环保要从娃娃抓起,大人在浪费水的时候,孩子会自觉地关紧水龙头。在美国就是这样,让孩子去监督大人。我希望环境保护意识能进入小学、进入幼儿园。幼儿园、小学、中学、大学都需要开设有关于环境保护的课程,向我们的青年一代普及环保知识。如此,再过十几二十年,我们的全民环境保护意识就有可能追赶上德国。谢谢!

精彩评论

自然在呻吟

黄静如（工商管理 097）

一朵娇嫩的桃花，一缕轻荡的春风，展现着春天的欢乐；一枝尖尖的小荷，一池浅浅的芙蓉，闪现着夏天的奔放；一地萧索的落叶，一行低低的雁阵，书写着秋天的忧郁；一片纯洁的银白，一阵淡雅的清香，弥漫着冬天的高雅……一沙一世界，一花一天堂，文人笔下的自然总是这样美丽多姿。而如今，我们的自然却在绝望地呻吟："人类啊，还我美丽的容颜！"

今天，当我听完许苏卉这位温文尔雅的环境工作者的讲座时，我能深切感受到自然遭受摧残时那种撕心裂肺的痛，也能更为真切地听见自然的声声呐喊。回顾讲座过程，大气污染、温室效应、水体污染、资源枯竭等一系列环境问题呈现在我们眼前。尽管各国都采取了一些相应的措施，但人类仍然在疯狂地向自然索取。"可持续发展战略"、"科学发展观"等实施的速度远比不上人们破坏的程度。或许我们越来越难观赏到"草色遥看近却无"，"清泉石上流"，"落霞与孤鹜齐飞，秋水共长天一色"的优美景观了。

此时此刻，我不禁吟起马致远的《天净沙·秋思》：枯藤老树昏鸦，小桥流水人家，古道西风瘦马。夕阳西下，断肠人在天涯。

夕阳西下，一只老鸦孤独地站在矮矮的缠着枯藤的树桩上。树桩上一圈圈的年轮见证了大树经历的岁月。但纵然是参天大树又如何？依旧逃避不了人类的齿距。如血的残阳将老鸦的影子投射得很长。"呀呀——"老鸦不断的哀号似乎述说着大树的悲哀……树木旁浑浊的小溪蜿蜒而去，孩童提着水桶木讷地望着。猎猎西风扑刺，一匹瘦弱的老马正搜寻着青草，饥肠辘辘，何时才能又见茵茵绿草？恶性循环，自然的忍耐终究是有极限的，海啸、山洪、干旱接踵而至。天灾人祸，哀鸿遍野，几十年之后，一群断肠人将流落天涯。

是的，如此长期地破坏环境，这画面——断肠人在天涯——将最终成为现实。瑰丽的自然啊，百媚种种写不完，千色点点画不尽。人类啊，请快停止暴行，待到自然千疮百孔时，我们将相拥而泣！

网站留言精选

　　伊甸樱桃：加油！加油！我们一起来保护地球，别让我们成为断肠人！

　　临风而立：用我们的实际行动埋葬"世界末日"的预言，珍爱地球，守候人类共同的未来！

　　（主持人　崔永明　录音整理　肖梦瑶　高雅　陶洪霞　摄影　温琳）

"前湖之风"周末讲坛第五十八期
主　题:《来自中国南极科学考察的报告——南大人:勇承共和国的重任!》
主讲人:余万霰
时　间:2009 年 9 月 19 日(周六)上午 9 时
地　点:南昌大学法学楼报告厅
嘉宾寄语:"国家的利益高于一切,争当中国的政治科学家。"

　　余万霰,男,55 岁,南昌大学医学实验教学部研究员,2008 年,他以国家南极科考项目负责人身份赴南极进行科学考察。1989 年,他在美国 SCI 杂志上发表了他的第一篇有关生物钟研究的论文,从此踏上了生物钟研究之路;1993 年,他在全国第一个中标国家自然科学基金有关生物钟研究课题,花 10 年时间揭示了乙肝病毒转变肝癌的时间生物学规律;2004 年,国家南极考察办公室邀请他进行南极生物钟研究;2006 年,他设计的中国南极考察新医疗保障计划获得国家有关部门批准,参与了国家南极科学考察医疗保健的光荣任务,并为我校在南极搭建了科研平台。在中国第 25 次南极考察中,他圆满完成考察任务,其中一份考察报告得到温家宝总理的批示,另一项考察报告得到全国人大常委会副委员长韩启德的肯定并给他发来贺信。

　　南极是地球最南端的神奇大陆,也是世界上最寒冷的地区。中国第25次南极科学考察队问鼎南极冰穹,不仅是我国科考工作的又一次突破,更是我国综合国力迅速提升的表现。在这片旷远惊险的土地上,科考队员用他们的勇敢与爱国热情书写着征服冰穹的骄傲。面对生命与心理的极限挑战,他们是如何肩负起南极科考的国家使命? 在拓冰之旅中又书写了怎样的传奇与绚丽? 本期讲坛,主讲人将带我们一同感受南极的美丽与现实,感受"爱国、求实、创新、拼搏"的南极精神和南大人的爱国情怀。

来自中国南极科学考察的报告
——南大人：勇承共和国的重任！

◎余万霰

很高兴今天能和同学们一起对祖国 60 周年开展一个互动的话题。我参加南极科学考察最大的感觉就是这是国家的重任。作为一个中国科学家，我认为国家的使命重于泰山。我刚才在题词里面就提出一个大家可以共同探讨的话题，叫做"国家的利益高于一切，争当中国的政治科学家"。我也是想告诉各位同学一个科学家如果不考虑国家利益，没有一些国家战略的观点，将来的工作和发展，都会受到限制。要成功是非常难的。所以今天的讲座，我基本上是围绕这个主题来讲的。

我今天报告的主题是《南大人：勇承共和国的重任！》在讲之前先给大家看个简报，把简短的信息传达给大家。

一、信息简报

2004 年开始，国家极地科学考察办公室报请卫生部批准，南昌大学开始承担中国南极科学考察队医疗保健任务。这是一个重大的政治任务。2007 年中国第 24 次南极科学考察队开始的时候，长城站医疗保健工作已完成，承担者是南昌大学第一附属医院的卢明巍大夫。中国第 25 次南极科学考察队正在执行中山站医疗保健工作，并承担"雪龙号"考察船医疗保健任务，承担者是南昌大学第四附属医院的陈绍平大夫。中国第 26 次南极科学考察队，也就是我们即将出发的这支队伍，将承担长城站和中山站医疗保健任务，及"雪龙号"考察船医疗保健任务，承担者是南昌大学第一附属医院的朱亲耀大夫和第二附属医院的谢庆斌大夫。

今天我们非常荣幸地请到了这两位大夫和同学们见面,看看即将出征南极的两位大夫的风采。有请朱亲耀大夫和谢庆斌大夫到台上来。(掌声)走在前面的是朱亲耀大夫,后面一位是谢庆斌大夫。他们下个月7日就要踏上"雪龙号",带着祖国的信任,带着我们学校的重托前往南极,他们承担的任务非常重大,同时他们在南极还担任两个站的支部委员。现在请两位大夫发言。(掌声)

朱亲耀:首先,很荣幸有机会能和大家见面。感谢余万霰老师给我们搭建这个平台。其实去南极对我个人来讲也是个锻炼机会,希望大家能够认真听余老师讲,今后大家有机会的话可以去南极走一走。谢谢大家!(掌声)

谢庆斌:首先,我也是感谢余老师今天给我们提供这个机会,还有我要感谢在座的所有同学。其实跟余老师说的一样,我们去南极承担着重大责任。我觉得我们一定会把南大的精神更好地发扬出去。谢谢大家!(掌声)

余万霰:有请两位大夫回座。(掌声)

南昌大学正在承担以下的科学考察任务:

1.中国南极科学考察队员营养标准研究。课题负责人是副校长高国兰教授,执行负责人是南昌大学公共卫生学院营养与食品卫生学院教研室的徐群英教授。

2.为中国南极科学考察队员的健康与安全建立监控性主动预防体系,这已经列入国家第25次南极科学考察现场计划,课题负责人及现场执行人由我担任。

3.中国南极科学考察队生物钟基因和若干生物节律检测及研究,这也是国家第25次南极科学考察现场计划,现场执行人是南昌大学第四附属医院外科医师陈绍平,项目负责人是我。

4.中国南极战略若干研究,这个是九三学社中央委托的任务,课题负责人及现场执行人是我。

5.中共江西省委书记苏荣交给我的任务:将南极原生态保护理念与技术用于鄱阳湖的科学考察,课题负责人及现场执行人是我。

另外,我们前往南极的医生都自带了课题。南极是科学的平台,有很多事情可以做。

我想带给大家一个最近从北京传来的喜讯,温家宝总理对我们学校师生提出的《建议对鄱阳湖实施南极模板原生态保护》(以下简称《建议》)做出了重要批示。根据总理批示,江西省政府、国土部、环保部、水利部和国家林业局正在对《建议》进行研究。我校第一次参加南极科学考察,第一次完成南极科学考察报告,就得到了国家总理的肯定,这是对我校师生的莫大鼓舞。

另外,我在南极考察期间,全国人大常委会副委员长、中国科协主席、九三学社中央主席韩启德同志向我个人发来贺信,对我正在进行南极考察一线的工作予以高度评价并表示亲切慰问。这是南极科考队员个人第一次得到国家领导人的贺信。当然,这不是我个人的荣誉,而是我们南昌大学的集体荣誉,也是国家领导人对南昌大学参与国家南极科学考察工作的肯定。

中国第 25 次南极科学考察队由以下单位组成:国家海洋局极地科学考察办公室、中国极地研究中心、中国科学院、国家地震局(长年在南极设立观察站)、国家测绘局、中国气象科学院、中国科技大学(主要做环境方面的研究)、武汉大学(主要做 GPS 的研究)、清华大学(主要做建筑方面的研究)、北京师范大学(主要做心理方面的研究)、南昌大学(做医学保障以及国家战略方面的研究),宝山钢铁集团和中国通讯建设集团总公司,最后两者分别主要承担房屋建筑和通讯建设任务。

我们可以在这里强烈地表达一个信念,南昌大学正在承担国家重大政治任务,正在参与国家重大战略研究。南昌大学有能力进行国际前沿研究,也有能力和国内一流大学竞争。所以在座的同学不要认为自己所在南昌大学是二流重点大学,实际上我们具备了与一流大学竞争的实力。将来在座的同学都会成为杰出人才,甚至有人会成为很有名的科学家。

二、神奇的南极以及她和人类的关系

(一)神奇的南极(自然生态特征和矿产)

根据《南极条约》的规定,南极的地理概念是:地球南纬 60 度以南的地区,包括大陆、周边岛屿和海域属于南极地区,陆地约有 1400 公里,相当于一个半中国大。大家都知道,地球的北极(北冰洋)是水,地球的南极是陆地,叫做南极洲,所以南极比北极更重要一些。

从南极洲的卫星图像来看,西南极是南极半岛,是人类进入南极大陆的最佳路线,所以我们中国长城站就驻在这里。另外一边是东南极。

那么南极有什么自然特征呢？南极大陆是地球海拔最高的大陆,平均海拔 2350 米。98％的区域常年被冰雪覆盖,冰盖平均厚度达到 2000 多米,南极内陆冰盖的最高点 DOME—A 地区海拔 4093 米,其周边 2％的地区为季节性裸露地区,每到夏天就会融化。南极是地球最大冷源,最低温度达到零下 80 度。

我们拍摄到了南极宏伟的冰盖,各式各样的冰山,还有美丽的极光和绚烂的晚霞。每年,南极的海面都会封冻几个月。由于南极科考船是破冰船,我们就在冰冻海面行驶。南极最冷的时候温度可以降低到零下八十度,一盆水泼出去就结成了冰。在南极,夏季的海边,雪融化之后景色特别漂亮。

南极洲蕴藏着丰富的矿产资源,已经探明,南极洲拥有世界上最大的煤矿、铁矿,还蕴藏丰富的金、银、锰、镍、钛、钴、铜、铬、铅、铂、锌、锡等。另外,南极大陆架蕴含丰富的石油资源。以前很多科学家经常说地球的资源即将枯竭,实际上南极还有一大块没有被开发,这些资源是非常宝贵的。而在南纬 60 度以外的地区,石油是能够开采的,在其以内的地区是属于保护地区,不能被开采。在去年石油价格暴涨的时候,就有人提出到南极去开采石油。

另外有一点很多人都不知道,南极有一个很大的蛋白质库——磷虾。南大洋磷虾的蕴藏量约为 10 亿吨,如果每年捕获量为 1 亿吨(相当于现在世界渔获量的总和),既可以满足人类的蛋白量,又不会影响生态平衡。养牛养羊可能对环境带来破坏,所以有人建议用南太平洋的磷虾来代替牛羊。

南极洲是地球上最荒凉、最原始的地带。这块神秘的大陆上从来没有过人类的繁衍,也找不到人类生命起源的痕迹。南极没有陆地动物,只有 2～3 种水栖动物和少量飞禽。南极大陆上没有树木,没有灌木,只有简单植被。这块神秘的大陆荒凉得让人可怕,毫无生息。风停后,肃静得让人不寒而栗,一根针掉在地上都能听到清脆的响声。南极生态极为脆弱,某些植被植物,一旦破坏,万年后才可恢复生长。

这是一个几十亿年都没有人踏过的地方,植被生长又凋亡。在 12 月份以后,南极有 45 天是处于极昼状态的。即使是晚上 12 点太阳落山,一个小时后,太阳又在天边升起。太阳不落山,也不用回家,工作累了就直接睡觉。我陪同中央电视台的记者去拍摄南极的照片,他们都高呼神奇。

在南极长得最茂盛的植物就是南极草,即使在寒冬里,它们也会生长。而冬季冰雪覆盖下的土地在夏天还会长出一片片绿绿的苔藓。

企鹅是南极大陆上最多的动物,它们也会季节性迁徙,在南纬60度以内度夏和繁衍。它们对人类充满好奇,但是却并不惧怕。我们到达企鹅岛的时候,上面有上万只企鹅,场面非常宏伟。

还有一种动物也很多——海豹。这些可不是训练过的海豹,它们的行为所呈现的都是最自然的状态。它们尽管对人类也充满好奇,但是不会攻击人类。海象和海豹实际上是同类动物,但是海象比海豹大很多,最重的海象达到了10吨。它们吃完之后就懒洋洋地睡在海边,日复一日,囤积了几米厚的脂肪。上世纪50年代前,南太平洋国家的渔民去南极大陆捕捉海象,主要是刮去海象的脂肪。50年代之后,人类开始南极科学考察,国际条约规定不准去南极捕猎。现在我们还能够看见海象被捕猎的痕迹,捕猎者将海象的皮扒下来,带走了宝贵的脂肪。

还有一种比较常见的动物是鸥鸥。这种动物不但吃磷虾,还吃小鱼。中国科技大学在做关于鸥鸥的食物链研究。鸥鸥比老鹰大,十分凶残。

南极洲还有很多海燕自由飞翔,也叫雪燕,是一种很漂亮的鸟类。

(二)各国对南极领土的觊觎

有七个国家对南极有领土要求,即挪威、澳大利亚、智利、阿根廷、英国、新西兰和法国。但是领土要求是实现不了的,为什么?因为中国、美国、俄罗斯三大国家对南极没有领土要求,因此其他国家不论怎么要求,要在联合国通过,是非常困难的。

他们擅自作了扇形的领土划分,英国"分"得的西南半岛一块是最好的领土,因为当时南半球都是英国的殖民地,所以他们"分"得多。

根据南极领土争夺的情况,各国制定了一个条约,即《南极条约》。现在我国乃至全球基本上都是按照《南极条约》进行科考工作。其中有几个重点:

1.南极只用于和平目的,不应成为国际纷争的场所或目标,南极领土主权纷争暂时搁置。

这是最重要的一点,任何人都不再讨论南极领土了,这个问题冻结在这里,若干年后再来讨论。有人说50年后再来讨论,但今年已经是《南极条约》签订50周年,要不要讨论这个问题却还没有动向。

2.禁止在条约区从事任何带有军事性质的活动,但不妨碍为科学研究和其他和平目的而使用军事人员或设施。

3.禁止在南极进行核试验或处理放射性废物。

4.南极科学考察自由,鼓励南极科学考察国际合作。

5.冻结南极矿产资源。任何国家都不能掠夺南极的矿产资源。

6.对南极实施原生态保护,并制定了科学的保护体系。我们正在研究如何将这个保护体系运用于鄱阳湖。

（三）中国对南极的政治战略

南极洲是全球唯一无国家主权,无土著居民的大陆。随着地球变暖,国际生态政治问题日益突出,南极问题已涉及各国长远发展的战略利益。中国也是一样,中华民族人口占全球四分之一,海外华人遍及世界每一角落,所以南极与中华民族长远发展战略利益密切相关。虽然现在有《南极条约》的约束,南极领土不能被瓜分,但是中国必须有自己的政治主张。

中国政府坚持邓小平同志提出的"南极为全人类共享,人类永远和平利用南极"的立场,中国对南极大陆没有领土要求,但中国坚决反对南极领土被少数国家瓜分。中国的南极科学考察、中国的战略建设考察站都有中国的战略目的。所以我们的主题叫"共和国的重任",我们所承担的任务具有国家的战略意义。

（四）科学家眼中的南极

1.对地球整体生态的控制

地球表面70％以上的淡水以冰雪的形式储存于南极大陆,一旦融化,全球海平面将上升约60米,很多城市将被淹没,上海也会被淹没一大半。也就是说,南极的原生态影响着全球的生态,所以科学家都认为维持南极的原生态就是维持地球整体生态的安全。因此,各国科学家都极为关注南极原生态控制的系统科学问题。

2.南极冰盖内涵盖的地球环境信息

几十亿年来,南极大陆不断被冰雪覆盖,形成数千米厚冰盖,其内保存着成千上万年地球环境变化的信息。我们打出了上千米的冰芯,研究其中到底包含什么物质。我国在南极内陆冰盖的最高点 DOME—A 地区建立第三考察站——昆仑站,目前主要课题就是研究南极冰盖。我国学者孙波等在国际著名科学杂志《自然》发表论文,表明了我国在南极冰盖所含的地球环境变化信息研究上进入国际先进行列。

3.控制全球的最佳军事位置

地球自西向东旋转,按照爱因斯坦的"时空弯曲"理论,地球南北极应是地球最高军事"制高点",发射导弹干扰最小,发射角度最好,运行速度快,命中率高,对于军事控制地球具有根本性作用。这涉及"时空弯曲"中的"相对同时"理论。中国科考队员在南极与在国内的时间概念是一样的,我们的科考站一律使用北京时间。

而且南极大陆远离人类集聚区域,从地理位置上做军事分析,南极大陆是地球上最易守难攻之地。

当年希特勒设想撤退到南极,但最终由于种不了粮食,无法生存而作罢。如果希特勒实现当年梦想,南极的整个生态环境都会遭到破坏,几千万人的人工取暖会使冰雪大量融化,而倘若发射了一枚导弹,造成的破坏更是无法想象的。

4.人类通向太空的最佳位置

地球自西向东旋转,地球两极是人类进出地球的最佳通道。然而北极是水,南极是陆地。所以外星人到达地球的第一个选择点应该是南极大陆。若干年后,倘若我们找到了外星人,南极便是我们通向外星的港口。那里也是用望远镜观测的最好角度。我国将在昆仑站架设天文望远镜。陨石也多数落在南极。

5.人类对南极特殊自然环境的生物适应

人类对南极特殊自然环境的生物适应性,特别是人类各种族的生物遗传优势,可以显示本民族处于世界民族之林之能力,特别是在全球变暖的环境下。

另外很多科学家想揭开南极大陆为何无土著居民,无陆地动物,无脊椎动物的生命起源之谜。

而且南极动植物种群中的基因资源非常丰富,岩石上植被一般都有万年生长的历史。

6.地球地质变迁

南极大陆的板块是如何形成,地质是如何变迁,这些问题的研究是很有意义的。

7.生态环境

南极是观测地球生态环境演变的最佳"现场实验室",整个地区涵盖了地球整个环境变化的很多信息,人类对其进行科学考察之前它一直是原始状态。

人类对南极实施的原生态保护理念是什么?这是大家正在研究的问题。我们还从南极原生态中研究地球变暖的科学原理。

(五)各国在南极建立考察站情况

目前有28个国家在南极建立起了47个常年科学考察站,也就是越

67

冬站。100 多个度夏考察站。美国建站规模最大,每年有几千人在那越冬。俄罗斯建站数量最多,有十余个。中国在南极建了 2 个常年考察站——长城站和中山站,1 个度夏站昆仑站。经过"十五"能力改造,中国南极科学考察站设施堪称世界一流。

我曾经跟学校领导做过设想型的汇报,在中国南极科学考察站,清华大学、北京大学、中国科学技术大学、厦门大学和南京大学都有自己的实验室,总有一天,南昌大学也会在那里拥有自己的实验室。我想这个理想的实现不需很久,到时也许在座的各位都会常常去南极了。

我们在南极的油可以用三年,南极什么都能缺,就是不能缺油,因为完全需要人工取暖。三台发电机,两台备用,电力的供应是不能中断的。

南极考察船"雪龙号"下个月七日就要出发。我去年因为整理资料在船上住了两天。前不久得到消息,中国南极科考队有一位机械师光荣殉职。当时"雪龙号"停靠在上海的一个码头,舰载直升机在完成任务返航时失事坠海,四人落水,一人遇难。作为他的同事我感到十分遗憾。

三、勇承共和国的重任

(一)第一项任务:为中国南极考察队设计新的医疗保障计划

2004 年,我受命为中国南极科学考察队设计新的医疗保障计划,南昌大学开始承担中国南极科学考察队医疗保健任务。

我从 20 世纪 80 年代末开始从事生物钟研究。1989 年,我在美国 SCI 杂志上发表了第一篇有关生物钟研究的论文,因此,在我国,我的这一课题是最早中标的国家自然科学基金有关生物钟研究的课题。2003 年 7 月,我接到一个任务,北京的"非典"流行态势非常严峻。科技部急电召我进京,进行"非典"时间生物学分析,判断"非典"可能流行的时间。

2004 年,国家极地考察办公室邀请我进行南极生物钟研究,为此我完成了一套南极生物钟研究计划。国家极地办对该计划进行研究后认为,这套南极生物钟研究计划内具有南极科学考察队员医疗保健的科学内涵,于是便萌发将中国南极科学考察队医疗保健队任务交给江西承担的想法。

国家极地办专门派人来江西,到南昌大学的三个附属医院进行医疗技术实地考察。考察完毕后,要求我校提供一份新的南极医疗保障计划。我受领导委托,担任新的南极医疗保障计划的总设计,精心完成了该计划的设计。

国家极地办对该计划进行了慎重研究,并报请卫生部批准,决定与南昌大学医学院签订合作协议,由南昌大学三个附属医院轮流承担中国南极科学考察队医疗保障任务,并支持南昌大学在南极开展科学研究,实施医疗与科研共性运作。

我的计划的创新点在于,过去的南极医生不做预防工作,只是坐等式、被动性的工作。现在我们的医生到南极去一定要做主动性的、监控性的预防保健工作,创新地为南极科考队员设计一套医疗预防保健监控体系。

(二)第二项任务:为中国南极科学考察队员的健康与安全建立监控性主动预防体系

为什么要为南极科考队员健康与安全建立监控性安全保障体系?在国家战略上有这样的原因:第一,南极是唯一无繁衍居民的大陆,各国人群在南极大陆的生存能力是在南极拥有实力的重要表现;第二,从地理位置来讲,美国的地理位置最好,可以同时控制地球南北极,美国对南极的后勤补给力量最为强大,在南极的生存能力也最为强大,因而美国对南极大陆拥有最强大实力;第三,我国对南极大陆后勤补给能力很有限,因此,可通过为中国南极科学考察队建立世界一流的安全与健康保障机制来弥补我国在南极的生存能力,这也是中国在南极拥有强大实力的表现,因为中国具有人口优势。

我今年55岁,按照国家规定我是不能参加南极科学考察队的。但是极地办领导找我谈话说,国家任务重大,在科学考察队的安全保障机制上,国家领导人反复强调,一定要有一个安全和健康的保障体系,要绝对保障科考队员的安全和健康,虽然我年龄大了,但是希望我亲自参加南极科考队执行这个计划。当时我感到国家的重任重于泰山,就毫不犹豫地接受了这个任务。

我到南极站后,按照计划开展工作。我随野外科考队观察南极地貌、地形、岩石路、内湖、深雪、岩石山体、植被、风向、风力等,对可能存在的危险因素进行现场记录。这些工作本可以由博士研究生承担,但我还是亲自去做了。我还要对体力进行估量,对科考队员进行体检,并在科学考察站进行实验。另外还要对站区布局及工作运行程序进行分析,对科考队员生活行为进行观察。在对大量数据进行多步骤分析后,我完成了调研报告。

暴雪是南极最大的自然灾害,一旦发生暴雪,大雪很可能把基地的房子掩埋掉。南极的房子都是架空的,科考人员到房子里去都要走踏梯,下雪后踏梯会很滑。所以如何保障科考队员不受暴雪危害、如何保障下雪后科考人员走踏梯的安全,是在预防性医疗保健系统中需要考虑的重要问题。

在经过现场考察后我提出的医疗保健建议报告包括这几个方面:

1.从国家战略高度认识对国家南极科学考察队的安全与健康实施监控主动性的意义;

2.建立突发性重大伤害事件应对机制;

3.建立意外伤害医疗救护体系;

4.建立主动预防特大雪暴灾害的工作制度;

5.对火灾实施监控性主动预防;

6.建立南极非冰盖区野外科学考察安全体系;

7.建成世界一流南极生态"现场实验室";

8.站区各栋踏步楼梯摔伤预防研究;

9.对科考队员健康实施监控性主动预防,监控性主动防御体系与一般健康保障体系的区别在于可监控,能把危险的因素收入科学视野。

(三)第三项任务:对中国南极科学考察队队员生物钟基因及若干生物节律检测及研究

任务来源于国家自然科学基金项目及中国第25次南极考察现场计划,这项任务在中国南极中山站执行,我是任务的负责人,陈绍平是现场执行人。

这项任务的要点有:

1.南极具有特殊的周期自然环境,每年有"极昼"和"极夜"期。我校首次在中国南极科学科学考察队员中开展生物钟基因检测与研究,除检测2个生物钟基因外,还检测60项血液生物节律变化项目,为每一位越冬队员进行生物钟健康评估,从而有效提高南极科学考察队员生物钟健康水平。

2.科学地估量中华民族人种群在地球极地生存能力,丰富中华民族人种群对地球人类进化可起到巨大作用的遗传学理论。

(四)第四项任务:中国南极战略研究及建议

这是九三学社中央交给我的任务,目的是通过科学考察给国家领导人提出中国南极战略的相关建议。

这项任务的背景是：

　　1.2007年11月，俄罗斯在北极高纬度深海"插旗"，象征俄罗斯主权，预示着向全世界宣布：北极是俄罗斯的领土。这挑起地球南北极国际争端，相关国家如加拿大、挪威、芬兰随之采取战略性行动。

　　2.国际上极为关注中美对极地的行动，美国处于战略考虑"沉默"应对，因为它后勤补给能力强、科技力量大，最有能力控制地球南北极。

　　3.我国政府希望南极考察科学家向国家提出建议，建议应采取哪些科学性战略行动。

　　我以南昌大学派出的南极考察科学家身份，通过九三学社中央，向国家领导人提出了中国南极国际战略和科学战略相关建议，为我校赢得了荣誉。

　　我提出的南极国际战略建议有这样几条：

　　1.我国不是北冰洋周边国家，北极是水域，中国难以获得直接战略利益，因此，我国不宜参与北极国际政治争端，但是积极参与国际协作的北极科学考察，符合我国的战略利益。

　　2.我国是太平洋国家，大吨位海轮可直达南极大陆，我国人口占全球四分之一，特别是海外华人遍及全球，我国政府必须为十几亿人口负责。因此，我国应果断地以大国身份参与南极大陆国际政治争端，为南极领土不被瓜分起重要作用，符合中华民族长远发展的战略利益。

　　我提出的南极科学战略行动的建议如下：

　　1.将中国南极科学考察队越冬队员延长三年，多领域科学家为他们设计一套系统科学观察计划，对其生理、营养、生物钟基因等进行系统检测，设计各项人力资源心理学实验（工作行为及效力模拟，孤立人群组织等），从中掌握中华民族人种群适应南极特殊环境能力的系统科学数据，争取掌握其生物遗传优势，将科学评估结果向全世界公布。

　　2.中华民族人口占全球四分之一，中华民族人种群对南极特殊环境适应的科学评估数据对世界其他国家具有威慑作用，具有潜在遏制南极大陆被少数国家瓜分的作用。具体实验实施比如我们可以派出一对普通夫妻到南极生活三年，对其生活状况进行数据的统计分析，并对其补助100万元。

　　3.这项科学评估结果将丰富中华民族人种群对人类进化所起巨大作用的遗传学理论，显示出中华民族自立于世界之林的能力，增强全球中华民族人种群的全球凝聚力。

该建议由九三学社中央直送中共中央领导和国务院领导,并作为全国政协联名提案。全国人大常委会副委员长、九三学社中央主席韩启德同志向我个人专门发来贺信,高度评价了这项工作。

(五)第五项任务:将南极原生态保护理念与技术用于鄱阳湖的可行性考察

这项课题得到中共江西省委书记苏荣同志很大的支持。课题提出的缘由:

1.我省制定的鄱阳湖生态经济发展规划需要一个响彻全球的品牌,鄱阳湖生态治理和利用如果与南极生态系统的理论联系起来,将会是一个在国际上大有影响的理论甚至成为品牌。

2.我们国家必须找到最科学的方法来永久性控制鄱阳湖原生态,以至长久维系长江下游的生态安全,以利于长久维系中国整体的生态安全。

3.地球气候变暖,使全球环境与生态问题演变成国际政治问题,因此,要设法使鄱阳湖环境保护成为世界模板,提升到国际政治的高度,以提高中国政府的公信力,提升江西的国际知名度。

来到南极,这里完全是原生态保护型的。海水湛蓝清澈,水深十几米都可以见底,一次我在船上看到水见底了,我就想下来,边上的同事拉着我说,"你可千万不能下去,你不要以为看得到底,这其实是十几米深的海水。"海豹企鹅都不会怕人。海豹完全没有经过训练,我们经常跟海豹一起游戏,它认为人类不是攻击它的动物。你如果坐在企鹅群中,它们也不会管你,我们和企鹅一起玩得非常潇洒。

那么我们怎样去发现南极生态与鄱阳湖生态的相近之处:

1.两区域均是季节性湿地

南极洲是被冰雪覆盖的大陆,但在南极圈外围约5%的地区雪在夏季融化,出现裸露区域,布满季节性小溪和小湖泊,使融化雪水不断流入大海,冬季后又被冰雪覆盖,可谓季节性湿地。

鄱阳湖区域每年春夏季被水淹没,秋冬季枯水则出现一块巨大湿地,布满季节性的小溪和小湖泊,大水来后又被覆盖,也属于季节性湿地。

两区域季节性湿地生态可能找到共性的理化原理。

2.动物迁徙生物特征相近

在南极大陆,每年夏季有大量企鹅从南极圈外的南大洋迁徙到南极大陆裸露湿地度夏及繁殖,冬季后裸露区域被冰雪覆盖,大部分企鹅离去(有少量置留)。

在鄱阳湖,每年冬天有大量候鸟来鄱阳湖湿地越冬与繁衍,到了春夏季,鄱阳湖湿地被水覆盖后,大部分候鸟离去(也有少量置留)。

两区域动物迁徙生物特征相近,提示两区域生态原理应具有相近之处,可通过对比研究认识。

3.均有通过"水"控制整体生态的原理

由于地球与太阳旋转角度的关系,所形成的气候将地球 70％以上的淡水以冰雪(固体水)的形式"储存"在地球南极大陆,科学家预算,南极冰雪一旦融化,地球海平面将上升 60 米,不少城市将被淹没,南极原生态系统对于控制地球整体生态安全具有重要作用。

鄱阳湖是一个由于地壳运动产生的巨大"洼地"(5100 平方公里),覆盖江西省面积的 97.2％,五大河流的水在这个"洼地"汇集后流入长江,占长江水量的 15.5％。鄱阳湖水量和水质对于控制长江下游生态,以至对于维系中国整体生态安全也具有重要作用。

通过"水"控制整体生态是两区域生态共性原理,南极是以固体水控制,鄱阳湖则是以流体水控制。

4.均不具备居民繁衍的自然条件

南极洲大部分陆地被冰雪覆盖,每年约 15％的陆地从冰雪中裸露 4～5 个月,鄱阳湖湿地每年春夏季被水淹没,秋冬季湿地裸露。

如果人类在这类区域大规模居住,生态将遭到完全破坏,例如,南极居住需要全年人工取暖,将会完全破坏季节性冰雪生态,鄱阳湖需要进行人工围堰,将完全破坏季节性湿地生态。

从理论上讲,两区域均不具备人类居住与繁衍的自然条件。

南极湿地冰雪融化以后,形成很多小溪流入大海,在小溪旁边有很多企鹅在这里玩耍。南极的大河哗哗地流淌,但南极没有长江、黄河这样大的江河,只能在湿地上流过去。海豹经常在湿地上玩耍。据我观察,实际上湿地中的土壤有很多有机物质;据中科院的研究人员测量,这些湿地是完全可以种植的。

我完成的第一份考察报告题目是《关于在鄱阳湖创立世界首个南极模板原生态保护区,由此推动鄱阳湖生态经济强劲发展的建议》。根据中共江西省委书记苏荣同志的指示,报告直送中共江西省委、省政府,苏荣书记和孙刚副省长对这份建议报告作出重要批示,上交国家发改委。第二份报告是《建议对鄱阳湖实施南极模板原生态保护》,根据国家有关部门同志建议,将建议报告直送国务院总理温家宝同志,温总理接到建议报告第二天就作出重要批示,要求江西省政府、环保部、国土部、水利部和国家林业局对报告建议进行研究。温总理批示下达后,江西省委很快召开会议,对我们这份报告进行研究。

这份报告到底说了什么,我在这作一个简单介绍:

1. 鄱阳湖核心地区永久性成为无繁衍居民区

做法:鄱阳湖湿地繁衍居民全部迁出,消除鄱阳湖的基本污染源,是长久维系鄱阳湖原生态的基础条件,当然还尚可能使血吸虫繁衍链完全断裂,血吸虫自灭。

可行性:鄱阳湖历史上大量繁衍居民是围堰造田生存,1998年大洪水后,国家拨出巨款迁走大批居民,拆除围堰,退田还湖。在常年枯丰水系的鄱阳湖核心区约3100平方公里,其内繁衍居民已不多,比1998年更易操作。

2. 严禁人为性外来物种进入

参照《国际南极环保理念及条约》规定,鄱阳湖严禁人为性外来物种进入,即严禁水中养殖和湿地耕种,全面退耕还原(不包括鸟类迁徙和鱼类游弋自然性进入),永久地堵住人类对鄱阳湖污染的源头,维系鄱阳湖原生态系统,鄱阳湖原生态科学价值将大为提升。

代价:减少几千亩水稻耕种和水中养殖。

3. 严禁捕猎,维系湖中鱼类等生物野性

参照南极环保《国际条约规定》,专门制定鄱阳湖动物保护条例,即在湿地全面严禁捕猎,湖内全面禁止捕鱼与养殖,完全维系鄱阳湖鱼类水生物野性。当然可根据专家建议,几年捕捞一次野性鱼类,维系湖内水生物生态平衡。

国际专家拥有共识:猎杀动物是人类的惯性,破坏原生态环境往往从猎杀动物开始,专门立法保护动物可有力遏制人类对鄱阳湖原生态破坏的行为。

维系鄱阳湖水陆两栖动物和水内鱼类生物所形成的原始生命生物链。保持鄱阳湖生态安全信号及其预警机制,鄱阳湖生态科学价值将全面提升。

4. 限制湖中航运

鄱阳湖西(北)部开放客货通航,该湖区是赣江进入长江的水道,面积相对狭窄。

东(南)部客货禁航,限制旅游船,该湖区宽阔,水面大,属于鄱阳湖腹

地。

限制湖中航运可降低水中污染，同时维持鄱阳湖水中生物原生态。

5.建立南极科学考察站式的鄱阳湖观测站

鄱阳湖湿地成为无繁衍居民区后，设立科学观测站，可仿效南极科学考察站管理机制运作，成为国际耀眼的，位于人类聚居区内的原生态环保的模板。

借鉴南极环境观测技术，在鄱阳湖湿地科学观测站常年观测我国人类聚居区内的生态环境变化，乃至观测与科学评估中国的生态安全。

模仿南极科学考察站，将鄱阳湖科学观测站与生态旅游捆绑，提高旅游价值，有效保护鄱阳湖原生态。

6.为鄱阳湖建立南极模板的环保体系

由于南极生态控制了全球生态，南极环保体系最大科学功效则是长久控制南极原生态，形成了具有人类最高水准的原生态保护理念，有一套严格的环境监督、检查与评估制度。

为鄱阳湖建立南极模板的环保护体系，可科学地长久稳定保护鄱阳湖原生态，乃至长久维系中国生态安全。

为鄱阳湖建立南极模板的环保护体系是国际上认可南极模板鄱阳湖原生态保护区的关键，也是成为国际最有影响力生态品牌的关键，这显然是一项创新的、深奥的、系统的科学研究工作。

7.通过南极生态品牌强劲推动鄱阳湖经济发展

在鄱阳湖创立世界首个南极模板原生态保护区，将可能在全球产生巨大影响力的"生态品牌"，围绕这个品牌制定实验性生态经济发展规划，努力建成生态经济国际模版企业，以吸引全球投资者的眼光。

利用这个国际著名生态品牌对企业环保进行科学评估，提高企业环保的国际形象。

通过税收等经济杠杆来提高环鄱阳湖经济圈企业的环保技术，降低环保成本，使之成为世界瞩目的环保技术实验基地。

将环鄱阳湖经济圈打造成世界著名环保产品出产地。

四、心系祖国

在人民大会堂红歌会上有记者问我："你明天就要出征南极，今晚你最喜欢听的是哪首歌，此刻有何感受？"我回答："当我听到歌手唱的《唱支山歌给党听》时,我流下了激动的泪水,此时此刻想到的是,明天我就要远离祖国了,我是祖国的儿女,在遥远的南极会时时刻刻想念祖国母亲。作为一名共和国的科学家,最明理的是什么?那就是祖国的重任重于泰山!"

到达南极站以后看到五星红旗在晚霞中迎风飘扬,中国第 25 次科考队和第 24 次科考队进行交接宣誓,全体队员聚集在鲜艳的五星红旗下,大家心情非常激动。国家的重任在肩,大家都要为祖国做贡献,我们的誓言是"国家的利益高于一切,国家的重任重于泰山!"

每到新年的时候,我们就要进行升旗仪式,注视着五星红旗冉冉升起,感到祖国在我心中!各国考察团领导都前来参加升旗仪式。在春节时,我们特别想念祖国,就聚在餐厅中集体看春节联欢晚会。在长城站,只能收到一个电视频道——中央四套。南极的春节令人难忘,我们一起准备晚会,在彩球上写下每个人的名字挂起来。在晚上,我表演了一个节目,我写了一首诗朗读给大家听:

《热爱生命》

我不想是否能够成功,
既然选择了远方,
便只能风雨兼程。

我不想能否赢得爱情,
既然钟情于玫瑰,
就勇敢地吐露真诚。

我不想身后会不会袭来寒雨,
既然目标是地平线,
留给世界的只能是背影。

我不想未来是平坦还是泥泞,
只要热爱生命,
一切,都在意料中。

余万霞
2009 年春节于中国南极长城站

我在南极看到很多路牌,有一块是南昌的路牌,南昌离南极直线距离16500多公里,我在这块路牌下,合影留念。刚去南极的时候,网络还没有通,我每天就在这块路牌下和家人发短信。

我们在长城站的岩石上合影照相。著名地质学家刘小汉院士重返南极,很激动。由于我们俩都承担了国家南极考察项目,他特地带我到他第一次来南极盖的房子前合影。

我们的南极科考都是和外国朋友一起进行的,都是在情系祖国的感情下进行的,所以这个时候我们最想念的就是祖国。我有一项殊荣就是三位航天员把联名签署的首日封通过航天部科技司的司长送给我们。

我们飞往南极的路线是,第一站从北京飞到巴黎,再从巴黎到圣地亚哥,再从圣地亚哥飞到地球最南端的一个小镇——蓬塔镇,从蓬塔镇到南极大陆只有600—800公里了。从北京到南极我们用了七天,在路上我们休息了,但在飞机上我们坐了四十多个小时,三千六百多公里,基本上绕地球一周,那是一种什么样的感觉:一下飞机,由于磁场原因,实在不知道怎么就跌倒了,没有昼夜之分,一会儿是天亮,一会儿是天黑,根本看不懂手表,不知道时间,只知道昏睡。在飞机上吃的是西餐,根本吃不到中餐,一天到晚都吃着从冰箱里拿出来的冰冷的肉,夹到面包里非常难吃。飞到南极,才感觉地球太小,怎么一下子飞到地球的南端来了?现在我每次飞到北京,就觉得是到郊区,就觉得是从新校区到了老校区。

我们是10月26日离开祖国的,匆匆赶往南极。在南极,有三位女性,我给她们取名叫"博士三花":一位是中国海洋大学的女博士白小歌,一位是中国科学院的女博士李淑萍,一位是中国科技大学的女博士刘雅淑。她们为我们的南极之行增添了许多的色彩,其他一律为男性。我们飞跃西伯利亚山脉上空,漂亮的"南美空中姐妹"穿着美丽的红衣服为我们提供周到的服务。当我们到智利的时候,全体科考队成员在智利政府前举行了仪式并合影。在游览智利的闹市区时,一位非常漂亮的女孩为我们兑换货币。我们从蓬搭镇飞到南极乘坐的是美国的大力士运输机,在飞机上没有座位,我们就坐在帆布椅上面,非常疲惫,不断地伸手弯腰。一位妈妈带着小孩去南极找爸爸,这位女士的丈夫是南极站的医生。按照智利的规定,家属可以去南极生活,所以,同乘的另一位小女孩也是去南极看望爸爸的,在机场的时候也看到一位小孩到南极去看望爸爸。

在南极岛上,我们举行了一些活动,有时会找到企鹅蛋。我们采集企鹅粪来做研究,目的是研究南极大陆有没有寄生虫活动。我们在南极干净的地面上趴下,我们给称之为"小鸽子"的女孩子做记录。这些女博士是非常辛苦的。作为项目负责人,我和另一个项目负责人,我国著名心理学家、北京师大心理学院得阎巩固教授在南极受到了很大的照顾。比如我们住单间,其他人都是两个人住一个房间。因为在野外考察有一定的危险,所以在站门口立一块"佛"字石头,以保平安。在南极测量,非常地辛苦,由于风太大了,要在风口上工作几个小时,坐在那里工作时都要盖一块厚毛毯。

倘若你在南极迷路了,到任何一个避难所,都可以接受免费吃住,里面配备很齐全,有煤气灶、冰箱等。

我们是怎么吃饭的?在南极,叶子蔬菜是要生吃的,因为叶子蔬菜是空运过去的,一煮熟就变少了,大家就基本吃不到了;水果是不能整个整个吃的,要切开一瓣一瓣吃,有时甚至几十个人吃一个西瓜;啤酒饮料可以随便喝,逢年过节、周末的时候,大家就聚在一起喝酒。南极的肉是吃不完的,羊肉、猪肉、牛肉、肉丝、肉片、肉丸什么都有,钓鱼也非常容易,用一根铁丝做钩都可以把一条大鱼钓起来。由于极夜,没有人吃早餐,但是夜宵非常受欢迎。元宵节的时候非常热闹,大家聚在一起包饺子,几个哥们喝了酒就抱在一起。

我们是怎么交流的?南极是个军事重地,所以那里有很多军人。在俄罗斯人的聚会上,他们的厨师做了很好吃的东西给我们吃。俄罗斯科学考察队很倒霉,中国南极科考队20多年没死过一个人,而俄罗斯有的一个站就死了好几个人,在俄罗斯科考站旁边有八个坟墓,按照常理人死了是不能埋在南极大陆上破坏原生态的,只能在大家瞻仰之后扔到海里,但是俄罗斯还是把他们埋在了陆地上。他们的死因是喝酒,由于常年身处南极,十分想念家人,内心非常郁闷,借酒消愁,以致心脏病复发而亡。所以俄罗斯为科学考察队派来牧师,每天都要为他们祷告、做心理辅导,对他们说家人很平安,叫他们不要担心,所以牧师很重要。而中国的科考队就放个"佛"字在那里,祈求平安。

在所有的科技人员开座谈会时,一位智利的女医生和科学家过来拜访我们,并合影留念。俄罗斯的两个造房子的工人也来拜访我们。在地球最南端的一个人口过万的蓬塔镇上,一个小女孩身着红色衣服非常高兴地与我们合影。

一位母亲带着两个孩子到南极科考站来探望爱人,他们玩得非常快乐,我就担心这样会影响孩子们的学业,那位母亲就说:"没关系,我们把课程带来了,在这里,我既是他们的妈妈,也是他们的老师,回去两年,保证完成学业。"

　　所以,南极是可以过去旅游的。深圳有个旅行社,估计旅行费用20万,但是你过去绝对不能过夜,中国科考站是不能住宿的,只有中国政府代表团的科学家们可以留宿,你只能在那里走走,除非你自己在那里搭帐篷。

现场互动

　　学生一:余老师,我非常佩服您为国家做出这么大的贡献,今天的主题是"南大人,勇承共和国重任",作为一个即将毕业、面临就业的大学生,我们本来很想为国家承担重任,但是因为种种原因,我们可能不能实现我们的理想,这使得我们非常地压抑和郁闷。我想问一下余老师,您当年是怎样度过这个阶段的。

　　余万霞:一个从大学校园走出去的毕业生,首先要有成为科学家、为国家做贡献的理想。其次要有机会,比如,如果你在中国科学院,你就可能会拥有更多的机会为国家做贡献。我刚才也讲到,要学会做中国的政治科学家,要知道国家的战略意义在哪里。如果你在自己的岗位上要申报课题,你就必须研究、熟悉中国的科技战略在哪里。你的课题如果能够吻合中国的科技战略,你就很容易中标,中标就可以为国家做贡献。有一句话说得好,不怕你没有机会,就怕你没有才华。现在是个人才能够脱颖而出的时代,如果工作岗位上,你的工作吻合国家的战略计划,像我中标的课题那样吻合国家的战略思想,就可以为国家作出贡献。

　　学生二:余教授您好,作为一个医生,您又承担了其他一些研究,比如说南极生态和鄱阳湖生态关系等课题,这些课题涉及其它专业方面的知识,我想问您是怎么解决这个问题的。

　　余万霞:这位同学提的问题很好。我的研究有些是跨行业的,我在南昌大学第二附属医院做了二十多年的医生,2003年才调到学校来做研究,2004年就开始专门研究南极的问题了,由南极问题也延伸到了很多领域的其它问题,带动了其它问题的研究。比如说为什么我要研究鄱阳湖问题,因为我知道南极的生态环境问题,知道南极环境保护条约,就一下子想到了鄱阳湖。当然我个人的知识面也比较广,但还是要归功于并校,因为我们医学院研究的范围就是医学领域,合并到南昌大学以后,我的整个思路就打开了。在南昌大学第二附属医院工作时,我研究的是肝癌的问题。2003年到了医学院我就开始研究公共卫生的问题。2005年,我们并校后,我就突然发现我研究的公共卫生领域发展到很多其他领域:首先是环境,其次是社会科学领域,这样才形成一个开阔的思路。

学生三:余老师您好!首先非常感谢您的精彩演讲,我是记者团的一员,我想请教您几个问题,一是在您的演讲过程中,对您的家人好像提及的不是很多,所以我想问一下,您的家人对您去南极持一个什么样的观点。第二个问题是在南极期间除了发短信,您是怎么缓解对家人的思念的,谢谢。

余万霞:这样我就说一下自己的隐私了。参加中国南极科学考察队要过两关。第一关就是夫人关,就是自己的妻子,妻子要第一个签字,如果你的妻子不签字,你是不允许去的。如果单身,就必须父母签字,这是国家的规定。第二关就是单位领导关,领导也要签字。但最重要的还是家人的签字,家人的支持是很重要的,中国南极考察有一个理念就是国家的利益高于一切,你在南极来回都非常困难,国家里有任何事情而痛苦都应该埋在心里。比如我们的站长母亲过世,他就等回来后才去墓地。这次我家也出了个事,在我去南极时,我夫人发生了车祸。发生车祸以后就很着急,但是我爱人作出了一个非常艰难的决定,她告诉领导、告诉家人和亲戚绝对不能通知我这个消息。因为她知道我这次去南极是所有队员里面任务最重的一个,我一个人承担了四项南极考察任务,如果我稍微分点心,我的项目就有可能完不成;而且我的每个项目都是国家重大的科研项目,所以我的责任非常重大。

但是我对家人还是非常想念的。在元宵节左右,我每次打电话到家里,我爱人都不接,我就觉得很奇怪,每次都是我儿子跟我讲话。我问他妈妈呢,其实那时她已经住院了,儿子就骗我说去小姨家了。我就这样一直被蒙在鼓里。回到北京以后,组织上派人来接我,我就很紧张,已经一个月没有跟我爱人讲过电话了,虽然不知道怎么回事,但也没想这么多。领导告诉我家里出了事,我爱人出了车祸,脚粉碎性骨折,现在还躺在病床上。当晚就临时送我到火车上,第二天到南昌就发现我爱人躺在床上,当时我很难过。以前在南极电话没有通时都一直靠发短信,我每天都出去给我儿子发条短信,发完了再回来工作,就是这样缓解对家人的思念的。家人也都会自觉地不把家里发生的事情告诉我们。因为没有办法,我们是回不来的,只能继续工作,我们各个身上都有重任,都不敢懈怠,回来如果交不了报告就无法向国家交代,压力是非常大的。

主持人：我们都说一个成功男人背后一定有个不平凡的女人，余教授的夫人为了完成余教授的南极梦能作出这样的牺牲，我觉得我们现场所有的同学也应该给余老师的夫人最热烈的掌声。

　　余万霆：谢谢，我代表我爱人感谢各位同学。

　　主持人：的确，所谓国家，有国才有家，国兴才家旺，国泰才民安。祖国日益昌盛，我们的家庭才日益的温暖，我们的生活才更加的幸福。让我们都来报效祖国，祝福祖国。最后让我们唱响今天的主旋律：歌唱祖国。让我们现场所有的同学都来唱响这熟悉的旋律，有请余老师为我们大家先唱两句，用热烈的掌声欢迎余老师。

　　余万霆：是这样的，在春节联欢晚会上，我们大家提议来唱《歌唱祖国》，这时大家都控制不住，连唱了三遍。以后《歌唱祖国》就是我们在南极最喜欢唱的歌。吃饭时就会不由得哼唱起来，所以每次我作南极考察报告都会想起这些情景。今年是我们祖国成立 60 周年，祖国的强大，是我们每个人的追求。所以让我们最后互动一下，我们全体同学集体合唱一次《歌唱祖国》，我来领头。（歌声）

精彩评论

问鼎南极冰穹引发的学与思

叶媛（第一临床医学院）

　　当提到南极的时候，你会联想到什么呢？是壁立千仞的雪峰，湛蓝澄澈的苍穹，还是绮丽无比的极光，极致绚烂的晚霞，抑或者是憨态可掬的企鹅，倨傲凌厉的雪燕？或许这些都不足以成为答案。因为在这片遥远的冰雪世界里，拥有的不仅仅是大自然鬼斧神工的美丽，还有着无声无息的孤寂与荒芜，甚至是让人随时直面生命尽头的恐惧。

　　关于南极，本期主讲人余万霆老师在整个讲座中提到最多的并不是南极那些让人惊叹的美丽，也不是那些让人窒息的荒芜，而是责任。他所说的责任，是一名学子对学校的责任，也是一位科考队员对研究的责任，更是一个中国人对国家的责任。"国家的利益高于一切，祖国的责任重于泰山"，这是他一直放在嘴边的一句话，贯穿整个讲座的始末。所谓国家，有国才会有家。如果有一天，国之不存，家将焉附？

　　责任，它是源于自我内心的一种感觉。有的时候它只是静静地掩埋在你的心里，当你需要表现出来的时候它将如喷薄的火焰，炙热而强烈。

我想这也是为什么在离开祖国的前一天,余万霞老师在听到《唱支山歌给党听》的时候会泪流满面的原因,正是因为他对祖国有太多的不舍与依恋,因为他深深地认识到自己作为一名南极实地工作者,身上背负的厚重的责任。"祖国的利益高于一切",他再一次这样说道。

问鼎南极冰穹对很多人来说只可能是一个虚幻的梦想,然而对国家来说,却是一场战役,是璀璨夺目的荣耀,是让世人瞩目的荣光。在这些荣誉的背后默默付出的是我们一批又一批的南极科考队员们,南极的风雪所不能吹散的是他们的热情,冰雪所不能冻结的是他们的智慧。他们是这片雪域荒原上的战士,是这冰峪之巅的英雄。

"我不想是否能够成功,既然选择了远方,便只能风雨兼程……"这是余万霞老师在踏上南极之旅时写下的诗篇,在带给我们感动的同时也带给我们力量。关于未来,关于责任,或许我们可以这样说,山的前方是山,水的前方是水,千山万水之后便是壮观。风雨兼程之后,我们会看见希望的彩虹。

网站留言精选

帆布:国家的利益高于一切,祖国的责任重于泰山。这是今天听讲座的时候主讲人一直重复在嘴边的话。挺感动的!

(主持人 汤蓓 录音整理 夏建敏 肖梦瑶 摄影 程志坚)

第三篇　科技纵横

"前湖之风"周末讲坛第六十期
主　题:《漫谈中国创造》
主讲人:江风益
时　间:2009 年 10 月 11 日(周日)上午 9 时
地　点:南昌大学法学楼报告厅
嘉宾寄语:"为中国创造、祖国强大而奋斗!"

　　江风益,南昌大学副校长,教授,博士生导师,教育部发光材料与器件工程研究中心主任,教育部半导体照明技术创新团队负责人。领导课题组承担并完成了 863 计划等国家课题 10 多项,创造性发展了一条新的半导体 LED 技术路线——硅衬底 LED 技术路线,申请和公开发明专利 68 项,创建晶能光电(江西)有限公司,实现了这一新技术产品的批量生产,改写了世界 LED 历史。荣获"国家有突出贡献的中青年专家"、"全国杰出专业技术人才"、中国科协"求是杰出青年奖(成果转化奖)"、"科学中国人(2008)年度人物"等荣誉。

　　半导体照明作为新一代革命性照明技术,因其节能环保的优势,代替白炽灯和日光灯已是大势所趋。目前国内 LED 路灯、LED 背光电视、全彩显示屏等都显示了其巨大的市场潜力。作为新兴的 LED 产业,它面临着怎样的机遇和挑战?国内的研发和生产与国外相比存在着怎样的优势和劣势?作为 LED 研究的领军人物,本期主讲人将与我们分享他用坚强的毅力和精湛的技术探索科学真理的故事,带我们走进 LED 的世界,让我们一起聆听他用"硅基发光"诠释"中国创造"。

漫谈中国创造

◎江风益

尊敬的各位老师、同学们，大家上午好！很高兴来到"前湖之风"周末讲坛跟大家进行面对面交流。我们新中国刚刚度过 60 华诞，而今天我来参加的这个讲坛正好是第 60 期，我深感荣幸！今天我报告的题目是《漫谈中国创造》。这是一个很大的课题，我仅结合本人所从事的半导体照明技术进行一下回顾和展望，这其中有不少成果是由我们学校的团队共同完成的。

一、浅谈半导体照明技术

（一）半导体照明技术的重要性

1986 年 3 月 3 日，王大珩、王淦昌、杨嘉墀、陈芳允四位老科学家给中共中央写信，提出了"跟踪世界先进水平，发展我国高技术"的建议。这便是"863 计划"。"863 计划"建立之初的目标是：集中少部分精干力量，在所选的高技术领域，瞄准世界前沿，缩小与发达国家的差距，并带动相关领域科学技术进步，造就一批新一代高水平技术人才，为未来形成高技术产业准备条件，为 20 世纪末特别是 21 世纪初我国经济、社会向更高水平发展和国防安全创造条件。

这一计划报请邓小平同志批示后由中共中央批准设立。我们仔细看一下，当时只提出要"跟踪世界水平，缩小与发达国家的差距"，并没有提"创新"和"中国创造"。这是为什么？因为那是 23 年前的事情，当时我们国家的整体实力还不够强大，我国的科研基础、科研人员的整体水平与国外相比还有较大的差距，所以也只能提"跟踪"，只能提"缩小差距"。

二十年以后的 2006 年,党的第四代领导集体提出建设创新型国家,内容包括:理论创新,制度创新、科技创新。科技创新是其中最为重要的内容。大家可能知道,创新分三个层次:第一个层次是原始创新;第二个层次是基层创新;第三个层次是引进、消化、吸收、再创新。如果要说中国创造,我们能理直气壮地说:"中国创造"都是指原始创新。

"美国总统技术奖"每年共奖励 10 人,2002 年获奖者中就有 4 位是 LED 领域技术专家。当时此项技术尚不成熟,半导体照明发光效率只有现在的 1/4,足见美国高度重视 LED 技术和产业的发展。今天看来,美国是很有远见的。中村修二(Shuji Nakamura)是一位美籍日本人,荣获 2006 年"千年技术奖"(芬兰技术奖励基金会颁发的世界科技大奖),奖金一百万欧元,用以奖励他发明了蓝色发光二极管(LED),为半导体照明技术奠定了重要基础。"千年技术奖"是迄今世界上颁发奖金数额最高的科技奖,每两年颁发一次,每次只奖励一人,用以表彰在科研或发明领域作出重大成就的个人或研究小组。芬兰技术奖励基金会评奖标准是:获奖的科学研究和发明创造应能直接改善和提高人类的生活质量,对经济的可持续发展产生积极作用。首次"千年技术奖"于 2004 年颁发给万维网发明者——英国科学家蒂姆·伯纳斯·李教授。

无论是"美国总统技术奖"还是"千年技术奖",国际大奖对 LED 技术如此关注,就是看好发光二极管将带来的照明工业革命。未来,发光二极管将要逐步替代现有的白炽灯和日光灯,也就是说,人类的照明光源历史从火光、蜡烛、煤油灯发展到现在的白炽灯、日光灯,将来要过渡到半导体灯或者是发光二极管灯(也称白灯)。比如一个 3.6V 的手机电池,里面的一个"小灯泡"就是发光二极管。这个灯泡只有 1W,但它的发光效率非常高,其发光效果相当于 5～10W 的白炽灯。我们学校已经自主研发制作了发光二极管,我们从事这方面的研究工作已十多年,走的技术路线不同于发达国家。

(二)半导体照明的优势

为什么发光二极管将会逐步替代现有的白炽灯和日光灯呢? 主要是因为这种半导体灯的发光效率很高,寿命很长。半导体灯的发光效率是日光灯的两倍以上,白炽灯的十倍以上。白炽灯的发光效率其实很低,只有 5％的电能转化为光能,95％的电能都变成热能,最后浪费了。日光灯相对白炽灯而言要好一些,但也有 80％左右的电能被浪费。从能源的利用效率角度来看,这两种光源的利用效率都极低。而目前半导体灯的利用效率在 30％～50％不等,新一代半导体灯的利用效率理论上预计将超过 50％,甚至会更高。而这个目标也将很快被实现。

这种新的照明光源寿命也非常长,通常是数万个小时,而更高的能达到十万个小时,够一个普通家庭使用几十年。如果照明灯的利用率高,甚至一辈子都不用换灯泡。而且半导体灯非常环保,不像日光灯里面有汞蒸气污染。日光灯的原理是:通电后,激发汞原子发出紫外光,紫外光激发管壁上的荧光粉,最后变成白光。这使得这些玻璃制品在回收时会很麻烦。而半导体灯不存在这一问题。

新型半导体灯的优点便是节能环保。有统计说,全世界用于照明的能耗占所有能耗的 20％,这是一个庞大的数字。将半导体照明推广以后,将节约照明光源能耗的 50％,也就是说,总能耗可节省 10％。在我国,这相当于两个三峡大坝的发电总量。有人这样比喻:新型的半导体照明光源替代传统的日光灯、白炽灯,相当于晶体管替代真空电子管,其意义重大而深远。

(三)发光二极管原理

发光二极管的原理看起来并不复杂。高中物理学得比较好的同学都知道:二极管的 P－N 结,一边是 N 型,一边是 P 型,给这个由两种材料结合而成的 P－N 结施加一至几伏不等的正向电压,它就会发光。用传统的第一代半导体材料硅做二极管,能获得整流特性,但不会发光。而用第二代、第三代半导体材料可制造很好的发光二极管。原理很简单,一讲大家都知道,但其中涉及深入的物理问题、高难度的化学问题,和非常复杂的器件工艺问题。可以说,这是一个高科技的集成。它牵扯到方方面面的技术,需要多学科的交叉与融合。

发光二极管同太阳能电池的基本原理是相通的,都是 P－N 结:正向使用是发光二极管,反向使用就是太阳能电池。所以有人说发光二极管与太阳能电池是一对天生的"龙凤胎"。太阳能电池技术现在有很多发展方案,有多晶硅、单晶硅,还有新型薄膜。但目前太阳能电池的转换效率仍比较低,不到 20％,而实际也只有 10％多一点。因此,太阳能电池技术还有一个很长的发展期。

到目前为止,发光二极管可以做出整个可见光内的所有颜色——红橙黄绿青蓝紫。它的发光颜色(波长)取决于芯片发光层的能隙宽度(禁带宽度 Eg),发光波长 $\lambda(nm) = 1240/Eg(eV)$。红光材料铝镓铟磷(AlGaInP)是 2.0eV/620nm,绿光材料铝镓铟氮(AlInGaN)是 2.4eV/

520nm,蓝光材料铝镓铟氮(AlInGaN)是 2.7eV/460nm。产生白光的方案五花八门,如白光＝蓝光 LED 激发黄色荧光粉(目前最常用);白光＝蓝光 LED＋绿光 LED＋红光 LED;白光＝紫光 LED 激发(红＋绿＋蓝)荧光粉;最高境界是(无荧光粉)芯片直接发出高效白光,这一方案仍在研究与发展之中。

(四)发光二极管技术的应用

去年的北京奥运会为半导体照明做了一次极好的广告,许多人都认识到了 LED 的益处,感受到了它的魅力。众所周知,水立方会变换各种各样的颜色,而这就是通过红绿蓝三种发光二极管进行组合实现的。鸟巢的照明也是如此,开幕式表演的五环图像也应用了这一技术。开幕式表演中重要的"画轴"也体现 LED 技术的应用:LED 的全彩显示屏,通过红绿蓝三个基本颜色组成七彩色;通过电路的控制,变幻出不同的形状。从远处看就像电视画面一样,从近处看就只是一个一个的点。

现在也有应用 LED 技术的 LED 背光电视,绝大多数家庭的电视机由原先的显像管变成了发光二极管。过去,背光的光源多数是相当于日光灯的光源,现随着 LED 技术的进步,后面的光源便换成了半导体光源。半导体光源节能、寿命长、色彩还原性强,所以应用极为广泛。

以前的路灯多用高压钠灯,照明颜色看起来不大舒服。技术更新之后,路灯照明好似白天。在隧道、停车场、加油站、地铁等地方,使用 LED 灯前后的照明效果差别相当大。在无锡灵山梵宫圣坛使用了 LED 技术的巨大穹顶上,千余盏金光灿灿的莲花灯瞬间开启,人们恍若置身星光灿烂的天穹和浩瀚宇宙,绮丽而唯美。

LED 照明技术也逐渐渗透到室内,家庭装修、工厂车间等地方都有该技术的身影。美国的五角大楼有 4200 多盏 LED 灯。2009 年 2 月 16 日,美国前总统克林顿出席洛杉矶市 LED 环保灯采购案现场,支持洛杉矶市街灯能源更新计划,据称 14 万盏街灯将启用环保 LED 灯。

太阳能把阳光变成电能,利用这些电给 LED 供电,再让 LED 照明——这是个非常理想的概念,现在已经有一些应用于工程,但仍要等待成本进一步的降低。太阳能和 LED 的成本都比较高,只有大幅度降低成本才能使这些节能环保技术进入寻常百姓家。

半导体照明计划在许多发达国家都相继成立。开始是日本,后来扩展到美国、韩国、欧盟,再是中国台湾地区、中国大陆,都相继成立了国家或地区的发展计划,其目的很明显,就是要在新一轮的高科技产业计划中争夺制高点。美国打出的口号是:用下一代照明光源(即半导体光源)照亮全世界! 问题也由此引出:美国要使用自主研发的照明光源,那我国今后普遍使用的半导体照明灯是进口,还是国产? 历史上,人们使用"洋油灯",也就是我们现在所说的"煤油灯"来照明。为什么叫"洋油灯"呢? 因为灯油不是我们国家生产的。进入新时代后,国人用的新式灯,还要叫"洋灯"吗? 这个责任落在中国的科技人员身上。要想让这种新式灯进入千家万户,必须解决两大问题:知识产权问题和降低成本问题。知识产权那么重要吗? 当然。如果中国生产半导体灯所使用的技术和知识产权仍属于美国的话,那我们只是在给人家打工,利润极少。我国很多企业都有类似的教训。

目前,国际上白光发动机(蓝光 LED 芯片)有三种产业化技术路线。第一条技术路线是在碳化硅上做出的蓝光材料,这由美国人发明,其中的科学家获得了刚才提到的"美国总统技术奖"。第二条技术路线是在蓝宝石上做出的蓝光材料,这是由获得"千年技术奖"的中村修二等发明。第三条技术路线是在硅上做出的蓝光材料,这是我们南昌大学发展起来的。这三条路线各有千秋。

(五)硅衬底蓝光 LED 材料

下面简单谈一下硅衬底蓝光 LED 材料。我们学校在第三代半导体材料创造的过程中,付出了十多年的努力。开始是跟着日本的路线走,后来才转移到目前的这条路线。而早在三十多年前,就已经有人想在硅上做这种蓝光材料。可以说,硅衬底蓝光 LED 材料是这个行业梦寐以求的目标。硅这种材料很廉价,可以大大压缩制作成本;而硅材料的整个器件加工方面的技术又都很成熟,可以借助集成电路技术等手段来发展。但很多人一直认为这不可行,有人甚至简单地在物理上对此判了死刑。为什么? 道理很简单。这种第三代半导体材料与其下的硅衬底的热膨胀系数相差很大,在高温条件下生成的材料在室温下用,因热膨胀系数不一样,生成的 GaN 膜就会破裂,裂了就无法使用。这是一个国际难题,而我们学校从本质上解决了这一问题。

过去做 LED 芯片,是从下面长材料:下面是衬底,上面是材料。沿用建高楼大厦的概念:高楼大厦要建起来,要建得很高,地基就一定要打得严严实实;如果地基打得不好,建筑体就会倒塌。所以很多做传统发光材料的人,都沿用这种理念做半导体发光材料。这种理念在传统的发光材料上来讲是正确的,下面的衬底跟上面的材料在很多性能上要比较接近。

但是在高失配材料体系如在硅上长第三代半导体材料就不行。要解决这一问题，应该逆向思维：上面要做好，下面地基要故意做差一点，但也不能太差。我们学校的团队就是通过运用这种逆向思维与许多科学技术相整合而彻底解决了这个问题。通俗一点说，就是在硅上抹了一层软的"糯糊"，再在这个"糯糊"上长发光材料。从微观结构上也能看出，硅与上面的发光材料之间长了一层"非晶体"。而中间的"非晶体"即是用来弛驭其热膨胀系数的失配。

除了从材料上解决这个问题，在芯片技术方面我们还走了一条新的路线，叫"过河拆桥"技术路线——借用衬底这个"桥"在硅上长发光材料，长好了之后，就把这个"桥"拆掉。如果不拆掉，很多性能就做不好。很有意思的是，无论是美国的碳化硅技术路线、日本的蓝宝石技术路线，还是现在的硅衬底技术路线，都走上了"过河拆桥"技术路线。只不过起初美日那两条路线不拆"桥"，结果发现做不好而变换，我们是从一开始就走了拆"桥"路线。这样做了以后，芯片的性能很可靠，用一个形象的比喻就是：薄膜 LED 芯片经得起"八卦炉炼"。经过"过河拆桥"做出来的芯片可以通过比正常电流大 50 倍的电流，虽然里面很热，但它照样能正常工作，所以说能经得起"八卦炉炼"。

在知识产权方面，我们先后申请和公开发明专利共 68 项，其中 10 项已经获得发明专利证书，32 项进入国际 PCT 组织。同时，我们利用这个成果吸引投资五千多万美元创办了晶能光电（江西）有限公司，专门生产硅衬底蓝绿 LED 芯片。公司现已实现了产业化，其中应用之一便是做大屏幕彩屏。这种彩屏从做材料、做芯片、做封装到整机应用，全都是我们学校自己的技术。而最近的照明器芯片也有突破性的进展，它的发光效率能达到白炽灯的 6 倍，证明这条技术路线已经可以跟前两条技术路线进行竞争。这项成果从研究到产业化历经多年，也得到相关领导的肯定。科技部部长万钢视察晶能光电公司时，立即提笔写下了八个字："自主创新，光明万里！"这种评价非常到位。在他看来，科学技术就是要讲"自主创新"，而"光明万里"即指我们制造的二极管将照亮中华大地，衍射世界。

在这些领域我们先后获得了一些奖励：2006 年全国科技大会期间，我们的技术由科技部直接点项，作为一项重大成果在北京展览馆展出；今年 6 月份，由中国电子报和两个行业协会联合颁发的"中国发光二极管技术创新奖"中，当时有五项获奖成果，我们排在第一位；2008 年，中国科技协会授予我个人"求是杰出青年奖（成果转化奖）"。这些奖不像其他奖项需要写很多的申报材料,而是由推荐人直接推荐获得,包括前不久获得的"科学中国(2008)年度人物",到现在我还不知道推荐人是谁。这是学术界和产业界对我校这项成果的认可。

晶能光电公司大厅里展有"硅基发光,中国创造"八个字,许多领导人来公司视察后都乐意在那里与大家合影。时任国家副主席习近平、副总理张德江、国务委员刘延东等同志到晶能视察后,都在那合过影。

经过十多年的努力,我们南昌大学的这项新技术,可以说现在还是一个青苹果,尚未成熟,还在发展之中。但是成果已经产业化,并且在做大、做强,新一代的产品也将逐步推出。

二、对于中国创造的七点建议

(一)中国创造最好既顶天又立地

科研选题一定要顶天立地。"顶天"就是要有创造性,"立地"就是能产业化。要么顶天,要么立地,当然最好是既顶天又立地。选题只要能抓住这两个特点就能获得巨大的支持——有创造性,国家就会支持;能产业化,企业就会支持。有了支持,就可以拿到大量研究经费进行研究。倘若既不顶天又不立地,处于中间状态,那么这样的课题就会做得很累,很难得到外界的支持。所以,在座的各位,今后走向工作,选题时一定要慎重。一个人一辈子不容易,时间宝贵,要用有限的生命坚持去做某些事情甚至是一件事情,做成了就很好;而如果选择不好,一辈子收获甚小,碌碌无为,就会感到遗憾。

在选择顶天立地的同时,一定要坚持"有所为,有所不为"。不要人家做得好,你就去跟风;人家做得不好,你就不去做。要根据自身及本单位的具体情况有选择地做某些事情,千万不要跟风,跟风将很难成功。现在全球一体化、科技一体化、产业一体化、教育一体化,企业会在世界范围内比较,决定是否采用你们这个研究组的成果。如果盲目跟风,企业一般不会选择。因为在全球一体化的大背景下,企业可以花很少的代价引进国外一些成熟的技术人才。所以,对于我们高校的老师、学生来说,慎重选题十分重要。

另一方面,科研选题要有历史的眼光、国际的视野。用历史的眼光,你就会看到这个行业过去是什么状况,现在是什么状况,将来会是什么状况。这点是从时间的角度纵向考虑。另外,还要从空间上横向考虑,也就是用国际视野去考虑。如果再说"我填补了江西的空白,我填补了中国的空白",那是不行的。全球一体化势不可挡,再讲这些已没有意义。

(二)中国创造不要迷信国外

无论是选题还是中国制造,都不要迷信国外。不要认为很多事情只有国外才做得成,中国做不成。袁隆平作为"杂交水稻之父",为世界做出巨大贡献。但他在湖南的农村工作,那里的经济、科技水平一流吗?湖南没有上海、北京那么强大,但他却在那里、在杂交水稻研究领域超越了世界级的强国。所以说,我们江西省也应该有这样的雄心壮志!

尤其是在我国经济实力已经比较强的今天,无论是高校还是科学研究院所,对于科研的投入都在逐渐地加大科学院的知识创新工程投入经费较多,而高校的"985工程"、"211工程"、"教育振兴行动计划"等也投入了相当多的资金。可以说,中国的科研条件并不差,除了极少数行业或学科跟国外有较大的差距,我国大多数科研都已经与世界接轨。我曾去过很多国外的大学,他们的条件甚至不一定比我国某些高校的研究条件好。另外一个很重要的条件就是:在中国进行科研有成本优势。在美国,一个教授要"养活"几个人都很困难,但在中国一个教授"养活"十几个人还是比较轻松的。在我国,发挥好这个成本优势,将会带来很高的投入产出比。

老师们,同学们,创新是件很自豪的事情。一旦成果做出来了,如果真正是原创的,真正是自主创新的东西,你就可以理直气壮地说:这项成果不是美国、日本等这些发达国家做出来的,而是由发展中国家做出来的!不是在北京、上海这种发达的城市做出来的,而是在发展中的江西省南昌市做出来的!不是在一流的大学——北大、清华做出来的,而是在南昌大学做出来的!不是院士、教授做出来的,而是我们师生自己做出来的!所以说,自主创新是件非常自豪的事。研究人员与科学巨人只有一步之差,就看你有没有雄心壮志,就看你科研选题有没有远见。我经常跟我的学生讲:"你们在这里学习的条件和国外大学同专业的条件相比不会差。你们所做的一些课题都是国际前沿的,既顶天又立地,真正做出来就能实现产业化,现在就看你们能不能抓住机遇,有没有这种能力。大量的实验结果、大量的数据有待于处理分析、综合归纳、得出结论,就看你们能不能抓住这个机遇。"做实验其实很复杂。我们做一个材料的生长程序通常有4000多个参数,如果按排列组合,一辈子也做不完,所以只能有限制地做。即便如此,也将得到数以万计的实验结果。有时做一个小小的芯片,就有几十万个数据需要处理,你将如何分析、归纳,发现里面的本质问题?研究人员和科学巨人只有一步之差,跨越这一步,你就是"世界第一"。

(三)中国创造需要具备十年磨一剑甚至半剑的毅力

创新型工作不能急功近利,要有"十年磨一剑"的毅力和精神。我常常讲"十年磨半剑",很有意思的是,我国高研院院长郑泉水教授也曾说过"二十年磨一剑",不谋而合。郑泉水教授是高研院的院长,同时也是清华大学力学系主任,在国内外力学领域十分知名。这说明,真正要做一些创造性的工作不是一年两年就能做出来的,要吃苦,要有恒心。

(四)中国创造需要团队协作精神

中国创造需要团队合作精神,科研成果不是单枪匹马能做出来的。除了极少数科研方向和学科,纯粹的计算和理论可能单枪匹马,一两个人能够做好,绝大多数科学技术都需要一个强大的团队共同完成。大家都知道,团队的"团"字里面是一个"才",外面是一个圈,这就表示:大量的人才需要集中在一起。

2006年诺贝尔奖的获得者马瑟,因为研究宇宙起源问题获得了诺贝尔物理学奖。当他做获奖感言时,说道:这是对整个太空团队的奖励,不是他个人的。这个太空团队有多少人? 1500多人!

我们的老校长潘际銮院士也经常在大会小会上讲:要大兵团作战。这也是强调团队精神。

95

在这里,我谈谈我的团队。我的团队有十多位重要人才。在我眼里,他们个个是人才:有的是通才,有的是专才,有的是奇才,有的是怪才,有的是全才,甚至还有的是天才。我们为一个共同的目标团结协作,兢兢业业几十年如一日地工作、创新。我为我有这样的团队而自豪。

(五)中国创造需要能文能武、又红又专的人才

"能文能武,又红又专"是我的口头禅。"能文"是什么意思?是指基础理论比较好。"能武"是什么意思?是指动手能力比较强。"红"是要学会为人;"专"是要把你的文和武结合起来。

我经常对我的学生说:"你们要学会做人,要学会吃亏。"这话讲得是不是严重了一点?很多人疑问:"学会吃亏?"尤其是现在,不少年轻人以自我为中心,什么事情都想争好处、赚便宜。如果是这样,你如何与别人合作呢?我怎么选人才?我首先看哪位同学或同事敢吃亏,懂得放弃一些东西,那他就会使我感到可靠,我就会觉得他不是斤斤计较之人,而是

个可以信赖的人,可以委以重任的人。

同学们,如果你们和同事朋友一起做事情,有时要懂得主动退让,吃点小亏。如此他们一定会认为你是可交的朋友,是很好的合作伙伴。如果一个团队里有人斤斤计较,其他人就有可能效仿,那么这个团队一定会一团糟。

另外,还要常常看到自己的缺点和他人的优点,不要总觉得自己的优点很多而他人这个不足、那个不足。如果人们都这样处理事情,也势必一团糟。再者,还要处理好领导与被领导的关系。大家都想当领导主导别人,但如果人人都是领导,谁来做具体的事情呢? 你们走向工作岗位的时候,只有少数人能当上领导,大多数人是被领导的。那么,你们将如何处理好这种关系? 领导分配任务的时候你是否在唱对台戏? 如果是这样,一个团队必将会是一盘散沙。

所以,我希望同学们要学会为人,除了"专",还要"红"。在座的各位多数是学生,对于如何看待老师与学生的关系,我借用一句古话:"授人以鱼,不如授人以渔。"作为一个老师,如果只传授知识而不讲知识如何获得,不介绍创新的方法,那么其结果便是,学生接受这个知识,学过的会,没有学过的就可能无从下手。实际上,在大学里最重要的是学会方法、培养能力。老师关键是要培养学生的能力和方法。知识永远学不完,不论你是读四年大学,还是再读研究生或是再读博士,学的东西依然十分有限,而新的知识一直不断涌现。在校只能学到非常有限的知识,大量的知识要在工作以后掌握。是否能掌握就要看在大学里能否通过老师与同学的共同努力将方法学会,将能力培养出来。

我在研究所里和我的学生讲:"我没有做过原子弹,但是如果让我和方老师(我所的副所长)去造原子弹,我相信我们敢承担这个课题。"为什么? 因为我们有获取新知识的能力,知道怎么查文献,怎么看书,怎么建立团队,怎样制订方案并实施。在众多领域全球一体化的今天,只要方法对了,会的我们自己做,不会的合作做,也可以获得成功。

而作为学生,关键是懂得如何捕鱼,而不是老师给你们鱼吃,吃光了就再也不会去捕。你们要学会捕鱼的方法。有位老科学家叫黄昆,是著名的半导体物理学家,他曾获得国家最高科学技术奖。黄昆院士曾在北大当教授,后来到中科院半导体所当所长,也担任过中国物理学会的理事长。他有几句话我非常推崇,想让大家听一听。他说:"知识不是越多越好,越深越好,而是要与自身的驾驭能力相匹配。"现在有不少人知识学得很深很广,但是能不能用呢?如果学了很多却不能用,那很可惜。哪怕我少学了一点,但我却能学以致用,这更为重要。前面也讲到,知识太多无法学完,学以致用才是最重要的。他还有一句话:"物穷其理,宏微交替。""物穷其理"是指学物理的干什么事情都要追求真理;"宏微交替"是指宏观和微观要交替思维,实际上也就是指理论联系实际,要将微观的理论在宏观上反映出来。由此基础显得非常重要。

(六)科研工作企业化,快速推进研究进程

"科研工作企业化模式"是我提出的概念。通常研究工作都是上班的时候做,下了班就回家,这无可厚非,很多国家和地区都是这种模式。但是倘若实力不够雄厚、基础不够好,想跨越式发展、想尽快地推进研究进程超越别人,怎么办?怎么推进呢?用企业化的科研工作模式吧。如果你有研究实力又有经济实力,那么你可以聘用一些工人,教会他们一些基本的操作,让他们来做研究中的实验操作。工人按照三班倒制轮班,这在法律上是允许的。三班倒制可以二十四小时轮流转,实验可以不间断地快速往前推进,实验结果反馈很快。打个比方,我晚上睡觉前把实验程序编好了交给工人,工人按程序操作,第二天早上我到实验室的时候,实验已经做好,而同时我也已经休息好,精力充沛,可以展开新一天的研究。所以这种企业化的工作模式,对一些正在发展中想超越他人的科研队伍是很有参考价值的。

(七)技术方与投资方需摆正各自位置

谈一些关于技术方和投资方的问题,以期对那些已出成果的老师们实现产业化提出一些建议。投资方投钱下来,技术方该怎样接收?怎样与他们相处?

许多投资方都希望投资后马上见效获得回报,资金收回,并赚一笔钱。但实际上,对高科技行业而言,这种模式不论是国内还是国外都很难成行。撒切尔夫人曾说过这样一句话:"英国为什么落后于美国?因为英国的风险投资机制还没有建立起来。"一旦一项高科技成果在实验室完成,获得真正的高科技风险投资将对其有非常大的好处。风险投资就是这样,要么不投,要投你就允许失败。风险投资的机制通常是:投资十个项目,有一个成功,那他就没有亏;如果十个项目有两个项目成功,他就赚了很多钱,所以说这个机制很好。有这个机制,实验室里成果的产业化进程就会大大推进。高校实验室里的成果,不可能做得像生产中的那么完善和成熟,只有到大生产中去接受锻炼和考验。如果没有经得起风险的资金支持,你干到一半就可能不行了,成果的产业化就可能夭折。所以技术方引入风险投资机制是一种很好的手段和方法。我国现在正逐步建立风险投资基金,但机制还不够完善,多数风险投资还不是真正意义上的风险投资。多数投资者投一个就想成功一个,一下子见不到成效,双方就闹矛盾,难以继续合作,所以科研队伍选好投资方非常重要。

大生产里还有一个概念——"合格率",合格率非常重要。实验室的研究可以不计成本,不计合格率:做一百次,成功了一次就可以说做成功了,你就可以去写论文可以去获奖,可以评各种职称,获各种荣誉。但生产不是这样。生产希望每一件产品都合格,希望卖出的每一件产品都没有瑕疵。有一个质量控制的理论叫"6σ理论",就是指一百万个产品只允许几个有瑕疵。十万个售出产品不能有一个瑕疵,实验室的研究人员不可能会按这个要求去做,所以大学研究所出来的成果,研究人员不要认为了不得,只要有人来投资,技术方就应该感到高兴。因为产业化的风险是非常大的,有放大的风险、质量控制的风险、人员梯队的风险、市场的风险等等。所以科研人员要摆正心态,只要有人愿意投资,你就是万幸。至于你和学校要得到的回报,要摆到第二位,而你能否把这个东西生产出来使产业化成功实现,才是第一位。只有你做成了,社会才会认可——我们更应该看重这个社会效应。

总之,技术方和投资方都要摆正各自的位置。我的这一观点曾在《新产业材料》杂志首页上发表过,很多人还是很赞同的。

好!我的报告今天就到此结束。祝愿大家成为中国创造的实践者,促进人类文明与进步,推动我国早日成为世界强国!谢谢!(掌声)

现场互动

学生一:江校长您好,我是来自材料科学学院光伏太阳能专业的学生,我想问江校长两个问题。第一个,南昌大学开设光伏太阳能专业,对于我们学生的培养有什么要求?作为这个专业的学生又该如何面对学习上的难题?第二,我想在这公共场合跟江校长交流下我自己的一个私人问题,希望大家不要见笑。我比较好动,在大学两年里开办了两个小店,一个是自己经营的精品店,第二个是前一段时间和两个伙伴开的旧书店。外表上看,我是一帆风顺,但其实自己感觉很坎坷,心里一直在犹豫:是继续经营两个小店一直走完大学生活,还是另走一条道路,认真学习自己的光伏太阳能专业,将来考研并从事这个专业的研究?对于我的这个犹豫,

希望江教授有所指点,谢谢!(掌声)

江风益:好的。我们学校成立太阳能光伏学院,专业设置方向非常好,因为它是把太阳能变成电能的技术领域。人类已面临能源危机,现在依靠的有限的化石能源将会很快枯竭。从可持续发展角度来看,我们要利用新的能源。那么一百年以后、几百年以后,人们用的是什么能源呢?太阳能是取之不尽、用之不竭的,因此非常有必要发展这个学科。目前太阳能技术还是初步技术,或者叫做第一代技术,第二代、第三代一定会被发展出来。现以多晶硅技术为主,单晶硅也有,但成本高;还有薄膜太阳能电池,从理论上预计,薄膜太阳能电池可以达到75%的光电转换效率,但实际上做到的还不足20%,一般投入生产的也只有百分之十几。所以,这个领域存在着巨大的发展空间,而这个发展空间就有待年轻的学子们在大学期间努力学好专业理论知识,锻炼好动手能力,在今后科研工作中努力奋斗,在这个领域作出贡献。我希望你们这一代在太阳能光伏行业中会有中国创造!(掌声)

另外,谈到你在大学期间的创业问题,我认为,大学生活以学习为主,不可分心。适当参加社会活动未尝不可,但主要精力一定要放在学好书本知识和锻炼动手能力上。(掌声)

学生二:江校长,您好!我是人文学院新闻专业的学生,想问您一个问题。中国创造对我们来说是值得自豪的事,但我国的自主创新在市场推广中还面临着很多困难。比如中国移动的3G卡属于我国的技术发明,但在中国真正使用3G产业的人非常之少。那么,我们的LED技术该如何在市场中做推广呢?谢谢!

江风益:这个问题很深入,站的角度很高。市场推广是一个比较漫长的过程,需要方方面面的共同努力。不但需要研究人员的努力,还要有生产人员和政府官员的努力以及国家相关配套政策的支持。世界很多国家都给予高科技行业一定的保护措施和扶持政策,我国也正在逐步效仿,现在我国有一个"国家半导体照明计划"。除了在政策上支持外,国家应制定相关法规,从标准上、经费上都对这一计划给予支持。

我在这里谈一下"标准"的概念,有这么一句话:"二流的企业做生产,一流的企业卖技术,超一流的企业卖标准。"这就是说,标准很重要。对于任何一个产品,如果在我国制定的标准与别国不一样,那么别国的产品就不能卖到中国,这对于民族工业的发展非常有益。当然,只有达到一定的实力,相应的技术水平和可以跟国际上的抗衡,这时候建立一个本国的标准,对保护民族工业、使民族工业做大做强并参与国际竞争都是非常有利的。甚至可能你做得好,国外也会采用你的标准。我们国家这几年来也非常重视"标准"的制定。

我国高科技产业的发展壮大还有一番过程。目前来说,世界金融危机对一些发达国家冲击较大,中国虽然也受到了一些冲击,但总体来说产业发展还是相当不错。金融危机的国际大背景,给我国民族高科技产业的发展带来了极好的机遇。(掌声)

学生三:江教授,首先感谢您为我们带来如此精彩的演讲。我想问的问题是,您在 LED 技术研究上遇到的最大难题是什么?是如何解决的呢?

江风益:我从 1994 年开始做发光材料的研究工作,到今年为止已经 15 年了。当时,原江西大学、江西工业大学合并,组建成新的南昌大学。那时候,学校要建立一批高水平的科研平台,要建立材料科学研究所。我所靠 60 万元贷款建立起了实验室,仅靠 60 万建立现代化的实验室是非常非常艰难的。一般的实验室,动辄都要有数百万甚至上千万的仪器设备来配备。但我们靠这 60 万,自己组装大多数的实验仪器设备。虽然硬件设施显得非常简陋,但我的这个团队动手能力相对来说比较强,所以我们敢去做。我们就是在这样艰苦的条件下一步一步走来,一步一步发展。除了这些硬件条件的困难外,实际上我们还碰到很多别的困难,比如说做到中途,关键人员走了。当时我是学校数理材学院的副院长,为此我辞去行政工作,一心一意做研究工作。而我们的团队,也从几个人发展到现在的十几个人。

我们碰到的最大困难是什么呢?当然还是技术上的。也不是说某一项技术、某一个技术点,而是有很多的技术点、有数十项的单元技术要突破、要创新。这是碰到的最大困难。但是因为我们组建了相对来说比较好的团队,如前面所说,包罗各种各样的人才,协作一致,往往在碰到难题时,我召集大家开会:理论好的人从理论基础上谈自己的看法,动手能力强的人从技术实验方面谈自己的看法,然后我进行综合,决定走哪一条技术路线。值得庆幸的是,数十项技术,我们都没有走偏。这得益于我有一个好团队!(掌声)

学生四:江教授,您好。我想问的问题是,诺贝尔奖是所有中国人的梦想,这次的诺贝尔奖获得者中有一个是英国的华裔科学家高锟。您能告诉我们,为什么这么多中国的科学家去国外以后就能获得诺贝尔奖?

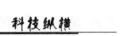

是中国的技术体制不行,还是人才科研环境的问题?或是中国欠缺一些理论成技术方面的研究?我想,如果没有理论和技术方面的研究,谈中国创造好像是一个空中楼阁的感觉。中国好像缺乏这样的远见,您在这方面是怎么看的?谢谢。(掌声)

江风益:你提的问题非常好。为什么中国大陆目前没有诺贝尔奖获得者,国家也非常重视这个问题。无论是科技界、产业界的从业人员还是政府官员,都在讨论这个话题。在这里,我斗胆谈谈自己的观点。

首先,体制上要进行创新。2006年,国家提倡机制创新、体制创新、科技创新。体制创新非常重要,现在的中国的科研多数是什么状况?为了完成任务而完成任务。什么意思呢?我要钱的时候,我申请一个课题,三年做成什么水平、五年以后又做成什么水平——写一个建议书,然后拿到了钱;拿到了钱以后,就按照原先的计划进行下去;原先的目标一定要实现,如果实现不了,你以后就拿不到钱。相应的检查、科研评估体系也尚不完善。非得按照几年前的建议、几年前的路线、几年前的方案去实施,几年前的目标不能变。这就在很大程度上束缚了创造性。你想一想,科技创新每进行到一个新的步骤都要问这条路能不能走下去,是否要走其他路线。

对此,我自己深有体会。我曾申请的一个"863"项目,当时是在氧化锌上做氮化镓,拨了钱,很高兴。但是做了半年,我就发现做不通,我提出要改题目,同时我又做了另一个非常有希望的题目,我便坚持要改成这个题目。当时"863"纳米专项首席科学家江雷和他的同事们居然同意了我的请求,我很感激。如果他当时不同意,我还在氧化锌上做氮化镓,死路一条,今天也就没有硅衬底LED了。

我也经常参加国家以及省市里各种的评审和验收。一般都是拿着原先的申请书,一项一项评议:各个指标完成了没有?这个差多少?这个参数该是多少?这样评估,这样考核科研人员,科研人员哪敢越雷池一步呢?这就大大地束缚和限制住了创造性。如果我国大陆要有诺贝尔奖获得者,在机制方面和科学评估体系方面一定要进行大胆的改革和创新,要给科研人员创造宽松的环境。(掌声)

精彩评论

磨砺、团结铸就中国创造

朱宏锐（09级涉外护理班）

回溯中国漫漫几千年历史，曾有那么一段辉煌："中国创造"的典型——四大发明，将文明传播到了世界的每一寸土地。但在全球化的市场上，许多人开始质疑：中国制造泛滥却不见中国创造的独树一帜。但听完今天江教授"漫谈中国创造"的讲座后，我坚信"中国创造"有美好未来，同时，我也被江教授的人格魅力深深感染。

江风益教授带领着他的团队，研制出走在世界前沿的半导体照明技术，为社会做出极大贡献——这就是"中国创造"。"中国创造"，创造出来的是符合历史发展潮流的新事物。他们以一种透视历史的眼光，基于以前的经验，基于别国的发展，开始了半导体技术的研究。

每一朵惊艳的花朵都经历风霜雨雪，每一只翩跹的飞蝶都经历蜕变的疼痛。江教授成功的背后也有着挫折，但他身上具有的优良品质，使他最终获得丰收的喜悦。

江教授从1994年就开始研究半导体照明技术，直到现在。这种"宝剑锋从磨砺出，梅花香自苦寒来"的精神，不仅是"中国创造"所必需的，更是每份事业乃至每件小事所必需的。既然选择了远方，便只顾风雨兼程。而我相信，破晓，就是给予坚持者的奖赏。

江教授那极具亲和力的个人魅力，将十几个研究人员团结起来，并肩作战，取得成功。试想：没有团结，万里长城也只能是遥远的传说。没有团结，怎会有八年抗战的胜利？没有团结，我们又何以抗击雪灾？没有团结，我们又何以抗击汶川大地震？一个有团结力的人，懂得真心肯定他人，懂得用心与心的对白将零散的个人凝聚成一个集体共同奋斗。一个有团结力的人，也是谦虚的。"金无足赤，人无完人"，他们会不断完善自己。从科学研究角度来说，他们不仅精通各种基础理论，还具有敏捷的动手能力。这也就是江教授所说的"能文能武，又红又专"的人才吧！我们虽然不从事科学研究，但也需要保有这种谦虚的学习工作作风，以此才能更好地拔节成长。

透过窗，看外面灯火通明的城市。不久后，将会有许许多多"中国创造"的产品在那闪现着。因为我相信，九百六十万平方公里的大地上，有着许许多多同样坚持、同样具有优秀品质的研究人员，在为推动中国创造的发展而不懈努力。

我们行走在人生的单行车道上,未来遥不可知。但我们仍需要用一种发展的眼光,远眺自己所选择的道路,寻找一个适合自己的位置。本着一份坚持,一路向北!

网站留言精选

大海全是水:大师的讲坛,深厚的底蕴,受益匪浅;科学的探索,坚强的毅力,斗志满怀!

（主持人　汤蓓　录音整理　肖梦瑶　高雅　摄影　程志坚）

"前湖之风"周末讲坛第六十六期
主题:《机器人与人类》
主讲人:张华
时间:2009年11月20日(周五)下午2点半
地点:南昌大学前湖校区图书馆附楼二楼电视台演播厅
嘉宾寄语:"思考与实践并重,品德与才智和谐。"

　　张华,1964年出生,清华大学焊接博士,多伦多大学访问学者,国务院特殊津贴获得者,现为南昌大学机电工程学院教授、院长,机器人研究所所长,国际电子电气工程师学会(IEEE)高级会员,中国焊接学会理事,机器人与自动化专业委员会副主任,中国自动化学会机器人专业委员会委员,江西省机械工程学会副理事长,南昌大学学术委员会副主任委员,机械电子工程博士点学科、机械工程博士后学科带头人。承担国家"863"计划、国家重大基础研究计划("973"前期)、国家自然科学基金等项目。先后被评为"全国师德标兵"、"全国模范教师"、"江西首届十佳青年教师"、"江西十大杰出青年"、"第二届江西省突出贡献专家",2004年入选国家首批"新世纪百千万人才工程",2006年获中国青年科技奖。

　　随着科学技术的发展,机器人在人类生活中发挥越来越重要的作用,从最初的汽车生产到现在的太空探索,从医疗护理到战场作战,他们兢兢业业地帮助人类完成许多精细复杂的工作。机器人是怎样为人类服务的?我们又该如何与机器人和谐相处?本期讲座,主讲人将结合自己的工作实践,为大家展示机器人研究的发展道路,引领大家探索机器人的奥秘,展望机器人在人类未来生活中的发展前景。

机器人与人类

◎张 华

　　非常高兴能与在座同学进行交流，与此同时我又倍感压力，因为我并非机器人研究的专家，只是从事机器人工作的工作者。或许我的讲座不会很精彩，但我会尽力将有关机器人方面的概念介绍清楚完整。我演讲的题目是《机器人与人类》，这是一个范围广阔的话题，涉及的问题非常多，也就不可能面面俱到。我将从以下几个方面进行讲解：和谐社会、机器人概况、机器人研究、机器人应用、机器人展望、结束语。那么，现在就让我们一起走进机器人的世界吧！

一、和谐社会

　　谈论机器人的能力，我们必然要拓展视野，与当今的社会挂钩，要清楚了解现代社会是个怎样的社会。进入新世纪以来，我们国家倡导要建立和谐社会。我想大家应该都非常了解和谐社会的根本内容：和谐社会是指人与自然、人与社会、人与人之间和谐统一与协调发展的社会，强调人、社会与自然的和谐。社会上各种各样的画面都体现了人与人、人与社会、人与自然和谐共处的关系。

　　（一）人类的文明——创造发明成果

　　随着科技的发展、社会的进步以及人们价值观念的转变，社会中存在着许多不和谐现象，比如众所周知的"三鹿奶粉事件"。在不和谐现象中关键的一方面是，作为人类来说，人类既创造了文明，也创造了许多科技成果。从人类的出发点考虑，科技成果是用以服务人类、提高人类的生活质量和水平的。然而，有目共睹，科学技术成果在另一方面也会给人类带来不利的影响甚至灾难。

1. 核技术

世界各国普遍面临能源短缺问题,而核技术的运用能够缓和世界能源紧张的局势,应对能源的不足。现在,我们国家就把核能源作为主要开发能源。据说,江西省的湖口可能建造核电站。但这样一种技术在给人类带来福祉的同时,也带来了灾难,如原子弹。

由"原子弹之父"——奥本海默等美国科学家发明的核技术,服务于人类能源,如核电站等领域,但同时原子弹也给人类带来了巨大的灾难。1945 年 8 月 6 日和同年的 8 月 9 日,美国分别在日本广岛、长崎市上空投下原子弹,虽然这是人类利用核技术制止战争的一种手段,但是也造成了数以万计的无辜平民丧生,遇难者总数约为 29.6 万人。

1986 年 4 月 26 日,前苏联切尔诺贝利核电站发生核泄漏事故,周围1000 平方公里的地区遭到放射性污染,数十万人被迫撤离。核泄漏直接导致 4000 多人死亡,间接导致 9.3 万人患上晚期癌症,有超过 20 万人死于与核辐射有关的疾病。

2. 交通工具:汽车、飞机等

原本交通工具的创制是为了方便人类出行,而如今却给人类造成严重伤害。

2009 年 6 月 15 日,世界卫生组织发布,全球每年至少有 127 万人死于交通事故。中国占了 15% 左右,其比例为美国的 3 倍、日本的 7 倍。

1985 年 8 月 12 日晚 7 时,日航一架波音 747 宽体客机撞在山冈上,机上 509 名乘客和 15 名机组人员仅 4 人获救,其余 520 人全部罹难。

1986 年 1 月 28 日,美国"挑战者"号航天飞机升空 73 秒后爆炸,7 名宇航员全部罹难。

2003 年 2 月 1 日,"哥伦比亚"号在返回时于空中解体,7 名宇航员全部罹难。

3. 恐怖事件

美国东部时间 2001 年 9 月 11 日上午,恐怖分子通过劫持多架民航飞机冲撞纽约曼哈顿的摩天高楼以及华盛顿五角大楼,进行自杀式恐怖袭击。包括美国纽约地方标志性建筑世界贸易中心双塔在内的 6 座建筑被完全摧毁,其他 23 座高层建筑遭到破坏,美国国防部总部所在地五角大楼也遭到袭击。在"9·11"恐怖袭击事件中共有 2998 人罹难(不包括19 名劫机者)。

从这几个方面来看,人类的科技成果对人类的伤害有以下几点:第一是由极端政治造成的,如恐怖袭击事件的伤害;第二是由于人类自身没有充分掌握先进的科学技术,如切尔诺贝利核电站事件;第三是人类为了制止极端统治者的行为而造成的伤害。

(二)现实中机器人与人类的相处

回顾历史,科技成果给人类带来了如此多的伤害,那么机器人作为人类的创造和发明成果在现实生活中是否能与人类和谐相处呢?

1.机器人对人类的危害

1978年9月6日,日本广岛一家工厂的切割机器人在切割钢板时,突然发生异常,将一名值班工人当作钢板操作,这是世界上第一宗机器人杀人事件。

1982年5月,日本山梨县阀门加工厂的一名工人,正在调整停工状态的螺纹加工机器人时,机器人突然启动,抱住工人旋转起来,造成悲剧。

1985年前苏联发生了一起家喻户晓的智能机器人棋手杀人事件。全苏国际象棋冠军古德柯夫同机器人棋手下棋连胜3局,机器人棋手恼羞成怒,突然向金属棋盘释放强大的电流,在众目睽睽之下将这位国际大师击倒。

这些触目惊心的事实,给人们使用机器人带来了心理阴影,于是有人怀疑并展开了"机器人是福是祸"的讨论。英国宇宙学家马丁·里在《最后的世纪》中预言,地球在未来200年内将面临十大迫在眉睫的灾难,人类能够幸免的机会只有50%。它们是粒子实验吞噬地球、机器人接管世界、纳米机器人、生化武器的危害(离人类并不遥远)、超级火山爆发、地震引发世界经济危机、小行星撞毁地球(概率大过彩票中大奖)、地球温室效应日益明显、战争和核武器、不可抗力。其中与机器人有关的就有两项:

(1)机器人接管世界

机器人接管世界即机器人取代人类成为世界的统治者。经常有报道称,计算机的速度又达到了每秒多少亿次。一些科学报告认为,到2030年,计算机或机器人将拥有和人类大脑一样的储存容量和处理速度,甚至能完全代替人类思考。科学家甚至预言,即使是无意识状态下的机器人,同样也能对人类构成威胁。的确,由于计算机的发展,今后机器人的信息存储和处理能力肯定会超过人类,不仅如此,机器人对外界的附加影响能力也将超过人类。所以,在这种情况下,今后的机器人可能不甘于人类的指挥,甚至反过来企图控制人类,这是非常可怕的。因此,机器人的创制和发明是有风险的。

(2)纳米机器人

"纳米机器人"的研制属于分子仿生学的范畴,它以分子水平的生物学原理为设计原型,设计制造可对纳米空间进行操作的"功能分子器件"。科学家研究、制造纳米机器人的目的是希望将其注射进人体内,毁灭癌细胞和修补被损坏的人体组织,并且,纳米机器人还能够通过处理各种化学物品而制造出有用的科学原料。然而,据一份科学报告称,纳米机器人能自我复制,可以将它们穿过的每一样物质的结构都复制成它们自己,而人类无法阻止这种过程发生。因此,纳米机器人一旦为图谋不轨的人所掌握,世界就将面临不可估量的灾难。

2.人类的应对措施

我想今后人们也将渐渐接触到机器人,这就引发了新的思考——如何将创造发明成果造福于人类而又不对人类产生伤害。我认为应该做到:

(1)人类应该承担起伦理道德责任。不仅科技成果的发明创造者要承担该责任,其使用者也要承担该责任。就以"9·11事件"为例,这是一件不该发生的人为悲剧。

(2)人类应该更加全面、系统地认识自然规律。人类很多问题的出现就是源于认识的局限性。在认识和改造自然的过程中,我们的观点和看法与规律存在着差异。所以,为了科技成果更好地造福人类,我们就要更加准确深入地把握规律。

(3)人类的管理者应该健全科技立法。我们要通过立法制止利用科技成果危害世界的可怕行为,比如说伊拉克、朝鲜、伊朗等的核扩散。此外,克隆人——无性繁殖,它颠覆了人类传统的伦理道德观念,我们国家是严厉禁止,但并不是全世界都限制。干细胞——胚胎干细胞的研究也是敏感的话题,当初美国政府对干细胞的研究是禁止且不提供研究经费,所以科学家无法进行研究。病毒、软件、生物也是重要议题。

二、机器人概况

(一)机器人诞生

机器人的发明是从人认识世界和改造世界的能力上探讨,以及人对外在世界的认知判断而来的。一个人对外在世界的认识是通过一系列的器官进行感知,诸如感觉、视觉、听觉,这就把外部世界的一切都感受到人的头脑中,而后人的头脑经过记忆、分析、综合、判断得出结论融入人的意志。所以,人类一方面通过器官认识世界,另一方面通过器官改造世界,在这个过程中人脑扮演了极为重要的角色但是,无论是认识世界还是改造世界,我们的认识能力都具有局限性。正是由于认识能力的局限性迫使人类想方设法延伸能力以更好地改造世界。这就是我们当初的动机。在外部世界,从微观到宏观,我们仅凭器官认识的世界是非常有限的。

1. 视觉能力的延伸

譬如说,人的肉眼看太空的分辨率极其微小。于是,在这种情况下,聪明的人类就借助望远镜认识太空。同理,人们借助显微镜了解物质内部结构,这样就延伸了人的视觉能力。另外人的眼睛接受外部事物有一定的波段,而我们的眼睛无法完全感受到各种各样波段的事物。于是,CCD摄像机、红外探测器等便诞生了,人的视觉能力得到扩展。

2. 听觉能力的延伸与扩展

人类耳朵能听到的声波频率有限制,为 20～20000 赫兹,而我们生活的空间中有许许多多无法听见的声音信号。于是,人类就发明了话筒把声音原封不动甚至去除干扰地放大。但是有些是人类实在无法听见的"超声波",我们又发明了超声探测器。这样人类的听觉自然而然得到扩展和延伸。

3. 移动能力的扩展

人类的移动能力扩展从自行车到汽车再到火车到飞机,活动的空间不断扩大。

4. 投掷能力的延伸

原始社会,人们运用弓箭进行打猎,因为人清楚知道自身的力度和投掷的远度不够。从古时候,就开始了对世界改造能力的延伸,更何况是如今科技发达的世界呢? 于是手枪、火箭、导弹便诞生了。

5. 思维能力的延伸

在思维方面,人类也创造了许多有关的发明,从录音机、记忆棒到计算器、计算机等。正是这样一些发明把我们的思维、记忆都扩展了。

6. 科学技术的发展

人类改造世界的能力区别于动物。这样一些能力的扩展促使了机器人的诞生。众所周知,20 世纪 60 年代几个重大发明,具有划时代意义。比如光纤技术,华裔科学家高锟于 1966 年发明的光导纤维,为通信领域的广泛扩展做出杰出贡献。凭借此项发明,高锟荣获 2009 年诺贝尔物理学奖。1960 年激光技术的出现,亦具有划时代意义。1964 年东京奥运会,首次运用卫星通讯技术向全世界转播奥运赛事。1969 年互联网技术在美国出现。机器人技术其实正是在这些重大发明以及其他相关技术的带领推动下,于 1962 年诞生的。社会需求具有强大的推动力,核技术与工业化生产这两个主要社会因素推动了机器人技术的发展。另外,相关的学科技术例如计算机的控制理论,也伴随着机器人的诞生而得到发展。

7. 发展机器人的原因

为什么要发展机器人技术呢? 前面介绍中我已解释一部分原因。创造机器人主要有以下两方面原因。

第一,原始动力:要运用机器人代替人类从事那些人类不好做、做不好的工作。例如:

(1)对人体造成伤害的工作,如喷漆、重物搬运等。在这里我要告诉同学们,油漆具有毒性,长期接触会引发多种疾病甚至致癌,许多油漆工人正因长期从事油漆行业而身患癌症。因此,这类对人体造成伤害的工作,我们希望能由机器人代替从事。

(2)人类难以长时间胜任的工作,如汽车焊接、精密装配等。

(3)人类无法身临其境的工作,如深海探密、空间探索等。

(4)人类不愿意从事的工作,如恶劣环境、枯燥单调重复性劳作等。

第二,机器人的出现与高速发展旨在提高社会的生产力水平,改善人类的生活质量。

(二)机器人发展历程

刚才所说的是机器人后期发展的一些状况,现在让我们回顾机器人的发展历程。

1. 古代机器人

人类对机器人的幻想与追求已有 3000 多年的历史。西周时期的"歌舞艺人",春秋后期鲁班制作的"木鸟",古希腊人发明的"自动机",汉代张衡的"计里鼓车",以至三国时期诸葛亮的"木牛流马",是古人对机器人不懈的追求探索。近代出现了"机器玩偶"、"机器鸭",以及瑞士的"写字机器人"。以上这些机器人都是前人通过机械或电器制作而成并拥有类似人类技能的物体,我们称之为"古代机器人"。

2. 现代机器人

真正意义上"现代机器人"的出现,是在 1948 年核技术发展背景下,美国原子能委员会阿尔贡研究所开发的机械式的主从机械手。当时因核辐射影响，人类无法进入被研究区域，主从机器人应运而生。正如刚才我所提到的，科学技术研发是为满足社会需求而产生，是社会需求推动科学技术的发展。1952年，由美国MIT公司研发的第一台数控机器人，为机器人的开发奠定了基础。1954年，美国戴沃尔最早正式提出工业机器人的概念，并申请了专利。而机器人最早转化成商业产品进行推广是在1962年，由美国AMF公司推出示教再现式实用机器人并运用于工业生产。1965年，MIT公司添加视觉传感器于机器人系统，使得机器人能进行简单的识别与定位。1970年，第一届国际工业机器人学术会议在美国召开。由此可见，机器人的发展经过了极其漫长的历程。1980年后，日本赢得"机器人王国"的美称。众所周知，许多原始的创新性技术并非起源于日本，例如光纤通信技术由华裔科学家高锟发明，机器人技术的研发是美国人的贡献。然而，日本人却懂得如何将引入的先进新型技术产业化并推广应用，使之成为本国的优势产业，这一点，值得我们学习借鉴。

80年代开始，随着传感技术和智能技术的发展，机器人技术进入"智能机器人"研究阶段。机器人的智能化是指将视觉、触觉、力觉、接近觉等技术添入机器人系统，以提高机器人适应能力，扩大机器人应用范围。

经过40多年的发展，机器人研究领域逐渐形成一门新型综合性学科——机器人学。机器人学包括基础研究和应用研究两个方面。简单来说，主要研究内容有：机械手设计、机器人运动学、动力学和控制、轨迹设计和路径规划、传感器（包括内部和外部传感器）、机器人语言、机器人智能等。

3. 我国工业机器人的发展

70年代为萌芽期，80年代为开发期，90年代为适用化时期。由于历史原因，我国自1972年开始研制自己的工业机器人。第七个"五年计划"期间，我们完成了示教再现式工业机器人成套技术的开发。然而，我国工业机器人技术的正式起步是在1986年，国家高技术研究开发计划（"863"计划）开始实施。现今，我国全面开展机器人研发，并大力推进产业化。

（三）机器人的定义

那到底机器人的定义是什么呢？出人意料的是，机器人的定义并非首先由科学家提出，而是由科幻小说家所赋予。这间接说明，科学创造与发明很多时候是由思想家幻想、推论的提出而产生的。

1. 科幻作家的定义

1886 年,法国作家利尔亚当在其小说《未来的夏娃》中提出,机器人应由四部分组成:生命系统、造型解质、人造肌肉、人造皮肤。而"机器人"这一名词,是 1920 年由捷克科幻作家恰佩克所提出的。捷克语中,"机器人"正是奴隶的意思。由机器人一词的起源可见,人们将机器人定义为服务于人类的奴仆。

恰佩克的科幻剧作《罗萨姆的万能机器人》,描述了人类与机器人的冲突,预告了机器人发展对人类社会的悲剧性影响。起初,机器人谨遵主人的命令默默工作,之后,机器人拥有了感知与情感,渐渐发觉人类的自私与不公正而愤起推翻了人类的统治。然而,机器人发现它们无法如同人类一样制造自己,陷入即将灭绝的困境。最终,一对感知能力优越的男女机器人相爱,机器人进化为人类,世界又起死回生。这部剧作,警示人类应当学会与机器人和谐相处,以防悲剧的发生。对此,为了防止机器人伤害人类,科幻作家阿西莫夫于 1940 年提出"机器人三原则":第一,机器人不应伤害人类;第二,机器人应遵守人类的命令,与第一条相违背的命令除外;第三,机器人应能保护自己,与第一条或第二条相抵触者除外。这是赋予机器人的伦理性纲领。机器人学术界一直将此作为机器人研究开发准则。

2. 科学家的定义

关于机器人的定义至今仍是众说纷纭。1967 年于日本召开的第一届机器人学术会议上,日本学者提出:"机器人是一种具有移动性、个体性、智能性、通用性、半机器半人类性、自动性、奴隶性等特征的柔性机器。"1987 年国际标准化组织对工业机器人进行定义:"工业机器人是一种具有自动控制的操作和移动功能,能完成各种作业的可编程操作机。"而我国科学家对机器人定义:"机器人是一种自动化的机器,所不同的是这种机器具备一些与人或生物相似的智能能力,如感知能力、规划能力、动作能力和协同能力,是一种具有高度灵活性的自动化机器。"这些不同定义中存在的微小差异,我们都能够理解并接受,因为未来机器人领域的探索仍然具有极大的拓展空间。

3. 对机器人认识的迷惑与误区

目前,人们对机器人的认识仍存有迷惑与误区:第一,机器人无所不能——这是受电影、电视、科幻小说等文化媒体深度影响的结果;第二,机器人形状必须像人——刚才我已提到,只要它具有某些人体技能,我们就能称其为机器人;第三,机器人上岗,工人就下岗——这种错误观念盛行于许多劳动密集型产业工厂。机器人或自动化装置的高效率,往往使得工人们把机器人视为岗位竞争对手而进行激烈抵触。我们应该认识到,机器人的工业应用将推动产业的发展,提高社会生产率,为人类创造更多的就业机会。

(四)机器人的分类

基于上述,我们可以按照不同标准将机器人进行分类。

1.按智能化的发展程度划分

第一代机器人:可编程、示教再现工业机器人,已实现商品化、实用化。

第二代机器人:装备有一定传感装置,能获取作业环境、操作对象的简单信息,通过计算机处理、分析,能够做出简单推理,对动作进行反馈的机器人,通常称其为低级智能机器人,目前只有少数可投入应用。

第三代机器人:具有高度适应性的自治机器人。它具有多种感知功能,可进行复杂的逻辑思维、判断决策,在作业环境中独立行动。目前仍处于研究阶段。

2.按结构形态、负载能力和动作空间划分

分为超大型机器人、大型机器人、中型机器人、小型机器人、超小型机器人。

3.按开发内容与目的划分

有工业机器人、操纵机器人、智能机器人之分。

关于智能机器人,我们认为其应具备四种机能:

(1)运动机能:施加于外部环境,相当于人的手、脚等动作机能;

(2)感知机能:获取外部环境信息的能力,如视觉、触觉、听觉、力觉、距离感、接近觉等;

(3)思维机能:认识、推理、判断能力;

(4)人机对话机能:理解指示命令,输出内部状态,与人进行信息交换的能力。

感知机能与思维机能是智能机器人区别于前期工业机器人的重要特征。

另有一些分类方法,我就不在此赘言详述。

(五)机器人的结构

机器人由执行机构、驱动,传动装置、传感器和控制器三部分构成。

(六)机器人的工作原理

机器人主要有以下四种工作方式:

1.示教再现

由"示教盒"或人类"手把手"两种方式教导机械手如何动作,控制器将示教过程记忆下来,之后机器人就按照记忆周而复始地重复示教动作,如喷涂机器人。

2.可编程控制

事先根据机器人的工作任务和运动轨迹编制控制程序,然后将控制程序输入机器人的控制器,启动控制程序,机器人就按照程序所规定的动作一步一步地完成。如果需要任务变更,只需修改或重新编写控制程序,非常灵活方便。

多数工业机器人都是按照前两种方式进行工作的。

3.遥控

由人类运用有线或无线遥控器,控制机器人在人类难以到达或危险的场所完成某项任务,如防暴排险机器人、军用机器人,以及在有核辐射和化学污染环境中工作的机器人等。

4.自主控制

这是机器人控制中最高级、最复杂的控制方式,不需要人类的反复指导干预,要求机器人在复杂的非结构化环境中具有识别环境和自主决策的能力,也就是要具有人类的某些智能行为。

三、机器人研究

(一)中国"863"计划

"863"计划即国家高技术研究发展计划,是以政府为主导,以一些有限领域为研究目标的基础研究型国家性计划。

为何说中国的机器人研究正式始于"863"计划呢?因为在此计划中,自动化技术的研发主题之一便是机器人的研发。所以我国从事机器人的研究,真正的国家提名应该是从"863"计划开始的,因为"863"计划里有非常重要的自动化技术领域,这个领域有一个主题,就叫"机器人主题"。那么,进行"863"计划的缘由应该回归到 80 年代,各国追求应用新技术的潮流,提出各种各样的发展计划,我们国家有四位科学家——王大珩(应用光学家)、王淦昌(核物理学家)、杨嘉墀(自动化专家)、陈芳允(测控专家)就意识到了我们国家在高技术方面和国外的差距越来越大。当然也不得不指出,80 年代的情况是由 60 年代、70 年代的动荡造成的。当时这四位科学家出于高度的责任感,提出了一个想法,向邓小平写了一封建议信,题为《关于跟踪世界战略性高科技发展的建议》,信中恳切地指出,面对着世界新技术革命的挑战,中国应该不甘落后,要从现在抓起,用力所能及的资金和人力跟踪新技术的发展进程,而不能等到十年、十五年经济实力足够强大时再开展,否则就会贻误时机,以后永远翻不了身。大家要注意,对于"跟踪"的理解,即别人已经发展到一定的程度,我们不应该和别人的差距拉得太大。之后,邓小平同志就马上批准了这个建议:"此事宜速作决断,不可拖延",所以就促成了"863"计划。五年之后,小平同志还对"863"计划提出了一个指导性的意见,叫"发展高科技,实现产业化",其目的就是要形成高技术产业。如今,我们的"863"发展计划,应该说绝大部分的领域已经走出了跟踪模仿期,走向了自主创新的阶段。

(二)南昌大学机器人研究

现在,我向大家简单地介绍一下,我们南昌大学在机器人研究方面所做的一些工作:

1.研究所的概况

(1)研究师资和机构:从师资力量来讲,南昌大学从事机器人的研究老师人数众多;从机构来讲,有一个机器人研究所(2008 年成立),还有一个江西省南昌大学机器人与焊接自动化重点实验室(1998 年成立)。

(2)依托单位:南昌大学机电工程学院、信息工程学院等。

(3)依托学科:以学科为支撑,学科上包括两个博士后流动站,以及一级学科博士点和二级学科博士点,还有一个专门学科。

(4)研究方向:第一,特种机器人焊接技术;第二,工业焊接机器人智能化技术;第三,智能金属结构快速制造技术;第四,服务机器人技术;第五,并联机器人。

2.科研成果

经过十多年的发展(1998 年至今),我校的机器人科研项目确实取得了一些成果。此外,我们的机器人研究所是面向本科生开放的,在整个开放过程中,很多学生为我们的科技研究成果作出了一定贡献。在大学生"挑战杯"创业大赛中,2004 年、2006 年获得了铜奖,2008 年获得了银奖;在全国大学生"挑战杯"科技作品大赛中,2007 年获得了二等奖,2009 年获得了一等奖,这些成果很多都是学生在这个实验室做出来的。

下面就简单地介绍一下我们研究所取得的成果:

118

（1）示教再现工业焊接机器人智能化技术研究

以上说的都是工业生产上的机器人，它们的工作原理叫做"示教再现"，即你教它怎么做，它就怎么做。示教焊接机器人存在以下不足：编程复杂、效率低、工件一致性要求高，夹具精度要求高、工件焊接过程不变形。

在这种情况下，会出现什么问题呢？比如说，我们第一个部件焊接上了，那对第二个部件的焊接有要求吗？是有要求的。第一，第一个部件要和第二个部件完全一致；第二，装备要一致；第三，制作过程当中，不可以偏离原来的部件。面对这样的情况，我们当初的想法就是要加强我们自己的传感技术，即建立弧焊机器人电弧传感焊缝实时纠偏系统。这个传感器能够找到机器人的工作任务。

（2）爬行式弧焊机器人研究与开发

我们致力于爬行式机器人的研究，得益于"十五"期间的"863"计划。大家看到爬行式机器人会觉得它不像机器人，但是它有机器人的功能，可以自主地完成它的操作，自主地焊接，所以说它就是机器人。

从机器人移动的机构来说，它能在 360°的范围之内，附上足够的重量进行爬动，同时还能够灵活地到达你所要求的地方。这是很困难的事。我们的第一代机器人，用的电磁式爬行机构，大家知道用电磁来做肯定是有很多问题，比如说不安全，所以后来我们就结束了这方面的研究。之后，我们就开始研究有履带的，即有磁的履带，就好像坦克似的。但后来，我们又发现这同样存在一些问题，比如说，它的灵活性不行。后来我们又研制了用轮式爬行机构，可同样也存在问题，即它的负重能力不行。就是在这样不断研究的情况之下，我们才能取得今天的成果。在研究过程中，我们走了许多弯路。所以说，要创造一件东西，发明一件东西，并不是像大家想象的那样简单，而是要耗费大量的人力、物力和财力才能得来的。

（3）激光图像传感系统

激光传感器，是我们研究所取得的一个成果。在我们的一些专家看来，机器人的焊接技术，比手工焊接的技术要平稳得多，外观要漂亮得多。我们的移动机器人、爬行机器人已经应用到很多领域，其中包括"三峡工程"发电进水管人工焊接、储油罐和石化系统等。

为什么其他领域的机器人有很多，但焊接领域的机器人不多呢？因为焊接制造工艺对机器人有严格的要求。焊接移动机器人对终端效应器运动要求以大小恒定速度，沿焊缝轨迹运动以保证焊接质量。

（4）平面弯曲焊缝机器人跟踪系统

平面机器人主要面向窄小空间的一些焊接，比如说船舶等。在这里面有几个关键技术：第一，结构；第二，机器人必要的传感；第三，信息的处理；第四，控制。我们所设计的 DY 传感器和旋转电母传感器是非常专业的，我们最后研制的机器人就运用了此项技术。

3. 目前开展与机器人相关的研究课题

第一，水下焊接机器人技术研究与开发，也是国家"863"计划的项目之一；第二，针对柔性制造系统的一项技术，即焊接机器人柔性系统 Petri 网建模；第三，服务机器人技术研究与开发。

关于服务机器人，有必要重点介绍一下，服务机器人就是我们面向社会需求所开发的一种机器人。为什么要研发服务机器人？首先，全世界（包括中国）人口老龄化（江西省老年人口比例高达 8％，远高出国际人口年龄类型标准）；其次，各种灾难和疾病造成的残障人士不断增加，老人及残障人士照顾问题将成为严重的社会问题。

怎样才能够帮助这些人提高生活质量，是我们国家很关心的一个问题。而且，独生子女已经很普遍，将来他们的负担会更加沉重。为了提前预防这种"老无所养，子女负担沉重"的情况，我们就通过研究一种服务机器人来解决这些问题。

那么我们应该研究一个怎样的机器人呢？

第一，有由床转变成椅子的功能，有抬背抬腿的功能。

第二，有翻身的功能。大家知道病人翻身是非常费劲的，因为他已经没有力气自己去支撑身体。

第三，大小便功能。

所以，服务机器人，把这样的几个功能做出来，就有助于帮助那些老人、残疾人提高自己的生活质量。

我以一个博士做的项目为例。一个老年人，他能够通过声音控制机器人的动作。但是我们都应该知道老年人的口齿是不大清楚的，面对这种情况应该怎么办？应该如何来提高准确度？所以我们现在研究通过口型（因为老人说话，他的嘴型是可以做得出来的）的变化以及发出的语音，两者结合，以此来提高机器人识别指令的准确率。大家是不是也有过这样的经历？有些人，你看起来面熟，但是又不敢认，可是一旦对方说出话来，你可能马上就会认出这是你的朋友。这说明了一个怎样的问题呢？对方外形的表现，你可能没有办法判断，但加上对方语音的信息，两者融合之后就可以得出一个很准确的结果。

以上所讲的就是我们实验室的工作,有机会大家可以到实验室去看一看。

四、机器人的应用

目前,机器人的应用非常广泛,包括工业机器人、海洋探测机器人、空间机器人、军用机器人等,还有特种机器人、微型机器人、微操作机器人、娱乐机器人、服务机器人等。

我们从宏观的一些数据来了解一下机器人的应用。目前我们国内的工业机器人到 2008 年,只有 7000 多台,而日本有 36000 台。这说明一个什么问题?第一,说明我们的技术存在差距;第二,说明我们的智能化发展程度比较低,我们与日本等一些国家差距比较大。多国汽车制造业中万名工人所占有机器人数量相比较,更能够说明这个问题。日本万名工人里面机器人占有量是最多的,说明它智能化的程度是最高的。

(一)机器人的主要应用领域

从应用领域来说,机器人在汽车零部件装配中运用最多。从制造工艺来讲,机器人在装备点焊、氩焊方面应用比较多。

服务机器人是一个非常大的领域。我们看一下数据,就应该知道它的发展速度是相当迅速。2007 年有 49000 台,价值 78 亿美元。到了 2008 年就有了 54000 台。这是对保安,建筑,以及从事野外活动的专业机器人的统计。个人的专用机器人的发展更为迅速,2007 年有 3400000 台,数字非常惊人,其价值是 23 亿,同时解决了休闲和养老两大问题。

1. 工业机器人

机器人的应用,包括工业机器人,大家在电视上已经看得太多了,比如汽车生产线,点焊、氩焊、装运生产线。因为机器人的力量大,可以解决人的劳动强度问题。

2. 水下探测机器人

我国的 6000 米水下探测无缆机器人对我们国家来讲是具有标志性的一项成果。目前这一点对于国外来讲,虽然是很小的影响,但对于我们国家来说,是一个很大的进步。

不知道大家是不是记得这样一件事情:2005 年,俄海军 AS—28 小型潜艇在执行任务时,误入渔网,导致螺旋桨被渔网缠绕。当潜艇试图摆脱渔网时,位于附近的海岸监测系统水下天线上的缆绳又缠绕进其螺旋桨中。这根天线被一个重达 60 吨的锚固定在海底,增加了救援难度。为避免五年前"库尔斯克"核潜艇的悲剧重演,在事故发生后,俄方除紧急向出事海域派出救援船只外,还向美国、英国、日本等国求助。各个国家都将这次救援当做展示自己能力的时刻。最后,英国的"天蝎 45"遥控深潜器,仅用 4 个小时就解救了俄潜艇。这台遥控深潜器有鹰的眼睛:6 枚250 瓦特的照明灯和 3 台高清晰高倍变焦镜头的遥控水下摄像机;狼的耳朵:一台 27 千赫声波发射器和接收器,两套高频声呐装置,搜索范围在6 米~600 米;熊的力量:自身负重可达 100 千克,另外两只机械臂最大伸展时每只可举起 110 千克重物。2009 年 7 月美国一款名为"深海漫游者"的机器人,在加州海岸水面约 40 公里以下的海底泥泞中辛苦作业,为科学家们提供全新的海底景象资料。其探测的深度高出我们国家 6000米最大深度很多,我国在这一方面和世界领先水平还有很大差距,也希望在座的各位能去缩短这样的差距。

3.空间探测机器人

美国的"勇气"号火星漫游者探测器经过 1.2 亿公里半年多的漫漫旅程,到达火星进行空间探测。开放空间机器人研究可以锻炼我们的队伍,把我们的技术筹备起来。2003 年,"神舟五号"载人航天飞船的成功发射,对我国的航天事业具有标志性意义。2007 年,"嫦娥一号"月球探测卫星开始对月球探测,但我们还没有实现月球着陆。2008 年,"神舟七号"成功将三名航天员送入太空,并实现出舱太空行走。中国的航天事业在慢慢地追赶世界的脚步。

4.军用机器人

机器人技术一个非常重要的应用领域就是军事。英国研制的履带式"手推车"、"土拨鼠"和"野牛"排爆机器人在波黑及科索沃战争中用来探测及处理爆炸物。美国军方领导人已决定向阿富汗派遣一种形似机械狗、名为"大狗"(Bigdog)的新型机器人,作为增兵计划的一部分。美国罗克威尔公司及 IS 机器人公司研制一种"水下自主行走装置"水下扫雷机器蟹。这些都是根据仿生学原理研发的机器人。在伊拉克战场,美军投入了 5000 多架无人机,这个数量是十分惊人的。大量机器人的使用,大大减少了人员的伤亡,保护了人类最宝贵的生命。

5.微型机器人

微型机器人,可以到非常窄小的空间进行探索,这也是仿生学的应用,如仿造蝴蝶等小生物。

6.娱乐机器人

为了提高人类的生活乐趣,还发明出很多娱乐机器人,可以陪伴人游戏娱乐。但我要强调的是,随着这些娱乐机器人的产生,就如同网络一样,会减少人与人的交往,这也是机器人技术会带来的负面影响。

7.医用机器人

机器人技术在医学上的应用是非常有意义的。医院探测胃里面的病灶一般是将柔性的光纤插入身体。现在国内已经研制出一种胶囊机器人,利用它进行胃的检查将会非常简便:将其吞服入体内后,它将控制自己在肠胃中的位置,将体内的图像拍摄下来,并取得病灶的样本,甚至还可以将药物附着在上面直接进行治疗。机器人技术大大促进了医学的进步。

8.特种机器人

(1)隧道凿岩机器人:虽然长的不像机器人但是很有用。现在的工程建设非常快,其中挖隧道、钻山洞都是得益于这种机器人。当初进口这种机器人是几亿元一台,现在我们国家从"863"项目启动之后已有了一些自己的成果。

(2)清洗巨人:可以清洗电缆线,比如清洗冰雪天气时的冰块等。

以上都是一些特种机器人。

9.仿人机器人

仿人机器人可能是大家最感兴趣的机器人。它是一种外形跟人形差不多的机器人,并且能做出很多有意思的事情,比如跟人一起跑步。我国对这种机器人也开展了研究,国防科技大学、哈尔滨工业大学和北京理工大学都在做,但是跟日本研究的差距还是很大。

10.机器人比赛

机器人还有一个非常有意义的应用领域,那就是机器人比赛。机器人比赛有机器人足球世界杯比赛、国际机器人足联 FIRA、世界机器人奥林匹克竞赛、亚太大学生机器人大赛、中国机器人大赛、CCTV 全国大学生机器人电视大赛、中国青少年机器人竞赛等。

现在,我们就着重介绍机器人足球世界杯。人们为什么会想到利用机器人来进行足球比赛呢?它的起源是一台 IBM 制造的代号为"深蓝"的计算机战胜了国际象棋世界冠军卡斯帕罗夫。这给科学家一个启示,就是将机器人的智能研究和足球结合起来。并且,足球是第一大运动,对其感兴趣的人很多。1992年机器人足球的最初想法由加拿大不列颠哥伦比亚大学的艾伦·马克沃斯教授提出。1993年日本科学家开发了第一个足球领域的开放系统仿真平台。1996年开始有真正的机器人来比赛而不是在计算机上进行。1997年，第一次正式的 Robot Cup 比赛在日本举行，到现在已经举行十多届了。去年在苏州举办了这个足球比赛，有30个国家和地区参加。机器人比赛是高新科技的产物，涉及多学科高新技术。而且机器人比赛把过去那些单调的科学研究娱乐通俗化了，所以很多中小学生、大学生都非常喜欢参与机器人比赛。

现在有一个非常令人振奋的目标：到2050年，一支全自主的类人机器人足球队，将战胜人类当时的足球世界杯冠军队！大家想想看，这能做到吗？在我看来，是很有可能的。因为机器人的发展非常迅速，而且机器人甚至可以在自己这方的球门前直接射门，人类却没有这个能力。我们期待着那一天的到来。

此外还有很多亚太地区的比赛，我们南昌大学参加过多届中央电视台机器人电视大赛，但是很遗憾的是没有进入决赛。我们还要继续努力，希望我们的队伍今后能够进入决赛。

五、机器人展望

第一，应用领域扩大。机器人从成功应用的制造业正逐步涉足非制造业，如农业、林业、军事、海洋勘探、太空探索等行业。

第二，深入到日常生活。机器人离我们并不是很遥远。娱乐机器人将给我们的生活增添无限乐趣，清洁机器人将减轻我们繁重的家务，保健机器人可为老人和残疾人提供保健帮助，是人们强烈需求的对象。

第三，未来机器人。未来机器人比现在的机器人更先进。这些机器人将像人一样，能听、能看、能说、能识别环境，具有记忆、推理和决策能力，甚至有超过人的能力，如计算、速度、记忆、力量和适应恶劣环境的能力等。人类将逐渐实现对机器人语言、表情甚至意念等方面进行控制。其实意念机器人现在已经有了，比如说我希望关掉那个灯，我用脑电波是有可能把它关掉的。

我们马上会迎来一个机器人的时代。为什么这么说呢？韩国政府宣布到2013年，每个家庭至少拥有一台机器人；日本机器人协会预测到2025年，机器人产业全球每年的产值将超过500亿美元。

1.家庭服务机器人系统

围绕着家政服务,构成机器人系统。机器人可以在储藏间为你叠衣服,可以送药送饭,可以清扫地板,可以巡逻保安。因此,我们将来的居所,可能将由无数的机器人构成家庭服务系统,并围绕着你的人身财产安全、围绕着你的生活质量展开服务。

2.机器人搜救系统

救援机器人也可构成搜救服务系统。某一处突发灾难险情,将立刻有空中救援机器人进行侦查,地面机器人进行排解。若是地震灾害,则是瓦砾上机器人空中进行侦查,瓦砾内机器人进入废墟工作排解。这些技术都已在现今实现,不再是科幻小说、电影里的虚构、幻想。

微软公司创始人比尔·盖茨曾在2007年第1期《科学美国人》杂志上发表著名论文《家家都有机器人》。他为什么下此论断呢?因为在1975年他创办微软公司时,计算机的研发与当今机器人的研发情况类似。当时不仅硬件系统未得到统一规范,而且软件操作系统也尚未具有统一标准规范,正如现已研发的机器人,硬件、软件系统种类繁多各异。经过类比,盖茨推断出将来机器人发展的趋势:倘若经过统一标准的规范,机器人必将得到广泛而寻常地运用,家家户户都将有服务型机器人。

六、结束语

对于机器人,首先我们应明确,机器人是机器,不是人类。机器人可以替代或者强化人类某些机能,但是人类的某些能力,机器人永远无法替代、超越。其次,机器人可以成为人类忠实的助手乃至朋友,我们应懂得如何让机器人替代人类从事人类不好做、做不好的工作,合理优化分工,使得人类能够更好地专注于自己应该做的事情。最后,尽管机器人是人类的创造发明,但历史上曾出现过机器人伤人甚至杀人的事件,甚至有预言说机器人将统治世界。所以,我们必须从法律规范、伦理道德等方面合理规范机器人的研制与应用。这样,才能使得机器人与人类和谐相处,从而构建和谐的机器人与人类社会。谢谢各位!(掌声)

现场互动

学生一:张教授,您好!我想请问您:对于如何避免智能机器人控制人类这一问题,我们在将来具体可以如何做?在科研中积极倡导人类伦理道德观念是否可行？谢谢！

张华：这一问题，我们可以从几个不同层面进行讨论。首先，科学技术的研发应遵循人类千百年来不断演化完善而成的伦理道德观念。然而在市场经济条件下，仍然存在经济利益驱使下违背道德规范的科研行为，如计算机病毒的制造与传播。伦理道德观念可以积极倡导，却无法具有强制性的约束作用。因此第二个方面来说，政府需要积极发挥管理、调节作用，制定法律法规约束科技研发行为，这非常重要。例如国家法律明文禁止胚胎干细胞的科研。另外，国家可以通过断绝经济支持的手段达到禁止研究的目的。我认为，仅仅以伦理道德机器人背叛的风险得到完全消除是不可能的，但是，我们能够尽最大的努力限制风险，避免悲剧的发生。

学生二：张教授，您好！您觉得，机器人技术的应用，倘若"飞入寻常百姓家"，将有何价值？

张华：我刚才提到，人类应合理优化分工，让机器人代为效劳人类所不愿从事的工作，特别是体力劳动。而相应的，我们人类可以更加专注于精神层面的生产活动，以及旅游等休闲娱乐。正如刚才所提出的家庭服务机器人系统，机器人的服务将使得人们尤其是残障人士的生活质量得到极大的提高，这就是机器人技术运用的价值所在。

学生三：张教授，您好！当今，机器人作为光机电一体化的高科技产物，在传感器智能化技术方面发展迅速。我想知道，作为机械系的学生，假如将来意欲从事机器人机械构造等基础产业的工作，需要在哪些方面发展、充实自己呢？谢谢！

张华：机器人研究有许多方面，机械构造为根本。其实，不仅仅是机器人研究，很多科学技术都以机械构造为根本。例如昆虫的爬行，你如何运用机械构造原理实现这一动作？南京大学有位教授正是以深入研究此类微系统机械构造而闻名。因此我认为，机械系的学生在机械构造这一方面仍有广大的发展空间。另外，非机械系学生特长的传感技术，因其原理与机械构造有关，仍然值得你们去尝试。至于说，如何发展充实自己，我建议你们夯实基础，多去实验室观摩，充分利用学校的资源设备；多思考多问问题，提高兴趣，使得学习生活有目标、有动力。

125

精彩评论

背上积累行囊　我们阔步前行

黄丹（法语 092 班）

"所以，要发明一件东西，要创造一件东西，并不是我们想象的那样简单，要经过很多人力物力的耗费，才能换来这样的结果。"

这是讲座中，张老师给我留下印象最深的一句话。

是啊，"宝剑锋从磨砺出，梅花香自苦寒来"，没有苦寒的酝酿，何来冬日花期的料峭？没有磨砺的积淀，何来出鞘刹那间的惊世？"积土成山，风雨兴焉；积水成渊，蛟龙生焉"，没有土与水这最朴实的积累，何来风雨的旖旎，蛟龙的俊逸？"水滴石穿，铁杵成针"，没有日日夜夜的不懈积累，怎会有这催人奋进的警句？

欧美各国正是因为有着几百年在科学技术方面的积淀，才有了今日在机器人领域独占鳌头的姿态；日本正是因为有着扎实积累的虚心精神，才实现了在机器人智能化上不可企及的高度。

不可小觑的是，我国机器人的研究虽然起步较晚，却也获得了骄人的成绩，从对机器人结构研究的艰辛过程，从不成熟的电磁式机器人到已颇具成效的轮履带式机器人，从难以下水观测的时期到无缆机器人，我看到了一个个坚实积累的脚印！我想，正如张老师所说，现在我们每走的一步，对于国外来讲，可能是很小的一步，但对于我们来说却是很大的进步。

鲁迅先生曾经说过，伟大的成绩和辛勤劳动是分不开的，有一分劳动就有一分收获，日积月累，从少到多，奇迹就可以创造。我相信，我国在科技上的暂时落后，是可以通过日日夜夜扎实的研究与积累实现的，而我们也终将创造属于自己的奇迹。

一个国家的奋进发展需要踏实的积累精神，个人的成才便与其息息相关。因为积累，才有了苏洵 27 岁的大器晚成；因为积累，才有了王国维《红楼梦评论》的横空出世……大一的我们更应认识到积累对于成就人生的重要作用，让我们从今天起，从现在起，为我们明日的辉煌积累下每一刻的努力，每一天的证明！因为成功在于积累！

网站留言精选

伊甸樱桃：机器人技术如此飞速发展，相信不久的将来机器人也会"飞入寻常百姓家"。机器人也将成为这个世界继计算机之后的又一道亮丽风景。机器人与我们，我们与机器人，让我们和谐共处，共创美好未来！很感谢张教授带我遨游了机器人的世界！

（主持人　张琪　录音整理　胡杨梅　肖梦瑶　摄影　程志坚　吴肇杰）

"前湖之风"周末讲坛第七十期
主　　题:《基因工程与我们的生活——从电影〈侏罗纪公园〉谈起》
主讲人:余　潮
时　　间:2009 年 12 月 17 日(周四)下午 2 点半
地　　点:南昌大学前湖校区图书馆附楼二楼电视台演播厅
嘉宾寄语:"笃学、求真、励志、明德。"

　　余潮,1976 年 6 月生,硕士,讲师,江西省植物学会副秘书长。1999 年毕业于南昌大学生命科学与食品工程学院,毕业后留校从事教学、科研工作。2003 年任遗传实验室主任,2005 年任遗传教研室主任,2006 年任生物学基础实验中心副主任。主讲"遗传学"、"分子生物学"、"现代分子生物学实验技术"等本科、硕士研究生骨干课程。"遗传学"省级精品课程负责人,2009 年南昌大学教师授课竞赛获一等奖。

　　1972年,P·Berg完成了第一个DNA分子体外重组实验,标志着基因工程的诞生,人类从此获得了上帝才拥有的权力——改造物种。近四十年来,基因工程技术蓬勃发展,成为现代科技领域一道靓丽的风景,同时也带给人们对科学与伦理的沉重思考。基因工程技术对人类社会的发展与未来生活将会产生什么影响?电影《侏罗纪公园》中,科学家们又是如何利用基因技术再造了恐龙王国?本期讲坛,主讲人将为我们讲解基因工程的原理与发展历程,并为大家介绍其具体的应用现状,引领我们一同揭开基因工程技术的神秘面纱。

基因工程与我们的生活
——从电影《侏罗纪公园》谈起

◎余　潮

　　"基因工程"是日常生活中我们经常能听到的名词,而今天,我将从日常生活中发生的事情入手,向同学们解释基因工程与我们的日常生活究竟有着怎样的联系。

　　正如大家所熟知的,1993 年,著名导演斯皮尔·伯格用一部《侏罗纪公园》向我们描述了如何利用史前生物留下的一点鲜血,建造一个史前生物物种公园。斯皮尔伯格所讲述的故事是否会成为现实? 在地球未来的前进过程中,恐龙是否真的能再次奔跑于地球之上? 我们今天就来谈一谈这些有趣的问题。

　　我们未来的世界将会非常有趣而丰富多彩。谈到基因工程对未来的影响时,我想起曾经看到过的许多非常有意思的东西。比如有一张漫画,画上一位医生从冰箱里拿出一个胚胎,将一个已死亡的人重新制造出来后,对"新人"说:"你千万要小心,这已经是我们保存的最后一个'你'了,如果再因为意外死去,我们将无法再让你回到这个世界上。"

　　其实,关于新世纪的梦想缤纷各异,而基因工程所产生的影响非常巨大,我想围绕以下三个方面来跟同学们聊一聊基因工程的相关话题:第一,要想弄清楚基因工程对我们的影响,首先要知道什么是基因工程;第二,了解基因工程在我们日常生活中有哪些具体的应用;第三,了解什么是基因工程后,我们来做一些思考。比如人们常说,科学是柄双刃剑,那么基因工程作为一门新科学,在向前发展的过程中对我们人类社会的正反面影响究竟有哪些?

一、什么是基因工程

（一）什么是基因

要想了解什么是基因工程，我们要弄清楚的第一件事是：什么是基因？DNA是一个双螺旋结构的分子。在了解DNA分子的空间结构后，我们要明白生物遗传的语言储存在一个非常有趣的密码中——DNA上的碱基排列顺序。一串ATCG就相当于计算机二进制运算中的0和1，隐含了生物世界的全部秘密。遗传物质非常神奇。正如同学们先前所知，DNA分子是遗传物质。这种遗传物质存于我们体内时，是与蛋白质以及RNA分子结合在一起的。

人体有46条染色体，正是这神奇的46条染色体，形成了我们今天所见的人类。我们所为之骄傲的理性，我们所从事的一切工作，都是由这46条染色体帮助我们指导完成。我们总是在思考，父母留给子女的珍宝究竟是什么。有一个非常有趣的答案：父母留给我们唯一的东西，其实就是我们身体里的DNA分子。也许你的父母可以留给你一套房子或一部汽车，但更为重要的是你母亲的卵子和父亲的精子碰撞瞬间形成你的DNA分子。有一幅漫画，一位家长在孩子考试不及格后狠狠地揍他的屁股，说："为什么你这个家伙考试不及格？"孩子哇哇大哭，提出反对理由："我已经将你留给我的DNA分子利用到极致，但是对不起，我还是及不了格。"

DNA分子非常神奇。有一种遗传疾病叫"猫叫综合征"：患病婴儿来到这个世界上的第一声啼哭，虽然宣告了他的到来，但他的啼哭却如"喵喵"猫叫一般，所以这个遗传疾病叫"猫叫综合征"。不仅如此，随着年龄增长，患病婴儿会有更多的病症逐渐反映出来。比如，患者的智力发育程度比同龄正常人低，甚至有人认为他们只能达到正常人智力的五分之一左右。而生理性状变化也渐明显，比如两眼间距过大。今天，我们已经发现这种遗传疾病的病因：患者的第五号染色体有一段缺失。正是这一段小小的缺失，造成该病诸多症状的出现。

其实非正常DNA分子导致的遗传病症非常多，另有一种疾病叫"镰刀形红血球贫血症"。正常红细胞的形态是非常漂亮的圆扁形，而患病个体的红细胞在外界氧压力下降的情况下，会变异成为镰刀状，而变形的最终结果是使得红细胞彻底失去携氧能力。在外界氧压力严重不足的情况下这种个体甚至会死亡。产生这一严重问题的原因是什么？我们仔细探索研究时发现：患病个体与正常个体相比，在基因组 30 亿个碱基中只有 1 个碱基的差异（正常的是 CTT，而变异的是 CAT）。一个碱基的差异只导致蛋白质上一个氨基酸的差别，而患病个体和正常个体只因一个氨基酸的差别而产生了巨大的生理差别。综上所述，基因是生命最本源的物质，决定着生命过程中几乎所有的问题。

（二）什么是基因工程

什么是基因工程？我们应如何利用基因工程对基因进行改造？我们先来了解基因工程的基本步骤。基因工程的第一步是找到我们感兴趣的一个基因，通常是因为这个基因具有某种特殊的作用。例如，我所在的研究室曾经进行过水稻抗白叶枯病的研究。我们首先在自然界中寻找一个可以帮助水稻对抗白叶枯病菌的基因。得到这个基因后能否直接放入另一株水稻或作物中进行表达呢？不行！在生物学中有一个非常有意思的名词，叫做"居民 DNA"。细胞体内都有自己的基因组并且都能正常地在自己体内生存，但是外来核酸却未必有这么幸运。外来 DNA 分子进入寄主体内时，通常的"下场"是被分解。要帮助这一类外部基因安全进入我们所感兴趣的细胞内，怎么办呢？我们想到一个办法：原核细胞内有一种物质叫做质粒，如果在这个原核细胞本身就有的 DNA 分子上打开一个缺口，将感兴趣的基因植入其中以重组质粒，再将改造之后的质粒送回个体中，寄主个体就会认同它是自己的正常组成成分，因而允许其在自己体内表达。基因工程的第二步，将这样一个基因进行体外操作。最后，我们把重组后的 DNA 送入寄主体内，让它表现出自己的作用。

我们今天所看到的基因工程似乎风光无限：无论是在好莱坞的荧屏上、科学家口中、还是我们的日常报端，基因工程都被不绝于耳的颂扬声所环绕。有人说："我们因为基因工程才拥有上帝才享有的权利。"但这门新兴学科真的像大家想象的那样在诞生之初便伴随着鲜花和掌声吗？不是。恰恰相反，与很多新兴学科初次出现于科学史上一样，基因工程诞生之初，迎接它的是漫天飞舞的口水和砖块。下面就让我们一同看看这门新兴学科是如何一步一步地向我们走来。

1972 年，美国斯坦福大学的一位名叫 P·Berg 的科学家完成了一个非常有意思的实验：他将两个完全不同的 DNA 分子在体外进行重新连接（打开 SV40 的环状 DNA 分子，把从 λ 噬菌体中切割下来的基因片段接到打开的 SV40DNA 分子上），制造了世界上第一个不是由上帝创造的

DNA 分子。伯格因此成为第一位进行 DNA 重组操作的科学家。

为大多数科学家所认可的基因工程的诞生标志性事件是在伯格之后，1973 年美国斯坦福大学和旧金山大学的两位科学家在大肠杆菌质粒上所做的工作。他们先将 DNA 分子取出，在体外进行操作，创造出前所未有的 DNA 分子后再将其送入大肠杆菌体内进行表达。

我一直在思考这样一个问题：1972 年，在阳光明媚的实验室里，P·Berg 和他的同事所做的基因工程实验成功，标志着人类拥有了上帝享有的权利，可以能动地改造物种；而当基因工程发展到今天，《侏罗纪公园》《恐怖地带》等电影中种种猜想所描绘的达摩克利斯之剑高悬于人类头顶之时，1972 年的那次成功，究竟是人类跟上帝开了个玩笑，还是上帝跟人类开了个玩笑？

接下来，让我们看看 1972 年之后，基因工程发展史上发生了什么事情。1972 年后，全球新闻媒体和众多科学家开始对新兴的基因工程学科展开激烈的讨论，争议非常之大。美国著名的科研管理机构——美国国家健康与卫生研究院（NIH）注意到当时社会上存在的争论，因而聘请以伯格教授为首的 11 位科学家成立基因工程咨询委员会，论证基因工程是否安全及基因工程的发展会给人类带来怎样的结果。1974 年 7 月，这 11 位科学家联合署名发表了一封公开信，建议全世界的科学家在尚未完成对基因工程安全性的论证之前，暂停两种类型的基因工程实验：一是涉及组合一种在自然界中尚未发现、有产生病毒能力或带有抗菌素抗性基因的新型有机体的实验；二是涉及将肿瘤病毒或其他动物病毒的 DNA 引入细菌的实验。

当我读完这段话的时候我在想，我们人类真的非常伟大。在科学家不断探索新事物的时候，我们有一天竟然要求自己不去创造新型有机物。新型有机物是什么？也许上帝在星期天休息的时候，我们人类应该站出来工作一天，让这个美丽新世界在人类为之骄傲的理性指导下继续前进。但还是问：这个玩笑究竟是我们跟上帝开的，还是上帝跟我们开的？不得而知。

在公开信发表之后，1975 年 3 月，NIH 举行了一次由 160 名来自美国和其他 16 个国家的有关专家学者参加的国际会议，以讨论基因工程作为一门新兴学科，是该给它颁发"准生证"，还是像今天我们对待克隆人一样，在全世界范围内禁止它的发展？研讨会上争论十分激烈，科学家们分成两派，一派认为，基因工程具有现实的危险性，而最重大的危险在于：我们在实验过程中创造出的地球上前所未有的生物个体,会通过寄生在研究者身上的方式,离开实验室。它们可能具备我们未知的能力,因而可能给人类带来不可估量的灾难。另一派的观点非常有意思,他们认为,上帝已经以地球为实验室进行了几十亿年基因工程实验,正如日常生活中我们所看到的,家中的食物放久便会分解腐烂,死亡的动植物尸体也会渐渐消失,这是因为低等的微生物在高等生物尸体之上进行着腐生分解。而在分解的过程中,这些被分解生物所拥有的基因即 DNA 分子很有可能会渗入微生物细胞内。事实上,外来的 DNA 分子渗入寄主细胞内进行表达,不正是大家所熟悉的基因工程? 千百年来,这些实验都在地球上持续安全地发生,那我们在实验室里做的区区基因工程实验,怎么会给我们带来灾难呢? 这一派科学家的观点也非常有道理。

研讨会在进行激烈的争论之后,160 位科学家基本达成一致。他们指出:基因工程作为一门新兴学科,在人类科学发展历史上具有非常重大的意义,所以它必须进行下去。同时他们也承认,在从事基因工程的研究过程中的确存在许多现实的威胁。比如,新物种会被我们带入自然界,而这些新物种会给人类世界带来怎样的影响,至少在当时是未知的。

1976 年 6 月 23 日,NIH 制定并公布了"重组 DNA 研究准则"。在这个研究准则之中,NIH 把基因工程实验室的物理防护划分为四个不同等级,把生物防护划分为三个不同等级。在当时,对基因工程实验室的安全性要求几乎达到吹毛求疵的地步。很多人认为 NIH 制定的安全准则会影响基因工程的发展,但事实上恰恰相反。当一门新兴学科被相应的科研管理机构认可之后,这门新兴学科会以我们难以想象的速度迅猛发展,虽然发展历程可能不会一帆风顺。

除了要严格遵守实验室安全条例之外,NIH 还提出一个要求:在基因工程研究中使用的细菌等实验对象,必须是安全可靠的。在研讨会上,与会科学家对此非常乐观。他们认为,依靠现有技术,完全可以在短期内拿出符合要求的寄主细菌及其载体。但事实上,这一工作的艰苦程度远超过大家的想象。为满足基因工程的各种安全要求,各国科学家用了将近一年时间进行准备。通过科学家的不懈努力,基因工程才形成我们今天所看到的蓬勃发展之势。目前,全世界各个国家的科学家都在紧锣密鼓地进行基因工程研究。可以毫不夸张地说,目前南昌大学生命科学与食品工程学院的任何一间实验室,都具备从事基因工程研究的能力。

在长期研究过程中我们逐步发现,NIH 研讨会上第二派科学家所持观点确实很有道理。至少到今天为止,我们还未发现基因工程的研究对世界造成了非常大的影响。因此,NIH 顺应时代发展的需求,连续数十次降低关于基因工程安全性的要求。

有意思的是,由于 NIH 多次修改关于基因工程安全性的条例,以致今日很多从事基因工程的科学家竟不完全了解目前的安全规定。这也暗示:随着新兴学科逐渐地被认识了解,其诞生时人们所怀有的忧虑和恐惧会逐渐消失。

二、基因工程的应用

基因工程究竟给我们带来了什么?难道科学这把双刃剑在基因工程里就不再是把双刃剑了吗?我们来仔细思考第二个问题,简单了解基因工程在我们日常生活中的应用。

(一)基因工程与遗传育种

在大家打开报纸或各种各样的画册时,会发现有关于基因工程应用的多种说法,并有很多有趣的例子。其实我们简单地思考几个问题就可管中窥豹。也许只见一斑,但这"一斑"可以让我们大概了解,这门新兴学科对我们的生活究竟有着什么样的影响。在谈到基因工程在日常生活中的应用时,我们首先想到的是基因工程在遗传育种方面的应用。事实上,这是今天基因工程运用最为广泛的领域,而遗传育种最为典型的便是同学们熟悉的转基因植物和转基因动物。

1. 转基因植物

有一组非常有意思的数字:截至 2007 年,全世界种植转基因作物的国家由 1996 年的 6 个增加到 23 个,而全球转基因作物的种植面积业已达到 1.143 亿公顷。这是非常大的数字,意味着当我们走进超市时,摆在售货架上的许多商品早已不知不觉地换成转基因工程的产品。通常情况下,科学家利用基因工程来提高作物的产量、品质以及抗逆性(抗逆性分为很多种,如抗旱、抗溺、抗虫等)。

(1)抗虫棉

抗虫棉可以抵抗由棉铃虫引起的虫害。早在 1992 年底,中国就已完成有自主知识产权的抗虫棉品种研究。但是中国抗虫棉研制的完成,在早期却并未改变中国棉花受棉铃虫损坏严重的状况。1992 年,中国黄河流域发生一次棉铃虫特大爆发,给当地农民造成巨大的损失,更为糟糕的是随后棉铃虫迅速地扩展到长江流域等其他地区,使得中国当年的棉花产量严重缩减。当虫灾爆发时,棉铃虫不仅把地里的棉花吃光,而且还肆虐为害玉米、水稻等粮食作物,以致老百姓只能辛酸地戏谑:"除了电线杆外,所有长叶子的一扫而光。"

遗憾的是,在我们已经拥有抗虫棉品种的情况下,1997 年,许多国外抗虫棉品种开始进入中国,并迅速在中国"瓜分天下"。当时国外公司甚至开出非常具有诱惑力的条件:中国可以拿 9000 万美元来换国外抗虫棉的转基因技术。虽然这在当时是极低的价格,但他们拒不出售抗虫棉的核心技术。为此,中国政府和科学家受到巨大的触动。于是,中国科学家们奋起直追,努力改变自己在抗虫棉研究上的落后状态。尽管我国已经开发出第一个抗虫棉品种,但这一品种在中国市场的占有率极低。我们开始深刻地意识到:摆在实验室里的科研成果是无法直接产生效益的。由此,中国农科院棉花研究所的科学家们开始进行艰苦的工作:一方面,他们继续培植新的转基因工程抗虫棉品种;另一方面,他们开始着手推广工作。但事情远非大家所想的那般简单,抗虫棉示范区里许多农民不愿种植抗虫棉,甚至出现趁科学家晚上回去睡觉农民悄悄打农药的情况。

事实上,不仅科学的发展受到很多阻力,在将科学技术运用于实践的过程中,也会碰到很多事先预想不到的困难。但在中国科学家的坚持和努力以及政府的大力推动下,中国转基因抗虫棉的研究最终取得丰硕成果。今天,作为一个纺织大国,我们可以自豪地说:在棉花种植中,我们所用的抗虫棉品种绝大多数是我国国产的,并且拥有自主知识产权。

当很多同学还认为基因工程离我们很遥远的时候,你可能忘了一个非常简单的事实:我们身上穿的每一件衣服中,所含棉花都可能来自于转基因抗虫棉。除了抗虫棉,科学家们还大量研发其他转基因作物。比如现已进入大田生产实践的抗病毒转基因小麦,以及进入大田试验阶段的转黄瓜抗青枯病基因的甜椒。事实上,除了抗病毒外,转基因还能帮助我们改变一系列作物性能,比如提高牵牛花的观赏性。

(2)转基因小麦

美国一家著名的生物技术公司——孟山都生物技术跨国公司曾在自己的网站上自豪地宣布:他们已经完成转基因小麦的研制工作,并对这些转基因小麦进行田间试验,结果显示作物产量得到极大的提高,同时证明这些转基因小麦对人体无害。他们认为,得益于基因工程所生产的面包将会在不久的将来出现在各个国家的货架上。但这一乐观想法并未维持很长时间。2004年5月11日,孟山都公司的一纸声明突然宣布中止它曾经寄予厚望的新品种计划。在转基因作物迅速向全世界扩展的同时,我们对转基因作物的认识逐渐深化,究竟是什么原因阻止科学家们继续进行研究?

我们不妨看看世界各国对转基因作物的态度。正如大家所熟知的那样,作为世界上发展最为迅速、科技最为发达的国家,美国对转基因食品管制采取非常宽松的政策,由此使得转基因作物和食品在美国迅速发展,并在世界上处于垄断地位。而世界上另一大经济体欧盟,对这一问题的态度与美国截然不同。1997年5月14日,欧盟通过"欧盟议会委员会新食品和食品成分管理条例第258/97号令",并于当日生效。法令实质上就是针对转基因产品在欧盟市场上的销售:所有新品种的转基因食品将不允许进入欧盟市场。有趣的是,2003年5月,美国在加拿大、阿根廷的支持下向世贸组织提出对欧盟的申诉。

其实转基因作物在大规模种植并走向国际贸易的过程中,不仅仅面临着生物学上安全性问题及技术问题的考验,还面临着各国的贸易壁垒问题。转基因产品在全世界的推广并非一帆风顺。美国政府以相对宽松的态度面对转基因工程的农副产品。尽管美国相关法律非常健全,但法律条文中居然没有要求转基因农副产品上标注转基因标识。这意味着美国消费者对他们购物中所选商品是否为转基因产品可能毫不知情。中国政府在转基因农副产品的政策上做出了非常完备的规定。但在这些规定存在的同时,中国转基因作物的推广及销售仍旧存在重大问题:第一,虽然我们有一系列的管理条例,但对转基因产品缺少专门相关的法律,以致这些条例级别并不高;第二,这些条例仍存在现实漏洞。更为有趣的是,当你和你们的父母走进超市时,没有人会关注包装袋是否标明该产品具有转基因成分。美国也许是对转基因产品认知程度和民众接受程度最高的国家之一,当美国人来到中国时,他们常常惊叹于中国老百姓对基因工程的认识和理解程度,因为中国老百姓从来不提类似问题。

实际情况如何?中国的一个民间组织"绿色和平"在2005年发表了一份调查报告,在当时科学界引起不小的轰动。报告透露:一些尚未通过安全检测的转基因大米在湖北地区已经种植了至少两年,并已污染湖北和其他省市的大米。2007年,"绿色和平"再次透露,转基因水稻被非法冒充为常规杂交水稻在湖南进行田间试验,并试图获取商业化种植资格。而自2006年9月起,中国米制品因含有转基因水稻成分而频频碰响欧盟及日本市场的警报。

当我们认为蓬勃发展的基因工程只停留在《侏罗纪公园》、《恐怖地带》之中的时候,转基因食品已经悄悄进入我们的生活,并可能出现在我们的餐桌之上。那么,面对这一切,我们做好准备了吗?"绿色和平"所发表的调查报告在中国社会引起不小的轰动。2009 年 12 月 3 日,有消息传出:在湖北,华中农业大学张启发教授的两个转基因水稻品种已经获得安全证书,为期 5 年。这就意味着不远的将来,诸如大米等转基因产品将会堂而皇之地出现在我们的餐桌上。当我们还在考虑侏罗纪公园是否会成为现实的时候,我们应该明白,这一门新兴科学技术已悄然渗透入我们的生活,并在衣食住行方面深刻地影响着我们。

2008 年 7 月,国务院审议通过了转基因生物新品种培育科技重大专项,计划到 2020 年,投入 200 亿元,鼓励发展具有自主知识产权的生物科技成果。这表明中国政府其实早已对转基因工程相应的研究有了非常深入的认识。而与此同时,对转基因安全的认识是否也被提高到了一个新的水平呢?中国的普通民众是否已经做好了准备去接受我们生活中将会发生的一系列变化呢?事实上,当"绿色和平"组织和第三世界网络发表联合报告——《谁是中国转基因水稻的真正主人》的时候,我们突然间发现,就算中国老百姓开始接受转基因作物,我们主导的话语权或许也早已丧失。在这一问题上,作为年轻的学者、新时代的大学生,我们究竟该形成怎样的认识和看法?

说完这些,同学们可能认为我似乎对转基因食品和转基因作物持强烈否定的态度。那么,既然有很多人提出转基因食品存在着一系列问题,我们不妨来看看,转基因食品可能带来的危害究竟有哪些。

第一,转基因作物本身具有一定的毒性,并已有一些实验证据。科学家们在用转基因作物饲喂小鼠等生物之后,发现它们的免疫系统等生理系统受到一定损伤。但是我作为一个基因工程学习者所看到的是,某些实验的设计明显有欠公允。其实,在转基因研究过程中,我们对重组的基因可以进行相应的控制,由此很多问题可以得到规避。

第二,转基因作物产品经常会使食用者出现食用过敏病症,我们称之为过敏性。但这些实验在我看来同样有失公允。道理非常简单,以大豆为例,在转基因大豆出现之前,大豆本身就含有一些可能致使特定人群过敏的物质,这是日常生活经验。事实上,美国还通过转基因生产出不含有过敏物质的大豆品种。因此,这种说法值得商榷。

第三,转基因会带来病原微生物的抗药性。比如我们中国已经发现开始出现抗药性的棉铃虫,而抗转基因作物的棉铃虫可能致使自然界产生抗药性。但是公允地说,当我们以任何其他一种方式解决病虫害问题的时候,包括以前所使用的农药,难道生物体就不会在长期选择的情况之下产生抗药性吗?

第四,引起环境污染。正如"绿色和平"组织所宣称的那样,转基因水稻已经污染了周边的水稻品种。道理很简单,拥有转基因作物成分的水稻所释放出的花粉会落在其他非转基因水稻上,从而将转基因的成分带入其他水稻中。但难道在这之前,自然界的遗传物质之间不存在相互传递、重组吗?

因此,当我们列出以上四条反对转基因作物的理由时,从某种意义上来说,都有某些缺陷。也许这需要科学家们继续进行深入研究,才能得出最终结论。

2. 转基因动物

除转基因植物之外,还存在着很多转基因动物。比如,乳汁中含有人类生长激素的转基因牛:这种转基因牛转入了人类的生长激素编码基因,因此会产生更多的生长激素,其生长速度会得到很大提升;被转入人类生长激素基因的鲤鱼:这种鲤鱼当然会长的稍微大一点,因为它不仅有自己的生长激素的编码基因;还有还有人类的基因。转入人类 $\alpha 1$-抗胰蛋白酶基的转基因羊等。有趣的是,甚至我们日常生活中饮用的一些奶制品中也含有转基因成分。这些都充分说明,基因工程与我们的日常生活密切相关。

(二)基因工程与医药卫生

基因工程除了在遗传育种中有着重要的应用外,在医药卫生方面同样发挥着重要作用。

1. 基因药物

一个非常典型的例子是用以治疗糖尿病的特效药胰岛素。这种药物的生产过程由于基因工程的介入而发生巨大变化。在基因工程介入之前,我们只能从动物的胰脏中提取胰岛素,产量极低,价格之高可想而知。而胰岛素在治疗糖尿病的历史上,作用极其重要。我通过查找资料,获知糖尿病治疗史上一些事实。在 1921 年以前,糖尿病患者几乎是绝望的,他们无法调节自己体内的血糖平衡,最终不得不走向死亡。即使是最好的糖尿病治疗医生,也只能勉强帮助病人维持生命。直至 1921 年,胰岛素的发现终于使得无数的糖尿病患者找到新生命开始的希望。在基因工程介入之前,胰岛素价格非常昂贵。在基因工程介入之后,我们重组胰岛素的编码基因,将其导入大肠杆菌体内,再在大型发酵罐中大量培养大肠杆菌,由此大规模工业化地生产胰岛素。这种做法使得胰岛素的产量迅速提升,销售价格迅速下降,全球近四百万的糖尿病患者终于看到了希望。而在此之前,科学家们甚至把每星期生产 10 万单位的胰岛素作为一件值得纪念的事情! 这就是基因工程对我们的贡献,它悄然地渗透进医药领域,裨益众生。

另外一个例子是干扰素。医药学中,干扰素治疗病毒感染简直是"万能灵药"。干扰素由人体产生,可以帮助我们对抗许多病毒感染。在基因工程成功地帮助我们大量制造干扰素之前,科学家们只能从人血中提取该药。在以前,大家捐献的血液除大部分用于手术输血之外,另外一部分都被送去提炼干扰素之类的"灵药"。想想看,由此提炼而来的药物,价格将会是个什么样的数字? 正是利用基因工程将干扰素编码基因导入其他生物体内,再利用发酵方式进行大量生产,从而使人工生产的干扰素得以广泛应用于多种疾病的治疗过程。

其实,除了最典型的胰岛素与干扰素之外,利用基因工程大量生产的药物比比皆是,如大家非常熟悉的青霉素。战场上很多伤员都因伤口感染而痛苦地死去,正是青霉素的出现和应用,挽救了成千上万人的生命。青霉素还有一个大家非常熟悉的名字,叫做"盘尼西林"。我们阅读许多文学作品时可以发现,在过去基因工程未介入时,盘尼西林是跟黄金价格相近的药物。假如没有基因工程,我们仍旧使用着与黄金等价的盘尼西林,那今天的世界将会是什么样的呢? 正是因基因工程介入抗生素的生产过程,才使得今日的医药卫生事业如此先进发达,造福众生。

2. 基因治疗

应用基因工程,我们甚至可以直接地对一些疾病进行治疗。这是世界上首次利用基因工程直接进行疾病治疗的例子:一位患者因先天性缺乏 ADA 基因,自身不能生产 ADA 酶,因而先天免疫功能不全,只能生活在无菌隔离帐里。对此,医学家采取的方法是什么呢? 取得她的白血球,利用基因工程技术进行改造,将有缺陷的基因替换为健康基因,再将改造之后的白血球以溶液形式导入她的体内。在之后十个月内她又连续接受了七次这样的治疗,同时伴随着特定抗体的治疗。经治疗后,她的免疫功能终于日趋健全。

3. 基因工程疫苗

基因工程在医药卫生方面发挥的作用绝不仅限于以上内容,它以更多其他的方式帮助我们治疗疾病。正如大家目前所关心的甲型流感。每次我来学校时,家人都要叮嘱我:"你要小心啊,今年冬天千万不要感冒。"我们都在热切盼望着能出现对抗甲型流感的疫苗,但是传统的疫苗生产技术在应对这样一个突发事件时,显得力不从心。大家应该都有印象,在甲型 H1N1 流感刚开始爆发时,全世界各国政府都在紧张惶恐。只要出现疑似患者,马上进行隔离。为什么? 我们真的无法治疗 H1N1 型流感吗? 不是,我们完全可以生产出疫苗,但传统疫苗的生产过程需要几个月甚至一年的时间。因此,全世界各国政府都不惜一切代价将疑似病患隔离起来,以防疫情在疫苗大量生产之前肆虐。

假如我们可以利用基因工程迅速而大量地制备疫苗,还需要如此紧张地面对突发疾病吗? 怎么利用基因工程生产疫苗? 我们提炼出病原微生物内能够引起我们人体免疫最关键的抗原蛋白质,获得它的基因,经加工改造后导入微生物中,就能大量地表达出特异蛋白质即我们所需的纯化疫苗。大家注意,当我把这些特异蛋白质注射入你身体中时,我注射的是病毒吗? 不是。传统疫苗是活疫苗,当注入健康人体内时,必须承担一定的风险。而由基因工程制造的疫苗是什么? 只是一些无害的病毒类似物,甚至是蛋白质片段。我们将很安全地获得抵抗病毒能力。这就是基因工程能为我们做的事情,非常神奇。

对于乙肝预防,我们已有转基因工程生产的西红柿。这种抗乙肝西红柿虽不能治愈乙肝,但一年只需食用若干个,就可完全代替乙肝疫苗注射。这就是基因工程神奇的地方,在你不知不觉地吃西红柿时,乙肝预防便轻松完成。

(三)基因工程与环境监测

基因工程在日常生活之中还有其他广泛的应用。比如我们可以利用 DNA 探针检测环境中的病毒和细菌,即使 1 吨水中只有 10 个病毒也能被 DNA 探针检测出来,灵敏程度非常高。与传统技术相比较,这是多么了不起的进步! 更为重要的是,我们可以利用基因工程改造细菌,这一系列转基因细菌可能具备强大的分解环境污染物质能力,帮助我们迅速有效地治理污染,我们的生活将因之发生巨大变化!

三、关于基因工程的几点思考

通过刚才一系列的介绍,我们对基因工程有了基本的认识,明白了基因工程是什么,并了解了基因工程在我们日常生活中的广泛应用。在此基础上,我们不妨再冷静下来,做几点思考。这些思考也许会让我们受益更多。

(一)基因工程究竟安不安全?

人体之中共有 3 万到 4 万个基因,这 3 万到 4 万个基因之间形成复杂的代谢系统,而代谢决定着今日我们所见的生命世界。举一个不很恰当、但非常形象的例子,也许同学们就能很快地理解我所说的话。我们都发现自然界有一种生命力极其顽强的生物,那就是苍蝇。大家知道苍蝇从来不生病,吃的是最脏的,住的是最脏的,去的地方也是最脏的,可见抵抗力之强。很多科学家都在思考:是否可以将苍蝇体内使其不生病的基因提取出来,再设法转入人体呢? 如此一来,人类将不再生病。多么伟大的前景! 确实,某些科学家正在寻找,据说还取得一些突破。具体情况我并不很清楚,但是我们可以通过这个例子来看看基因工程的现实危险性。假如,我们发现苍蝇之所以不生病,是因为它的某条代谢途径。继而我们发现在人体中,除了第一个基因之外,符合这条代谢途径的其他几个基因都存在,那为什么人类还会得病呢? 道理很简单,就是因为缺失第一个基因。根据基因工程的思路,解决这个问题不是非常简单吗? 从苍蝇体内提取目的基因后转入人体,这条代谢途径不就被打开了吗? 于是我们人类就不不再生病了! 但是很抱歉,我忘了告诉大家一件事情:这个目的基因其实不止一个作用,在苍蝇体内它有两个作用,第二个便是通过另一条代谢途径使得苍蝇的眼睛长得像金鱼眼一样。非常糟糕的是,上述基因同样存在于我们人体当中,当利用基因工程将目的基因导入人体后,将会引发什么现象? 在我看来,这才是基因工程真正的安全性隐患:我们有目的地导入某个基因时,希望达到一个效果,但这个基因很可能开启了另外一个我们未知的代谢途径。我们总是怀着良好的愿望去做一件事情,但非常遗憾的是,也许我们得到的并不是一个光明的前景,而可能是打开了潘多拉的盒子。我相信,通过上述举例介绍,大家应该对这门新兴学科的安全隐患有了新的认识。

那么,为什么存在这样的危险性? 是不是因为人类在基因工程中走得太远了呢？恰恰相反！我们了解得太少。假如人类真能将所有代谢网络了解透彻，那么问题将不复存在。但同学们是否知道其中的工作量？假如三万基因中的每个基因，都能和周围任何一个基因建立联系，那么在这个代谢网络中，可能的连线共有多少呢？是 3 万的 3 万次方！这就是我们分子生物学和基因工程学学者必须完成的任务！这就是基因工程研究人员未来将面对的庞大工作量！因此可以说，基因工程并非如大家所想象的，发展得很快、很好。事实上，在基因工程中，未知领域比我们已知的要多得多。

（二）以基因工程为主要手段的遗传育种给人类带来了什么

我们运用遗传育种技术创造出一系列优良的作物品种，这一直是科学家的骄傲与自豪。但大家是否想过：当我们在广阔的平原之上，在中国辽阔的国土之上，种植基因工程或者传统遗传育种技术培养出的优良产品时，问题随之产生——我们会大面积地消灭作物的遗传多样性。物竞天择，所谓的优秀基因只是在特殊环境之下，一旦环境发生改变，原本的优秀基因也许就无法适应环境。在美国大豆种植史上，就不乏类似的惨痛教训。美国所有的大豆都源于亚洲的几株大豆植株，因此当美国大豆遭遇某种其"祖先"无法对抗的病毒虫害时，几乎到了绝收的境地。这就是遗传多样性带来的恶果。

而当我们讨论如何利用遗传技术培育新型品种时，你是否想过我们人类究竟正在消灭什么？克隆技术究竟又为我们带来了什么？克隆羊多利出现之后，我们密切关注克隆人技术的发展。世界各国政府对克隆人技术也采取了多样化的策略和态度，2005 年 3 月 8 日，联合国发表《联合国关于人类克隆宣言》，中国政府在这一宣言中投了反对票。为什么呢？假如允许克隆人存在，这个世界会发生怎样的变化？假如允许克隆人存在，所谓的优秀个体在地球上将占有优势地位，这是福音吗？克隆出的个体在非家庭环境下成长所形成的人生观和世界观，能为今天的社会大众接受吗？一切准备工作，我们都尚未做好！而什么是医学克隆？什么又是生殖克隆？当医学克隆和生殖克隆的概念本身就无法界定时，试问，我们又如何保证克隆技术百利而无一害？我们需要认真思考！

而《侏罗纪公园》中描绘的情景会不会发生？试问，那样一个恐龙横行的世界，是否真的会沿着斯皮尔·伯格为我们描绘的路线而出现？我无法回答这一问题。也许基因工程确是一柄双刃剑，我们在受益匪浅的同时，应该坐下来认真思考：1972 年，在 P·Berg 的实验室里，究竟是人类跟上帝开了一个玩笑,还是上帝对人类开了一个玩笑。

我只想说一句话:黑夜给了我们黑色的眼睛,我们要用它来寻找光明! 谢谢大家!

现场互动

学生一: 余老师您好,首先非常感谢您的精彩讲座。在此我有两个问题想请教您。第一,我想知道您对基因工程未来发展情况的看法。您认为,生命真的能够被随意复制吗? 第二,就当前的情况而言,您认为反对克隆人是否必要?

余潮: 谢谢。这位同学希望我对这门新兴学科的发展前景进行一下预测。事实上,正如刚才所论,基因工程的发展速度非常快。1972 年的时候,我们不会想到今天科学家们能够进行那么多的基因工程实验,我们也不会想到利用基因工程能够完成过去从未想到的任务。基因工程的发展前景在我看来会远超于我们同学刚才所提到的"复制"情况。

在讲座一开始,我就给大家描述的那幅漫画叫做《Brave New World》(《美丽新世界》),我们看到每个人都可以被"保存"下来。但正如刚才所谈,基因工程技术究竟会给我们的社会带来怎样的影响? 刚才我们已经用非常简单的方式讨论了克隆人的技术问题。下面我们就聊聊克隆人会给世界带来的影响。举例说,大家虽然都来自于不同的家庭,彼此生活背景不同,但有一处相同,即我们每个人都是在一个叫做"家庭"的生长环境中成长,并且在家庭环境中形成自己的人生观和世界观。但克隆人拥有的"人际关系"和"伦理关系"与我们截然不同,甚至可能会发生剧烈的碰撞。当这两种不同类型的人同时存在,克隆人对人类社会的影响与冲击无疑是巨大的。而事实上,我们至今未做好任何准备。

克隆人一旦产生,除了要保障它的人权,我们还面临着其他挑战。如大家所知,假如要克隆一批人,大家都希望找出最优秀的人进行克隆。那么,被克隆而出的这一批人,很有可能在我们的世界中迅速占据优势。根据优胜劣汰的法则,这种扩展造成的最终结果是:相较之下,没有优秀基因的个体会逐渐被淘汰。这其实是一个消灭我们自己遗传多样性的过程! 除非人类生存的环境保持不变,否则我们将面临严重后果! 但从地质学的角度来说,地球的环境绝不可能永远不变。所以,人类只有拥有更多的遗传多样性,才能够适应复杂的生存环境变化。就我个人观点,反对克隆人,至少到目前为止仍是一件必要且正确的事情。(掌声)

学生二：余老师您好。讲座中，您谈到甲型 H1N1 流感疫苗的情况，我想就此请问两个问题：首先，我们的疫苗研制情况目前是怎样的？其次，我们应该如何寻找甲流病毒的抗原蛋白质，并如何利用它进行基因治疗呢？谢谢。

　　余潮：关于这个问题，我刚才也做了一些简单的解释。在普通流感的治疗过程中，大家习惯性地认为，流感是很容易治疗的小病，但事实并非如此。流感病毒的突变率非常高，而药物通常是针对病毒的某些特征起作用，所以当病毒发生突变，其特征随之发生变化，药物也就失去了治疗作用。

　　一直以来，世界卫生组织安排了两个实验室用以检测世界各国流感病毒的变化情况。当一种新型的流感病毒出现，在其发展初期，各国政府都非常紧张。因为新病毒一旦出现，我们目前拥有的药物极有可能失效。如果这种新病毒大规模在人群中传播，后果将非常严重。

　　我们早已掌握生产疫苗的手段和方法，且已经成型。首先，从各个患病个体中进行细菌分离；而后，从中筛选出最能引起我们人类免疫系统发生反应的病毒株；然后，将这些病毒株接种到有胚的鸡蛋里，让病毒在蛋胚里进行生长到足够的数量；接下来，对这些病毒进行破碎，病毒破碎之后，就会释放出结构蛋白；收集它们并将其注射到人体，人体就会误以为是病毒侵入而启动免疫系统，形成抗体。我们都知道，人体免疫系统拥有记忆能力。病毒侵入时，如果人体免疫系统的反应速度慢于病毒的攻击速度，我们则会患病；如果进入的是免疫系统已经记录的病原物，免疫系统就可以快速攻击它。这就是疫苗的原理。

　　每一种病毒疫苗的产生，都是一项非常艰巨的工作。首先需要筛选一个可用于制作疫苗的优良病毒株。其次，病毒株在鸡蛋里培养时要使其生长到足够的数量，而这其中的工作难度非常之大。所以如我刚才所说，疫苗的研制周期一般都是几个月到一年。

　　那么在研制疫苗时，利用基因工程有什么益处呢？假如以基因工程研制甲流疫苗，应该是这样一条基本的技术路线：首先在甲流病毒上寻找到一些独特的抗原蛋白质如血凝蛋白质（H1）和神经氨酸酶（N1），将其基因转入大肠杆菌中进行表达，提取的产物蛋白可当做疫苗使用。将其注入人体后，免疫系统会误以为是甲流病毒而进行对抗。在免疫系统发生第一次反应之后，当真正的甲流病毒侵入时，人体免疫系统便能迅速做出反应而保护我们。就是这样，谢谢！

学生三：余老师，我想请问：您刚才说通过吃西红柿可以获得乙肝疫苗，但是西红柿会被消化，那我们如何保证能够成功获取乙肝疫苗呢？谢谢。

余潮：这个问题很有意思，只有基于对人体生理卫生、人体结构有一定的认识，才会提出这样的问题。很乐意为你解答。

确实正如大家所想，我们吃的食物，无论是蛋白质、核酸，还是通俗所说的米饭、淀粉等，在吸收过程中，都不是直接进入人体内，这其中还有一个消化的过程。所谓的消化即指将我们所需摄入的物质打碎成小块，大分子断裂成单体。但这并非是绝对的，大部分分子会被打断，但并不是所有的分子都会被彻底打断，食用疫苗通常是作为小分子被人体摄入的。一方面，它可以足够小，另一方面又能在必要情况下保护自己。通常我们会在疫苗分子上设计一些保护结构，使得我们在消化时无法将其切断。同时我们知道，细胞的跨膜运输方式并不止一种，生物系的同学都清楚，物质进入人体的方式其实有很多种，进入我们消化道内血管的方式也远非一种。如此，我们就可以保证这些疫苗小分子为我们所吸收并发挥一定的作用。主要的原理大概就是这样。谢谢！（掌声）

精彩评论

理性对待转基因食品

张铮（生物工程 071）

历史上每一项科技的进步都给人类带来巨大变化，生物技术发展同样给人类带来了势不可挡的影响。抗生素的发现，帮人类克服了细菌感染的梦魇，我们的生命得以普遍延长；遗传物质 DNA 右手双螺旋结构的剖析，使世界因而进入了分子生物学的新纪元；转基因技术，使得大量的基因改造动植物应运而生，由此极大地丰富了我们的物质生活。

然而，转基因食品是从实验室中走出来的。是人工制造出来的，所以，它的安全性备受人们的质疑，各国对转基因食品的接受程度也不同。美国是转基因技术发展最快的国家，已有 60％以上的加工食品是以转基因农作物为原料，美国公众接受转基因食品的程度也最高。而抗议和抵制转基因食品最强烈的要数欧洲消费者。据调查，66％的法国人认为转基因食品对人体健康有害，在英国也只有 14％的人接受转基因食品。另外，57％的中国消费者表示，在不考虑价格因素的情况下会选择非转基因食品,而在 2003 年的调查中这个数字是 40％。

各国人对于转基因食品的质疑并非毫无根据。转基因食品的安全性一直是一个颇有争论性的问题,其食品的安全性问题尚未得到科学界的一致认可,有关转基因食品是否安全尚在激烈地争论中。有研究表明,转基因食品可能会产生新的过敏原、毒素,对人体造成危害,尤其是对婴儿等敏感人群,其危害的非及时表现性甚至会影响到几代人。

发展转基因食品是解决人类粮食短缺的一条重要途径。但是,在其安全性尚未得到实践的证实前,我们都应都抱有一个理性客观的态度,在其给我们带来诸多利益好处的同时,应该留有足够的空间来安放它包藏的隐患和危机。同时,我们也要相信,科学的发展总会有办法解决其所产生的潜在危害,人类将有一个更加幸福快乐的未来。

网站留言精选

管见:消失了近一个学期后,管见又出来冒泡了。这期的主讲人关于基因技术的思考勾起了一个一直让我困惑的问题,这就是人类究竟该不该对我们生活于其中的世界奋勉施为? 拥有了改造世界技术的现代人,生活得是否真的比顺乎自然而行的古代人要好? 技术作为人类福音的实际效果在多大程度上胜于它成为人类灾难的实际效果? 愿与大家共思之。

(主持人　高艳阳　录音整理　程志坚　肖梦瑶　摄影　杨西腾　温琳)

第四篇　成功探秘

"前湖之风"周末讲坛第六十四期

主题:《从大学生到新中国第一家民企上市公司总裁——我的创业与体会》

主讲人:熊建明

时间:2009年11月7日(周六)上午9时

地点:南昌大学法学楼报告厅

嘉宾寄语:"厚德南大 致新前湖"。

熊建明,汉族,1957年4月出生于江西,博士,高级工程师。于1974年9月参加工作,1980年5月加入中国共产党,1980年毕业于江西工学院工民建专业后分配到江西省机械工业设计研究院工作,先后任室主任等职。1988年4月调深圳市人民政府蛇口区管理局工作,任主任工程师;1990年7月任深圳蛇口龙电股份有限公司董事、常务副总经理;1991年12月创立方大集团股份有限公司,任董事长、总裁至今。

在致力企业发展的同时,还担任了大量的社会职务:广东省第十届人大代表,中共深圳市第四次党代会代表,深圳市第二、三届人大代表,深圳市南山区第二、三、四、五届人大常委;中国建筑金属结构协会副会长,深圳市半导体照明促进会理事长,深圳市工业经济联合会副会长,深圳市商业联合会副会长,深圳市南山区总商会会长,深圳市南山区慈善会名誉会长等。

QIANHUZHIFENGZHOUMOJIANGTAN

校园文化丛书

152

　　他是一位具有独特人格魅力的"学者型"企业家,也是一位能抓住机遇的"开拓型"企业家。在其领导下,方大集团股份有限公司凭借观念创新挺进光电领域,用技术创新书写着一个个传奇,已成为我国节能高端幕墙、半导体照明、地铁屏蔽门等领域的领导者与技术掌握者。作为集团董事长兼总裁,他在创业历程中经历了怎样的机遇与挑战?本期讲坛,主讲人将从一个大学生到上市公司总裁转变的角度,讲述自己追求卓越的不平凡创业史,并与我们分享他的创业体会与感悟。

从大学生到新中国第一家民企上市公司总裁
——我的创业与体会

◎熊建明

  各位老师、同学、朋友们,早上好! 我非常感谢"前湖之风"周末讲坛的邀请,今天很高兴有机会回到母校,与大家一起探讨大学生创业的话题。我演讲的题目是《从大学生到新中国第一家民企上市公司总裁——我的创业与体会》。下面,我就自己这些年来在创业过程中的心得和体会与大家交流和分享,不妥之处,敬请指正。

  我想先概述我的经历。我于 1980 年从南昌大学的前身之一江西工学院毕业,后被分配到省工业设计研究院。1988年,我调往深圳市人民政府蛇口区工作,1991 年创建了方大集团股份有限公司,1995 年 11 月 29 日方大集团有限公司 B 股发行成功,1996 年 4 月 25 日方大集团有限公司 A 股成功发行。自此,方大集团成为了新中国成立以来第一家 A 股、B股发行的民营企业。

  回归主题。时至今日,大学生自主创业已成为社会的焦点。我曾经到过许多大学如清华大学、北京大学进行演讲,谈论过类似的话题。然而,今天回到母校谈论这个话题,我感到格外的高兴,因为我是从脚下的这片土地踏入社会。今天,我将结合自身创业经历的酸甜苦辣,与大家分享我的体会与感受。

一、哪些人适合去创业

  我的理解是:创业者应该是激情满怀、信心坚定、不因循守旧、打破常规、善于探索、勇于创新的人;是能够睿智地抓住机会、追求资源重新整合的人;是能为自己搭建一个事业平台,能为客户提供优质的产品,能为股东创造最大利润的人。这些都是创业者的精神支柱。

在此,我着重说明几点:第一,不因循守旧,打破常规。能够做到这点的人不多,安于现状的人居多数;第二,睿智地抓住机会,追求资源重新整合;第三,为自己搭建一个事业平台,为客户提供优质的产品或者服务,为股东创造最大的利润,这也是自主创业的目的。

我认为,只有这三个条件同时具备,创业才能成为可能,才能迈出第一步。在这其中,创业者的事业平台与客户、股东之间又形成了一个等边三角形的关系,即三者的利益同等。如果失去了其中任何的一边,这个等边三角形就不存在了,那也就意味着创业者失败了。所以,创业者一定要维系好事业平台、客户和股东构成的这个等边三角形的关系,不能打破平衡。

二、创业者应把握好的"七个力"

一个人最难认识和把握的就是自己。作为创业者,自己更应该时时刻刻注意把握以下"七个力":自信力、洞察力、决断力、包容力、创新力、承受力、战略定力。

(一)自信力

自信力就是信心和勇气,就是在面对挑战、困难、挫折时相信自己的信心和勇气。这一点对年轻的创业者尤为重要。毕竟,年轻人缺少丰富的社会经验,缺乏较好的心理素质,特别是我们同学绝大多数都是独生子女,没有经历激烈甚至是残酷的竞争。一旦创业失败或是面临巨大危机,年轻的创业者就可能失去信心,难以度过危机。

(二)洞察力

洞察力就是知己知彼,眼观六路,耳闻八方。创业者需能及时掌握竞争对手的情况,能判断市场的瞬息变化,能了解国家政策的走向,能知悉自己企业的优劣势。创业者往往需要与社会的各个方面建立联系,如果不了解与任意一方面的关系或者信息不对称,那么企业就很可能面临巨大的风险。可以说,洞察力是一个企业家的心智和灵魂。

(三)决断力

决断力就是效率。对大企业而言,讲的是控制风险,所以决策的机制和流程是很重要的;而对小企业而言,讲的就是抓住机会。机会稍纵即逝,因此效率对创业者来说极为重要。这是大企业与小企业之间最大的区别。总之,创业者要高速决策、高速执行,提高企业效率。

(四)包容力

包容力就是创业者的胸怀,也是创业者的人格魅力。俗话说,胸怀有多大事业就有多大。这里讲的胸怀主要是指创业者的用人之道。成功的创业团队,是由一群具有共同愿景、理念、价值观的成员所组成的。然而,不同的人有不同的思想和价值观,创业者就要有宽广的胸怀和容忍之心,但是也应遵循原则。只要是对企业发展有利的事,都应当支持;对有些细小的利益冲突,应当把握好处理尺度;但对一些重大的原则问题,就不能含糊和让步。同时,创业者要放胆容才,要选拔和重用水平超过自己的能人。能人身上总是带有一点"刺",总有一些这样那样的毛病或诉求,因此创业者应当有包容心,不能做"武大郎开店"式的老板——比"我"高的人必须低头进店。

(五)创新力

创新力就是不断地否定自己,超越自我。记得前几年,《中国大学生》杂志邀请我写有关创业体会的文章,我以《丛林法则》为题著文解说。大自然里的动物在残酷和艰辛的环境里面,一生几乎都在历险,因此它们的警觉性很高并且时刻搜索着猎物。企业也一样,从诞生的那天起,就得面对无处不在的风险。创业者应该发挥把自己比作动物的求生本能。企业要发展,就要不断地规避风险,而要规避风险,就要不断地超越自我,因为只有先超越了自我,才能跑得过别人,竞争得过别人。这个过程实际上就是企业不断否定自己的创新过程。你还要有勇气,不断地否定自己。比如我获得了"三好学生"荣誉称号,我是否就很好很优秀了呢? 对不起,荣誉属于过去,成为历史,而今天生活依然继续! 我们需要在不断否定自己的过程中,不断开拓,超越自我。我们最难认识清楚的就是自己,而自我认知、自我否定正是我们能不能创新,会不会创新,有没有可能创新成功的关键。

(六)承受力

承受力包括毅力和心理素质。当我们的企业在遇到重大转折,面临重大风险,甚至是有可能导致企业巨大波动的险情下,你是否具备良好的心理素质镇定地面对? 这些困难会不会把你击垮? 如果没有良好的心理素质,我劝同学们不要去创业。这种面对突发状况的承受力是创业者必备的心理素质。

（七）战略定力

定力的说法来自佛教，我认为佛教某些智慧的教义同样可以用于企业管理。战略定力就是恒心，不要被一时一地的得失控制心智而放弃自己的原则和优势：

第一，不能唯利是图，不能为了金钱利益做非法的事情。我相信所有的创业者在初期一定希望靠自己的能力去挣钱，不会也绝不能去做违法乱纪的事情。这一点，对于企业的长远健康发展十分重要。

第二，不能失去我们的核心价值。比如说，我擅长经营电脑，但可能做电脑生意没有开发房地产挣钱轻松，那我是否也要转行去做房地产呢？看到股票市场红火，我也炒股，行不行？当然不行！我们都拥有自己的专长，作为创业者应该把握分寸，有所为、有所不为，坚持自己的原则，坚持自己的理念，坚持自己的核心价值。

三、创业者的首要责任和目标

（一）要创业，首先要选择好创业项目。

第一，项目如何选？"三百六十行，行行出状元"，不要一味"标新立异"追求高新技术。我反而认为，开餐馆、理发店也是我们创业的一条捷径。创业项目需要仔细斟酌、认真考虑，如果自己无法定夺，就要和身边的朋友多多讨论，看此项目是否具有吸引力。以卖烧饼为例，大街上到处是卖烧饼的，你再架个炉子去卖烧饼，那肯定没有优势，缺乏吸引力。其实，即使卖烧饼也很有学问：怎么弄得好吃？如何去吸引人买？

第二，项目经营能否为客户所接受？是否具有竞争力？这些都体现了产品的竞争价值。能被客户接受的产品是什么？1.符合客户所需；2.信誉度好；3.物美价廉。

第三，考虑经营方式。再以卖烧饼为例：

1.烧饼怎么卖？是我自己弄个炉子在路边卖烧饼，还是做批发商？是拿个篮子沿街叫卖，还是放在餐厅、食品店中寄卖？这些都是卖烧饼的方法。

2.烧饼在哪里卖？在大学卖，还是在居民区、商业点卖？显然，我觉得大学不是个卖烧饼的好地方——因为我相信同学中吃烧饼的恐怕不多。这些都是要考虑的区域选择问题。

3.烧饼卖给谁？是卖给老人家、大学生、小孩子,还是企业白领？消费者群体划分很重要。

第四,经营风险的控制。仍以卖烧饼为例:假如你是批发烧饼再出售,那么你是卖完烧饼之后再支付批发商还是先支付再去卖烧饼？这些支付方式都具有必须仔细衡量的潜在风险。

选定创业项目后,一定要多做市场调查,多问为什么。并且,创业项目规划必须具有潜在的利润体现或者良好的发展前景,以便吸引投资者入股或者得到银行贷款。

(二)用好人才

创业者要用好人才。人才是生产经营活动中最具活力、最具价值的重要资源。创业者必须要了解到:企业是由员工组成的,员工是你的财富,员工的精神和状态很大程度上决定了企业的成败。

怎样用好人才:

第一,要不拘一格用人才,使得员工能各尽其才。

第二,人才运用是否得当在很大程度上决定了企业的成败。如果在具体事务上或日常工作中,创业者以自我为中心而颐指气使,那将没有员工为他卖命。而如果创业者礼贤下士,企业的精神风貌则全然不同。可以说,创业者的人才观决定了企业的未来。

以方大集团为例,方大集团成立于 1991 年 12 月,到今年刚好 18 年,所以我把现在的方大喻为"正当风华正茂的青年人","可以走向社会、走向更宽广的世界"。当年我带着仅有两个人的团队,以及自己所拥有的四项专利,在租来的小办公室,成立了方大新材料公司。创业初期,我用近两个月的时间,从南到北对我们中国的新型材料市场做了具体的调查。经过在国家研究部门、国家统计部以及许多省市工厂中的详尽咨询调查,我发现我们的彩板幕墙产品极具市场前景。之后我就去研究所、设计院以及一些大型工厂招兵买马。经过将近一年时间的努力,我们的彩板幕墙产品终于研发成功。1992 年,国家建设部、科技部开始把我们的创业项目作为国家重大新型材料项目面向全国推广。

然而之后公司却遭遇资金缺乏问题。要买土地、建工厂、置设备,没有资金怎么办？ 在 1992 年获得国家支持的三千万贷款之后,我们又热火朝天地干起来。直到 1993 年 7 月份我们的设备才全部调试成功,开始参与市场竞争。当时中国的建筑幕墙市场,基本上被美国、日本、德国的企业所占领。方大接到的第一个项目,我至今记忆犹新。1993 年 7 月份,当时深圳的新闻中心大厦建筑所需的幕墙,是以港币 2700 元每平方米的价格向一家日本公司签约订购。通过关系我找到了业主并与其进行谈判协商,终于以提供优惠价格为条件获得了这第一次的机会。每一平方米,以我们的价格就给业主省下每平方米 1100 元,总共 4 万多平方米得给他省下多少钱啊?之后我们花费三个月时间进行安装建设,一直到现在它还完好运作。随后我们陆陆续续接到一些国家重大项目,比如说北京西客站、广东奥林匹克体育场等等。

在方大,我一直提倡"三个得,四个不"。"三个得"就是:人才进得来,留得住,用得活。能干事进得了门槛并留得住还要用得活,这是很不容易的。"四个不"就是:不唯学历,不唯资历,不唯年龄,不唯亲疏——不拘一格用人才,让人人都能尽其才。违反用人制度的管理者需要承担相应的责任。在集团内部,包括下属所有的企业,我们主张合理竞争而不过度竞争。我们积极鼓励员工们"一岗多能"——也就是我常说的"一个萝卜几个坑"。并且,尽量做到"大才大用、小才小用、庸才不用"。

我们江西方大新材料公司的总经理,非常年轻,上任时不到三十岁,然而目前公司资产已经以亿计算。他带领着他的团队,通过这几年的努力,将我们方大新材料(江西)有限公司的任务完成得非常出色。他们的主要产品是复合铝板、单层铝板和纳米铝板等。现在在全国同行业中,不论是品牌知名度、市场规模、声誉还是影响力,他们都遥遥领先。经常有许多大客户对我说:"真想不到你们的团队这么年轻!"——的确是如此。而同时,江西分公司本身也很珍惜、重视利用这绝好的机遇,在市场竞争中不断地发展壮大。这就是我们方大用人的原则:不唯资历,不唯年龄。

(三)不断创新

市场竞争中存在着残酷的"丛林法则",而企业在竞争中能否站稳脚跟并得以持续发展,很大程度上取决于产品的畅销程度,而产品的畅销程度又取决于企业的创新能力。我们方大的创业理念就是"科技为本、创新为源"。关于创新,我认为是能源、材料、财富等资源重新寻找更大价值的过程。而对于企业来说,创新过程是指对生产要素、生产条件、生产组织的重新组合,以建立效能更好、效率更高的新生产体系的过程。资源的价值拓展,应该是我们始终要追求的创新目标。

对于创新,我们方大没有刻意地"重金创新"。我们的创新理念有三条:一条是靠自己——独立研究、自主开发;一条是与高校合作;一条是引进消化。这三方面的创新理念,目前在我们企业践行得比较成功。这十八年来,通过自主创新,我们方大已经成为一个集新型材料产业、机电一体化产业和半导体照明产业为一体的国内知名大型高新技术产业集团,而且方大这三大产业在国内外都极有竞争力。

这些年来,方大集团先后被国家有关部门授予了"中华之最"、"中国工业行业状元"、"建设创新型国家杰出企业"等荣誉称号;被香港《亚洲金融周刊》评为"亚太地区 100 家最佳管理公司";是中国唯一连续两次获得国际质量和技术大奖最高奖——"白金奖"的企业。这些都表明了包括国家政府、消费者、投资者以及国际合作者在内的各界,对我们方大集团的肯定与支持。

目前方大拥有 623 项专利。这个专利数目,在全国范围来讲都是位于前列的。其中,有 100 多项发明专利、11 项国际专利和 3 项软件注册权。方大先后主持参与制订的国家标准、行业标准多达 50 多项。2007年,自共和国成立以来由国务院总理签发的第一部《公共建筑节能标准》,就是由方大参与制定的。不仅如此,方大还承担了包括国家"863"计划、国家重大攻关计划、国家火炬计划、国家星火计划等在内的 15 项国家级科技攻关计划,独立完成省部级以上的科技攻关计划近百项。创造中国"企业新纪录"28 项,填补了 30 多处国家技术空白。这些都是我们集团自主化创新历程中所取得的成就。

在节能幕墙方面,我们开发研制的通风式环保节能幕墙以及太阳能光伏幕墙等节能环保新材料产品,已在诸多国家及地方示范重点建设项目中得到了广泛的应用,在高端建材节能领域具有显著优势。方大集团率先自主研发了太阳能光伏幕墙,并因此正在参与制定中国首例太阳能光伏幕墙标准。我了解到,我们江西省正在积极发展太阳能产业。1999年,我们在北京国家会计学院设计建造了中国第一幢生态环保、节能通风的幕墙。2002 年,在深圳,我们成功研发并应用了中国第一幢现代化太阳能光伏幕墙,目前仍在运作。2006 年,我们圆满完成了北京奥组委、国家建设部、国家科技部交接的任务——北京奥运会示范节能建筑,即清华大学示范节能建筑。工程验交之后,得到了官方的高度评价与肯定。在纳米铝塑复合板等建筑新材料方面,我刚刚提到过,这些产品主要是在方大新材料(江西)有限公司生产的。

在地铁屏蔽门方面,我可以很骄傲地告诉大家,目前全国只有方大完全掌握了轨道交通屏蔽门的核心技术。屏蔽门产业,我们在 2000 年正式起步进行研发,克服重重困难,目前我们已在人才、技术、市场、品牌等方面处于国内综合领先地位。我们在原本由外企100％控制的屏蔽门市场中，成功地实现了该产品的完全国产化，逐步达到了超过60％的市场占有率。我们先后在北京、天津、上海、沈阳、南京、广州、武汉、深圳、香港、台北、甚至曼谷等地承建了地铁屏蔽门工程。屏蔽门产业，日本、英国、法国等企业已经经营了几十甚至上百年，而我们经过几年的努力，完全掌握了核心技术并实现了市场优势。

半导体照明方面，目前南昌大学江风益教授的硅衬底蓝光 LED 外延片、芯片技术研发项目备受关注。我曾经有幸和他合作，并且资助过其两千万的研发资金。2001 年当我走进研究所的时候，我简直不敢相信——研究所的设备非常的落后老旧。当时我对江教授说："资助研发，我责无旁贷。"资助不是义务奉献，而是考虑我长远的发展：将来项目研发成功后我们将有良好的合作关系。而且，在为南昌大学技术研发尽一份力的同时，我们也在为将来技术人才的引进、协作，打下坚实的基础。

可以说，在 LED 技术开发和成功实现产业化方面，方大集团是全国的第一家。方大的"氮化镓（GaN）半导体材料及器件"项目被国家科技部列为 2001 年度国家火炬计划项目。方大还实现了蓝光 LED 外延片和芯片的规模化生产，达到了国家"863"高技术项目的产业化目标。目前，我们生产的 LED 日光灯大量地出口到日本。另外，我们的 LED 技术还应用在外墙上。方大研发的将半导体照明芯片（LED）显示技术与现代建筑幕墙技术相结合的全球最大半导体照明全彩色显示系统，2005 年成功应用于上海黄浦江畔的花旗银行大厦，面积达 6000 多平方米，是世界上面积最大的彩显幕墙。花旗银行大厦彩显幕墙将是上海世博会期间面向公众的信息发布平台。最近，我们还刚刚完成了北京凤凰城中心大厦多达3700 平方米的彩显幕墙。

（四）品牌价值

现在有很多同学对企业经营管理很感兴趣，而品牌又是企业管理必须注重的一个方面。如今，企业品牌管理不再像 10 多年前那样，而是应该精细打理。作为一个企业，可以暂时没有人才没有资金，没有土地，没有厂房，但是你绝不能没有品牌。反过来说，企业只要有良好的品牌，厂房、资金、人才等资源都会向你流动而来。

我曾经去过耐克公司——全球著名的体育用品制造商，产品包括鞋类、服装、运动器材等。当我们被领进去的时候，乍一看，那里无论如何都不像是一个全球知名公司的总部：两层楼，约三十几个房间，一个很旧的小院子。进去之后发现,除了有许多鞋样模型,根本没有想象中的高级办公设备或是技术器械。然而,耐克总部的CEO对我们说:"其实,耐克很多东西都是在中国生产,我们经营的只是'耐克'这个品牌!"因此我觉得,品牌价值实在是太重要了!

再比如说,我们乘坐飞机去北京,如果是波音或是空客飞机,潜意识就会觉得有安全保障,而如果是其他品牌的飞机,则会对安全性能有所怀疑甚至换乘其他班次。再说手机,尽管品牌五花八门,但是诺基亚似乎已经成为好手机的代名词。

其实我认为,品牌是企业的无形资产,是企业的核心资源和核心优势,决定了企业在市场中的竞争能力和竞争位置。品牌对于企业来说是一种不可再生、不可复制的资源。然而品牌的培育,首先与我们的产品质量、服务质量有关,与我们的员工精神、员工素质有关,与我们的社会责任、社会形象有关,甚至与我们创业者个人的品行素质极有关系。如果作为品牌代言人的创业者出了问题,那么企业的声誉一定会相应地受到影响。这些方面的元素都会影响到品牌的培育与维护。所以我认为,一个企业要做强做大,品牌的建立与维护是必定要走的路。

而对于我们方大来说,这个过程非常艰辛。我们花费了极大的人力物力资源,来建设、营造、维护品牌形象:我们在全球建立注册了100多个商标,一年的维护费用就需要几十万。为什么?我要建立方大良好的品牌形象,以维护将来的发展。

品牌对我们方大有何影响呢?我们方大是在国家工商总局注册的集团公司,但后来在全国许多地方都出现类似同名的公司,包括北京、辽宁、浙江等地。这使得常常有人问我:"你们又在浙江成立了方大公司吗?你们在辽宁有方大公司呀?"当然事实并非如此。很多企业同名"方大",说明我们的品牌已得到市场"认可",而这也在无意中,使我们方大公司的社会影响得到了延伸和扩展。

(五)精于管理

作为一位企业管理者,每天需要面对大量的管理工作。而我认为,建设透明的管理制度、营造和谐的工作环境又是重中之重。那么,如何做到精于管理?

1. 透明管理

为什么我把"透明管理"作为第一要务呢?随着我们法律和制度越来越完善,随着改革开放企业走出国门的进程越来越推进,假如企业的透明度不高,那么企业将得不到长远的健康发展。企业的竞争力或者说竞争优势,与企业管理的透明度是密不可分的。企业透明程度愈高,其竞争优势就愈明显。如果企业透明度不高,就很难得到客户和合作伙伴的信任,很难吸引到投资者,很难得到银行贷款。

比如,向银行贷款,我们怎样才能得到银行的信任呢?现在金融危机的影响下,中小企业、民营企业常常反映说得不到银行贷款。虽然目前国家都在积极帮助企业解决困难以度过危机,但是银行要贷款给你,你的企业首先要以透明的财政、透明的经营管理赢得银行信任。如果公司的账目不清,甚至是交付作假的账目,银行怎么能够贷款给你呢?所以我觉得透明管理是任何一个企业都必须注意的一个重要环节。

而做到透明管理,就要明确我们的治理结构是否合理。也就是说,不论是作为股东、董事会成员还是管理人员,你都要对公司的治理结构非常清晰。不要在涉及法律纠纷时,出现对公司治理结构无知的境地。现在很多小企业是这样的,可以共患难,很难同甘甜:创业的时候没有明确双方的责任和利益分配,等到分享利益时出现这样或那样的纠纷,我认为这就是公司的治理结构没做好。最近,深圳创业板开市了,有几百家公司上报材料,最终却只有28家公司成功上市,淘汰率达90%!很多券商花了一年到两年的时间竞争,到最后就是没通过。为什么?我觉得透明度这个因素非常重要。

2.制度和效率

在企业管理中,大企业讲究的是制度和风险控制,控制风险是大企业的首要任务;而小企业就是要讲求速度和效率,这两个表面看来是矛盾的。怎么控制风险?就是要履行一大堆手续。大企业为什么要设立那么多部门,一个一个审批,最后到董事长那里"终审"。对于这样的状况,大企业不会太计较。但是对于小企业,效率问题就非常重要,比如说一个投标报价,你的竞争对手早就准备好了,而你这个时候还在打报告,再经过从下到上的程序后,时间就耽搁了,机遇也就没有了。所以,我觉得制度对大企业来说非常重要,效率对小企业来说非常重要。

反过来说,光注重效率不注重制度,这个企业也会存在很大的风险。因此,在组建企业的时候,一定要制定适合企业发展的制度。就像我们每个人,为什么你长得高,而我又长得不高呢?是因为我们的基因和体质不一样。所以,在设置中小企业的组织形式时,一定要遵循"以市场为龙头,以客户为中心,以效率为前提,以经济效益为目的"的原则。

3.大与强的关系

有很多朋友问我:"你方大集团这么大,为什么不去搞其他的产业?"其实,我觉得做大和做强是有着辩证统一关系的:做强与做大可以相互促进、相互补充,不可片面强调。如果你一味地去做大,行不行? 在什么情况下行? 第一,主营业务延伸的需要;第二,能力范围内能涉及,风险得到控制;第三,做大的价值得到提升,对整个企业有好处。有的企业忙着"进世界五百强",但没过几天就不行了。有位非常优秀的企业家雄心勃勃地对我说他准备花几亿欧元去法国收购公司。几年过去了,他付出了非常大的代价,直到现在都还非常艰难。我对他说:"一个企业到底要大到什么地步? 美国那么强大,依旧制服不了一个小小的阿富汗! 一个公司不可能打败全世界的竞争对手!"

企业经营的最终目标是追求利润最大化和经济效益,做大、做强都是做好企业的一个选择和手段,哪个手段对企业好就用哪个手段。企业管理者不能做"眼睛看不到,耳朵听不到,伸手摸不到"的事。如果"眼睛看不到,耳朵听不到,伸手摸不到",当下级跟你汇报的时候,好的都是下级的功劳;不好的,那都是你老板或董事长的责任。所以企业要做大做强,应该引用老子的一句非常经典的话"无为而治"。老子的《道德经》寥寥五千字,然而,我用了至少一年的时间来研读都没弄明白,后来请教了一位深圳大学的老师,顿时豁然开朗。无为而治,我觉得是管理的最高境界!

我告诉过我的下属:涉及你分内工作的事,这是你的责任和义务,不要给我打电话请示,如果我口头上的语言表述错了,将来你做事做对了,那是你的功劳;做错了,就是我的责任。现在不是有一本书叫做《第五项修炼》(彼得·圣吉[美])吗? 那是外国人写的,他虽不知道老子的《道德经》,但是把它引用过来就和老子的"无为而治"不谋而合。

4.完美与更好的关系

很多时候,特别是我们搞工程技术的,喜欢钻牛角尖,一个东西总是力求十全十美、无可挑剔。但是在企业里,我就不提倡这么做,并且还要反对。为什么要反对完美? 我觉得这个世界上根本并没有"完美"二字的存在,所有的东西都达到完美了,世界就不会发展。作为企业来说,追求完美是得不偿失的。但是紧接着后面还有一句话,"我只要做得比别人更好,那么我就是优秀的",这是相对而言的。就像评"三好学生"一样,他是被评比出来的,而并不意味着他这个人本身完美。如果我们的企业在做一项产品的时候,保证它百分之百的完美,这种精神虽值得嘉奖,但对于企业的生存与发展来说,这是错误,必须要予以制止。

在这里,我有两个建议:第一,你要找到别的企业比你做得好的地方。比如说我做节能幕墙,我会找谁?我找到德国的一家公司。那个企业很小、不易找,但我会通过我在德国的合作伙伴把我带过去,看看人家怎么去做。他们为了追求完美竟达到这样的程度:今天的产品没有达到完美的目标,报废,明天再弄。所以这个公司已经经营十几年了,一直到今天规模还非常小。第二,我认为对完美的评判没有绝对的标准,只能是相对而言的。所以我认为所谓的"太完美了",实际是不存在的,不存在的事情我们不要去做,要做的是超过我们的竞争对手,一定要将我们的产品做得比他好。

5.社会责任

我为什么要在创业问题上讲社会责任的问题呢?在创业之初,我花了很多精力研究创业之道,从我的专利该怎么去做,怎么去和国外的企业接轨,到怎么去卖我的设备。那个时候,国家很多经济法律都没有完善,你甚至不知道自己做的事情是否合法。在座的同学,如果你们去创业,你们了解我们中国有多少法律和你的创业有关?因为你创立的企业只要在工商局一注册,你法人代表的身份就确立了,那就意味着你要承担社会责任了。这时你就不能去做违法的事情,因而我们应该要懂法、知法。

作为一个企业的负责人,你去签一个合同,如果对方给你设了一个陷阱,你能不能从法律的意义上来判断它?你在跟别人做交易的时候,你有没有具备这方面的辨别能力?另外,我们在卖产品的时候,如果这个产品出了问题,这就意味着我的资金很难收回来,还要承担连带的责任。我们要到银行去贷款,我们要吸引投资者等,都要求我们应具备这些基本的法律知识。所以,如果你不懂法,谈法律意识和社会责任就非常难,可能你的企业正做着违法的事情,而你却毫不知情。

昨天有人告诉我,现在酒后开车要受罚。我说,我只知道醉酒驾车要受罚,现在,酒后驾车也要受罚?如果你酒后开车,那你旁边的人也要受罚,因为他本来就有责任提醒你不要酒后驾车,然而,这一规定很多人都不知道。所以企业家身边无小事,我们应该提高自己的法律意识。比如卖假药之类的事情,不是知法不知法的问题,那完全是违法的事。为了赚钱,坑蒙拐骗,那是不可取的。所以我们的企业经营者,必须要有守法的意识和法律素质。

另外,社会责任对企业而言就意味着成本的增加。如我开始讲的,不管二氧化碳、废气还是污水,任意排放,这都是企业只追求利益而不履行社会责任的表现。我开公司 18 年来,从不允许我的企业乱排放。作为企业家,你的责任是非常重大的,很多事情都影响一个人的知名度。要知名,你确实得付出一些心血,那就意味着你要付出很大的代价。

我们公司比较经典的项目有:(图片)深圳新世界中心——世界上第一栋真正意义上节能幕墙(2005 年);欧亚会议中心(西安);中东之路——沙特阿布杜大学城;伦敦 Castle House 摩天大厦——2012 年伦敦奥运会的一个标志;迪拜双子塔;北京地铁 5 号线屏蔽门——北京奥运会配套设施;上海花旗银行 LED 彩显幕墙——世界最大、也是上海世博会的信息发布平台;北京凤凰中心——刚建好的北京最大的 LED 彩显幕墙。(掌声)

6. 产业与资本相结合

因为我在这方面做了一些探索,很多同学也希望我讲关于我创业的事,所以在这里我就毫不保留地把我人生的酸甜苦辣和大家进行交流。我们搞企业,要靠自己的能力来做大、做强。当然前提是你必须有这个能力,同时我们还要有资源,来支持我们自己做大、做强。

这正好契合了"蛋糕原理":一磅的蛋糕,我占 50%,我是 0.5 磅;当这个蛋糕做到十磅的时候,我占 25%,那我又是多少磅? 2.5 磅,是原来的 5 倍。第一种情况,我的比例大,量很小;第二种情况,我的比例虽小,量却很大! 那剩下的 75% 到哪里去了呢? 那些是属于你公司股东的,你的团队的。有一句话,叫"财散人聚",这个对企业来说是太重要了。因此,如果一个老板,天天拿着一个账簿,算自己今天能赚了多少,那是无益的。所以,当我们的企业做到一定境界的时候,就要把我们的企业和资本结合在一起,走进资本市场。什么是资本市场? 证券交易、产权交易,这些都是资本市场,而大家现在所讲的比较多的就是证券市场或股票市场。我们公司能够有幸成为新中国第一家上市的民营企业,这也不是偶然的。

方大发展到 1993 年的时候,我们开始觉得我们公司了不起了。因为当时毛利非常高,已经达到了 50%~60%。但后来发现,订单多了,厂房和其他资源不够用。企业要发展,要做大做强,怎么办? 当时我们选择发行股票进入资本市场。然而在 1994 年,中国的证券市场、股票市场是个什么样的概念呢? 1993 年,深圳发生了"810 事件"——全国人民都拿着钱买股票,这就造成影响重大的"810 事件",所以国家决定暂停股票发行。当时没有办法,国内停掉了 A 股发行,所以我们选择发行 B 股。当时我们自我感觉非常良好,找了 5 个承销商,他们都恭维说我们公司很好,结果等了半个月都没来一个电话。最后好不容易找到汇丰银行,但他们间接地提出一个要求:"这样吧!你能不能把你们的团队请到香港和我们的老板见一见。"我说,这个没问题。不到一个小时我就开会讨论,结果却因为通行证的问题而没有成行。于是汇丰银行表示:"我就知道你不诚实,我的要求是很苛刻的,你为什么要这么快答应我?"当时我们没有考虑到通行证的问题,这是我们的一个教训。

接着,我们把汇丰银行投资银行部的人员请进来了。他们就如医生,我们如同病人。他们一行来了四个人,年龄大概都在二三十岁,我们陪他们在车间和工地上走了一天。他们在实地观察之后指出了诸如"你们的厕所很臭"、"我们的皮鞋在香港走了三天都不用擦,在你们这走了半个小时就这么脏了"、"你们厂房的电线怎么是这样铺的?"等一大堆的不足。

在吃晚饭的时候,他们又列举出我们公司的一系列问题:"今天我们在新闻中心的工地上,看见有个工人绑着安全带,没戴安全帽,这是很危险的。同时,施工工地上有个工人正在施工焊接,你们在焊接时安不安全,防不防火?万一你们企业的幕墙出问题怎么办,这样的损失你们企业能承受吗?"

考察人员要看我们公司的花名册,他们说:"我们不是看你们的问题,只是想知道你们企业的工资是怎么发的,并如何考核。"我逐一回答了他们的问题。随后他们拍了些照片,我就问他们拍照片干吗,他们说照片表述的情况最直观、最真实,这个做不了假,可以作为考察你们企业的依据。"假如你这实际情况和花名册上的内容不符,那我们怎么帮你说服别人买你们的股票。"

他们向我推荐一个专门弄 ISO9000 的管理咨询公司。我将我的疑惑表达之后,他们给了我一本书,说如果我照里面做,我们就能够继续谈下去。关于 ISO9000,这个管理咨询公司开价 60 万元。我当时认为花这么多钱没有必要,但他们说有了这个以后,我们公司就能够制度透明化、管理规范化,当他们拿着方大公司的宣传册向别人宣传我们的股票时就很好办了。"你现在到香港去问,方大是干什么的,没有一个人知道,而更不知道熊建明是谁,人家凭什么买你的股票。"于是我们花了 60 万,打造出同行业中的第一张 ISO9000 认证证书。后来当中央电视台来采访我为什么要 ISO9000 的认证书时,我笑侃道这根本不是我的本意。

我们还做了很多宣传推介类的东西,如说明书等,接着"周游列国",

到欧洲美国跑了一个多月,向别人推介。推介的第一天我就没有表现好,大家说我领带的颜色配得不好,可我是真的没有戴过领带。这不是玩笑。而且我无论走到哪里讲座,一定站着讲,因为这是对别人的尊重。(掌声)

在推介的过程中,有两件事情让我记忆犹新。第一件事,我们做好精心准备去拜访美国一个很大的保险集团 AIG 亚洲区总经理。我们原本约好了在 11 点见面,预计大家喝一喝茶,谈到一点半左右。我们一行 4 个人包括汇丰银行的咨询人员,一直等到 11 点 45 分,AIG 的总经理还没来。通完电话之后发现他们的总经理正在开会,当时我就抱怨了:"你们能不能提前告诉我们一声,你们肚子不饿,我们的肚子可饿着!你们不买股票没关系,但不能这样折腾我们。"

第二件事,我记得那是 1995 年 11 月 7 日,在与所有的投资者都见过面以后,我们就发行价开始和汇丰面谈。当时谈发行价的时候,深圳市分管领导、国内券商领导都来了,我们都准备跟汇丰签合同,而汇丰也向我们表态:虽然我们企业很小,股票发行的规模也不大,但是老板很重视,很看重中国市场。8 点半我们和汇丰方面的负责人聊了一会儿,然后他临时上楼开会。结果就这样,一直让我们等到 10 点半。

之后汇丰银行向我们道歉:"对不起啊!我们在做重大决议。他们硬是有这么多话要说,有时候董事会一个晚上都开不完。"我们深圳市分管领导就用英语和汇丰的负责人对话:"我知道你们英国的绅士风格,不会让客人久等。我们在这等这么久,起码我们是你们的客户吧!你们不赚我们的钱没关系,但你们不能让我们在这瞎等。"汇丰银行的负责人对我们说:"很抱歉,今天确实是我们不应该,要知道今天道琼斯指数跌了 100 多点。"我说:"道琼斯跌了 100 多点关我们什么事?"汇丰银行的负责人解释道:"你知道很多买美国股票的都是海外大财团,而香港也是。跌了,你们方大的股票就卖不出去,你们就不得不降价。刚才方大的股价是两块五,现在道琼斯跌了以后,加上临近圣诞,你的股票一块五都没人要。"要知道当时没有手提电脑,要看股票的走势,必须紧盯着交易所那个大屏幕。"当时股价是不停地在跌,你说我这个饭能吃下去吗?"我和资本大鳄对话之后才知道,这个世界,天有多大,海有多深。

没办法,我们只得把股票的发行价定到一块六港币。大概几个月以后,我们股票涨到 8 块多。后来汇丰银行的合作伙伴说,幸好当时还有300 万股没有全部卖掉,让他们的团队赚了相当于一年奖金的钱。

正因为我们走上了资本市场这条路,我们的企业才有今天的成就。

作为方大的创始人,我始终把自己比作站在悬崖边上的人,绝不可能后退。所以我不得不带领我们企业不断向前进,把我有限的精力贡献在这个事业上!

现在的创业环境比我们当时要好得多,我希望,母校在座的各位学弟学妹们今后都能事业有成!同时,我祝愿大家身体健康,万事如意!

谢谢大家!

现场互动

学生一:熊总,非常感谢您这么精彩的演讲!我是南昌大学机械专业的一名学生。在这里有个问题想问下熊总。如果我们大学生单纯只为找一份好工作,就目前的就业压力,有没有必要去读研究生?

熊建明:你为什么要去读研究生?

学生一:读研就是能在一个更高的平台上得到更多的机会,并且能有机会进入更好的企业。就目前显示情况而言,我希望自己能有个成功的事业,希望自己能有个更好的发展平台。

熊建明:这是你读研唯一的目的吗?有没有其他的理由,有没有逃避就业压力的心态?要不要读研究生,我觉得这个问题太具有个人因素了。你考虑过自己将来想走哪一条路,在职业生涯方面怎么设计吗?

如果同学们现在就去规划一个美好的人生,这不现实。要不要规划?要!将来,我想当总理,我想当大企业家,我想当大科学家,这是好目标。但是,不能把目标当成人生规划。人生规划是每一步都要脚踏实地,目标是通过一个阶段一个阶段来达成。如果你想在自己专业领域成为一个优秀的研究者,那么可以读研究生;如果因为逃避就业难的问题而读研究生,那就值得三思了。因为读完研究生出来同样要面对就业的问题,即使读完硕士再读博士再读博士后,总还是要面对就业,你总要走入社会。我要讲的是,大学生在想去做某事还是被迫去做某事这一问题上,还要认真权衡。(掌声)

学生二:熊总您好,我来自医学院,想问您在我生活中一个具体的问题。我有个舅舅办了一个工厂,由于他想扩大经营规模,正在考虑把这个工厂交给别人管理,最后他在两个人之间选择,一个我称之为"没有能力的好人"——这个人管理工作做得不是很好,但是内心正直;还有一个我称之为"有能力的坏人"——他是个有些小毛病但很有管理能力的人,他的毛病表现在比较喜欢贪小便宜,也有赌博的嗜好,但是我舅舅考察到他

168

能把所有事情都办得很好。在选择其中哪个人的问题上,我舅舅一直在考虑,没有定下来。请问熊总在"有能力的坏人"和"无能力的好人"这两种人才选择中该如何选择呢?

熊建明:如果这个问题交给我,后面一个人我肯定不会用,前面这个人我会考察以后再用。刚才你讲,考察到后一个人有毛病,我一开始讲人才时就讲过:能人都有刺,都有毛病,都有不同的诉求,否则他不叫能人。而这就看你接不接受他的毛病,比如他有点小偷小摸的行为。这里我又要讲一下我的观点。我从来都是要我们的员工很好地向雷锋同志学习,雷锋是一种精神,这种精神永远存在,但不是每一个人都能用得上。比如我已经饿了七八天肚子,又没有钱,前面有卖面包的,你说我作为一个人的第一个反应是什么?肯定是要把这个面包要过来,这个时候你要我讲雷锋精神是用不上的,这样的情况在现实生活中也有。所以我说,人要有包容心,如何选择那就看你这个当老板的希望企业怎么样地发展。

当然我要告诉你一点,一个人是搞不好一个企业的,一定要一个团队。如果把企业交给一个人,风险很大。再好的人没有好的制度他可能会变坏;或者有制度,管不了他一样不行。我觉得后面这个人其实可以考虑,但你还要给他一个团队,而这个团队应该相互制约、相互分工和相互帮助。团队成员不一定要多,两个人或三个人都可以,但是一个人我认为绝对不行。我不知道这样的建议行不行,这是我自己的看法。(掌声)

学生三:熊总刚说:"大才大用,小才小用,庸才不用。"我们大学生现在也不知道自己有没有才,毕业后都不一定从事自己专业的工作。我是学医的,想问熊总,如果您公司招新人的话,会向和你们专业不对口的学生提供怎样的机会呢?你们会怎样发现我们的才能来使用我们呢?谢谢!

熊建明:这位女同学的提问是一个很现实的问题。我还是举我们江西新材料公司的总经理为例:第一,他不是学工的;第二,他不是学新材料的,而是学财经的。我也不是学管理的,而是学工科的,学工程建设、画图、搞设计。我们大学生应该从事什么行业?我想我们的基本功应该在大学里面学,但是有大量知识,是在自己走出学堂后在大量的实践中学得。所以,我们要不断地调整自己去适应自己的行业。

你刚才讲的是第一关。你是学医的,有没有人要你,这也非常重要。比如我是学经济的,搞经济的一般不会用学医的。你要认清自己的事业平台。也就是说如果你所拥有的知识和所从事的工作很不相关,那么我们就需要给你大量的时间来让你过渡。但这对那些很专业的工作就不适用了,比如我们公司的屏蔽门软件专家,都是非常专业、非常优秀的专家,他们从大学开始就一直在这方面钻研,如果我让他从事其他工作,恐怕不行。

我们自己所学的知识、我们在工作中具体碰到的问题和我们的人生追求目标,这三者相关联,可以调整平衡。有一句话:你要去适应这个社会,而不是让社会来适应你。(掌声)

精彩评论

行走于奋斗之路上

黄静如(工商管理 097)

王国维在《人间词话》中提及人生奋斗必然经过的三种境界:第一种境界是“昨夜西风凋碧树,独上高楼,望断天涯路”,这是一个人在孤独中寻找生命的位置时最为艰难的时刻;第二种境界是“为伊消得人憔悴,衣带渐宽终不悔”,这是一个人确立奋斗目标之后,坚持不懈、奋发图强的过程;第三种境界是“蓦然回首,那人却在灯火阑珊处”,这是一个人通过不懈努力,却惊愕发现很多东西已潜藏在自己身边,只是自己缺少了一颗发掘的心。这时候,世俗的目标是否达到已经不再重要,重要的是灵魂的解放和心灵的归属,是我们对奋斗这一过程的回味、感受和总结。

今天听完熊建明前辈关于创业和体会的讲座,我更加深刻理解奋斗的三境界。当他立于演讲台的那一瞬间,我分明看见了一种奋斗过后的沧桑,一种沉稳的气息,感染了全场的听众。雷鸣般的掌声顿时响起,振奋人心。他的演讲正是述说其人生奋斗的感受和艰辛之后的回味,如一盏明灯照亮着我们这一代前进的道路。

掰开手指细数,我已经历了 17 个春秋秋冬,奋斗之路上有酸也有甜。而如今我步入了大学校园,扬帆远航,但不知彼岸在何方,目的地在哪里。这也许就是生活。一路走来,洒下的只有汗水,曾经告诉自己,不准流泪。岁月带走了似水流年,一天天长大,一天天成熟,一次次否定幼稚的自己,一次次打碎曾经的无悔。我想,这应该就是奋斗的第一种境界。“行走于奋斗之路上需要有强大的承受力”,是我今天最大的收获。熊建明前辈在其创业奋斗之路上,想必也是披荆斩棘。若无强大的承受力,或许世界上就不会闪现“方大”二字了吧!

的确，一星的陨落暗淡不了整个星空，一花的凋谢荒芜不了整个春天，只要笑一笑，没什么承受不了的。没有人愿意平平凡凡地过一辈子，也没有人愿意淹没在人海中，于是，我们行走于奋斗之路上，狂风暴雨接踵而至，而生活还得继续，我们还得重复着我们的日子。有人如斯说："既然已经踏上了征程，就不要拒绝让步；既然选择了远方，就不要拒绝启航；既然选择了奋斗，就不要拒绝承受。"即使失败千万次，如果还活着，就要走下去。或许这就是奋斗的第二种境界吧！

　　末了，人生的真正魅力并不仅仅在于最后完美的结果，更多的，它蕴含在我们奋斗的每一过程中，就如今天的熊建明前辈正品味奋斗的第三种境界。不要为了追求目的而忽略过程，其实过程即目的。

　　行走于奋斗之路上，有迷茫，有成功，有淡然，风雨过后，我们浅笑回首！

网站留言精选

　　一卷忧伤： 每一期有关就业问题的周末讲坛总是能够吸引大量的同学来到现场。在坐的满当当的报告厅里，聆听熊总为我们讲解，让我对未来有了很大的"野心"，也开始清醒地认识到对职业生涯走向的规划势在必行。很感谢熊总的演讲！

　　（主持人　苑艺林　录音整理　陶洪霞　肖梦瑶　摄影　程志坚）

"前湖之风"周末讲坛第六十一期

主题:《未雨绸缪,蓄势待发——与大学生谈职业生涯规划》

主讲人:刘建新

时间:2009 年 10 月 17 日(周六)上午 9 时

地点:南昌大学法学楼报告厅

嘉宾寄语:"积极主动,终身学习。"

  刘建新,女,1971 年生,副教授,现任上海交通大学学生就业服务和职业发展中心主任,职业咨询师。1997 年开始从事就业工作。在多个国际和国内生涯规划专业论坛上受邀作为演讲嘉宾。在上海交通大学等多所高校、大型企业和机构进行就业指导讲座或培训,长期为同学进行职业发展个别辅导、职业训练营活动,具有丰富的团体训练指导经验。2003年起主讲《大学生成功就业指导》、《大学生生涯导航》等课程。主编《大学生涯辅导》、《机械类专业大学生职业发展与就业指导》等书,承担多项研究课题并发表多篇论文。获上海市"育才奖"、"职业发展教育先进个人"等荣誉。

　　高等教育的扩招,社会竞争的激烈,用人要求的提高使大学生就业形势日趋严峻,而全球金融危机的影响又给大学生就业增添了更大的压力。面对就业状况,政府部门出台各项政策,各高校也采取了相应的措施。如何指导大学生做好就业准备,缓解就业压力,已经成为整个社会关注的焦点。本期讲座,主讲人将与我们一同分析当前高校毕业生就业形势,帮助大学生正确规划大学生活和未来职业生涯,树立正确的就业观念,让我们带着充分的准备迎接毕业求职的挑战。

未雨绸缪,蓄势待发——与大学生谈职业生涯规划

◎刘建新

首先,我要站起来给大家鞠个躬,因为我看到现场的座位旁边站了很多同学,地上也坐了许多同学,我非常感动,也很感谢同学们在周末的早上参加这个讲座。应邀来到风景优美的"211工程"重点大学——南昌大学前湖校区和"前湖之风"周末讲坛,我感到非常荣幸。这里清晨和夜晚的校园景色都让我赏心悦目。

刚刚主持人介绍了金融危机大背景下严峻的就业形势,其实在2008年下半年金融危机到来之前,大家也应该听到社会普遍谈到的"就业难"和"就业严峻"这几个字眼,所以在这里我要说明一点:就业形势严峻并非全由金融危机引起。这些年以来,"就业难"这三个字一直困扰着就业工作者以及正在求职的同学。我现在就和大家一起交流分享我带来的一些资料,欢迎大家及时发问。

在此,我想在主题开始之前做个小调查:

1.在2010年毕业的学生请举手示意;

2.目前在校的,今年还不会毕业,也就是说还有足够的时间做准备的学生,请举手示意;

3.刚刚入学的同学请举示意手。

我发现,在座的大部分是非应届毕业生,其中大一的同学也非常多。我之所以做这样一个调查,是想要了解自己正在跟处于怎样一个阶段的同学进行交流。

今天所要讲的主要是两大部分:一部分侧重于生涯规划方面,另一部分主要是应届毕业生的求职方面。根据刚刚了解的情况,在生涯规划方面我会说明得更加清楚些,在求职方面我会加快速度进行讲解。

从在座同学阶段分布的比例来看,我要给予同学们极大的鼓励:很多大学一年级的同学来到这里,未雨绸缪,为就业做准备,我感到非常的高兴。我从事生涯规划指导工作很长时间了,越发觉得对于大学一年级的学生,更早介入指导生涯规划会达到更好的效果。

今天,我的题目是《未雨绸缪,蓄势待发》。

一、宏观的经济局面和当前就业环境

既然我们要谈论当前的就业形势,就不可避免得要与当前的经济形势挂钩。在讲课之前与南昌大学宣传部刘部长以及就业中心陈主任的交谈中,我就说道:2008 年就业工作者经历了一次大跳水。因为在 2008 年之前,经济还是非常热的时期,但到了 2008 年下半年,我深切体会到很多地区招聘情况迅速地严重。去年,胡锦涛主席、温家宝总理都在关心大学生的就业问题——国家领导人最关切的是大学生就业工作,所以作为就业工作者我应该是很幸运的。

金融危机引起企业效益下滑、股市下跌以及物价飞涨,这是宏观的经济形势。昨天有记者问我 2010 年的就业形势:现在感觉到经济的回暖,是不是今年的就业形势也会回暖?经济形势的变化是不是反映了就业形势的变化?我跟他说,不是这样的。

在去年下半年,当有些银行开始发生破产的迹象时,9、10 月份校园签展会仍然非常火热,到了 11、12 月份,有些原来已经在签展会预约的企业却宣布退出。所以说,经济形势会直接反映就业形势。今年经济是否已经回暖,或者说是否有回暖的迹象呢?同学们可以查看各种各样的资料,做出自己的判断。我不是一个经济学家,虽然我拿过经济学的硕士学位,但现在就我看到的材料来说,对现在经济形势用的词大部分是"企稳",也就是说扭转了去年下降的局面。大家可以估摸一下,经济形势是不是已经到了回暖复苏的时候。

当然,宏观形势的判断,会给我们带来今年大的就业环境的认识,但针对我们个人来说,大家更关心的是,该如何在这个大环境下找到合适的位置并生根发芽茁壮成长。这里带来一张图片:招聘现场人山人海,非常拥挤,但招聘企业并不多。这张图片给我们带来了一个冲击——目前在大学招聘会现场,经常是僧多粥少的局面,大量的求职者竞争着少数的岗位。

前面给大家介绍的是宏观的经济局面和就业环境。

接下来我要谈的有四个部分：

第一，正确分析当前的就业形势；

第二，长线经营你的未来；

第三，稳扎稳打求职大战；

第四，华丽变身步入社会。

主要内容是第二和第三部分。

二、正确分析当前就业形势

1. 就业难

（1）我国劳动力供大于求，对毕业生需求明显下降

1978 年，北京大学迎来恢复高考后的第一批新生。我昨天从宣传部罗老师那里了解到，南昌大学的校长应该也是 1978 年后的第一批大学生，正好是三十年前改革开放后的第一批大学生。为什么提这个？当年大学生的数目，可能只有十几万。在上世纪 80 年代左右，如果一个单位能够引进一个大学生，会觉得非常光荣和骄傲，而现在大学生求职却到了一个艰难的地步。现在的大学生和当年的大学生为什么会有如此大的差异？

我从一份就业战略报告中摘取了一份数据，因为制作于 2004 年，所以其中的数字只是给大家呈现一个比较形象的趋势，有一些预测的数字和现实状况相对比已经是不对的了。其中 2009 年全国大学毕业人数是592 万人，但事实上，这个数字今天已经达到了 611 万，也就是说，现实的情况是毕业生人数比当年预测的数量要多。那么现在大学生的毕业数量一定高于社会发展的需求，大学生就业面临严峻局面就不足为奇了。

现在社会对大学生的需求状况是怎样的？基本上可以有以下这样几个判断。一是劳动力的总量供大于求，也就是说大学生数量大于社会能够提供给的岗位数量，而且大学生与其他求职者之间的竞争更加激烈。80 年代初，大学生还处于一个被分配的时期，他只要分配到哪个单位，哪个单位就把他当做宝。而现在媒体报道：某大学毕业生卖猪肉，某大学毕业生卖盒饭，某一个环保清洁工的岗位有几百名大学生去应聘。从媒体的角度来说，可能是有意制造这样的新闻噱头，但我们确实可以看到，目前大学生的身份跟非大学生的身份差别越来越模糊，没有太明晰的界限。

也就是说,我们视为高层次人才的研究生,目前可能和本科生在竞争岗位,而本科生也在和一些非大学生竞争岗位。这是第二点。我们说要降低学生的期望值,正是因为求职目标在下移,而求职目标下移之后,我们仍然发觉有很大的困难需要面对。第三,在经济形势正常的年份,我们已经看到就业供需矛盾十分突出,而 2009 年的金融危机使得这个矛盾显得更加尖锐:从各地举办的人才市场和校园招聘的反映来看,对 2009 年毕业的大学生,岗位需求总量较 2008 年相比大概下降了 20% 到 30%。

(2)发达国家毕业生就业也难

那我们再对比一下,看看除中国之外其他国家的大学生就业情况。我们看发达国家,由于经济增长速度比较低,他们的就业人口基数比较大。中国连续很多年的增长率都是在 10% 左右,而发达国家例如美国、日本或德国,他们的经济增长一般在 5% 以下,很低。日本劳动省 1996 年发布的《劳动白皮书》显示:1991 年毕业生就业率为 80%,到 1995 年下降至 67%,1996 年继续下降到 65%。所以说在发达国家,大学生不能够马上就业也是一件非常普遍的事情。

2. 我国教育结构和产业结构的不相适宜

根据发展中国家的情况,目前我们的大学生不能够立即进入岗位主要有两个原因:第一,岗位不足;第二,教育结构和产业结构的不相适宜。产业结构经常发生变化,而教育结构的转变往往是滞后的。

我想以上海交大为例。我们学校最供不应求的专业——核工程专业,还能够延续 80 年代之前大学生的就业情况:只要是这个专业的学生,不问他的成绩怎么样,各企业都会争着抢着要,而且往往还不够需求。为什么会造成这个局面? 这是因为在前一段时期,我们的国家战略是不发展核能的,因而很多学校都取消了这个专业,仅有几所学校如清华大学、上海交通大学、西安交通大学等仍然保有这个专业,不过毕业生人数很少。前些年,上海交大只有一个班的核工程本科生,那个班也不过二十几个人。等到国家开始要发展战略核能,各地都兴建核电厂,我们的学生都会被"预定",而每年最先"抢"学生的也是这些核电企业。举这个例子就是想说明,产业结构、发展战略变化之后,我们的教育产业实际上是没有快速直接地进行转变。虽然现在很多大学开始办这个专业,可是大量的学生只可能在 2012 年以后才能毕业。

在现在就业供需紧张的情况下,我们的高等教育必须由供给导向向需求导向转变,什么意思? 80 年代初,只要是大学生,不管你学什么,只要你到一个单位,一定是把你当成精英和人才来培养。虽然也讲专业匹配,但是"大学生"的光荣身份对这个单位来说更加的有利。而现在情况完全不是这样。现在是社会需求或者企业说了算:企业需要怎么样的人才,应聘的大学生就必须要满足他的需要。

3.结构性、知识性、观念性就业难

目前大学生就业难是客观现实,无论是发达国家还是发展中国家,大学生毕业实现完全就业是不太可能的。而这个问题,主要由金融危机,结构性、知识性、观念性之间的差距所造成的。

高等教育与经济社会不相适应,有些专业所学不适应社会的需求。我们可以看到,目前文理工等专业的大学生比例非常不平衡。

上海交大是以理工科为主,并以此闻名。但是它也有热门专业和"冷"一点的长线专业。就我看来,一些工科的专业可能会比较热门,而相对来说,某些文科专业,要求大学生更加积极主动才能找到满意的工作。从整个高等教育的大学生分布情况来看,工科的毕业生只占到了三分之一,医学也比较大,而开设了文科、理科的高校数量非常大。比如说会计学的需求量是非常大的,但会计专业的毕业生供给量也非常大。所以一方面,我们应该看到哪些是下一个阶段社会需要的人才;另一方面,我们的就业观念需要改变。大量"产出"的大学生,知识和技能未必能满足单位的需要,因而很多人在基层或生产的第一线工作,而我们很多的学生可能都不太愿意到基层去。这就存在着一个就业观念的问题。

再举个例子:1999年大学开始扩招,高职生人数激增。而到高职生毕业的时候,又可以专升本。专升本的学生增加,直接结果是现在大学生毕业人数非常之多。原来对高职生的培养,我们的目标还是比较合理的。因为目前中国大量岗位需求在第二产业,高级技术人员或者说技术工程师,以及技术工人这一类人才稀缺——这些定位是在高职层次上的。可是大量的高职生,就其自身来说,又想要提高自己的学历层次,于是再去读本科,拿管理学位。一个人从高职到本科,拿了一个管理的本科学位后,应该到哪里去工作呢?

在上海,我一个同学的表弟,原来学的是汽车维修高职专业,毕业之后到隶属于上汽集团的一个汽车维修公司工作。汽车服务业预期会是一个发展非常迅速的产业,但他却不想从事这个行业,于是后来又去学了本科的金融专业,想去银行工作。作为一个咨询师,我认为他这样的选择有非常大的风险。大家可以了解到:现在金融产业的确对人才存有一定的

179

需求,但是它对工作人员的资历要求却非常高。如此一来,他的选择未必明智。

大家可能认为,白领比蓝领的社会地位、社会认可度要高。但是现今最缺的人才还是我们所说的灰领——高级技工。因为目前中国的加工业,实际上还处于相对落后的阶段,仍有着很大的发展空间。

再就是地区和行业之间需求的不平衡。南北部和东西部的需求之间相比,差别很大。我了解到,南昌大学在应对金融危机中做了很多卓有成效的工作,现在我们在盘点的时候发现,南昌大学在去年取得了一个非常好的就业率。

我们再看,很多资料对 2010 年的经济形势都进行了分析。就我个人的判断,我认为,说今年的形势乐观还为时太早。假如我们仍然能像去年一样做好抵御严冬的准备,可能今年会获得一个比较好的成绩。但如果现在就做比较高的期望,可能很容易遭受打击。那么现在,我们该怎样去做金融行业的工作呢?我提出四句话:沉着应对,理性分析,未雨绸缪,有备而行。

三、长线经营你的未来

这一点主要针对在座的各位在读学生——你们还有充分的时间利用学校资源来做准备。

1. 21 世纪需要的人才

(1)融会贯通的创新者

20 世纪最需要什么样的人才? 20 世纪需要勤奋好学的人才,专注于创新,专才,智商高,个人能力强,再有就是要遵守纪律、工作谨慎。那么 21 世纪需要的人才又是怎样的? 不是说 20 世纪需要的人才特质到了 21 世纪就不需要了——而是需在其基础上融会贯通,能将在校所学的知识应用到实际工作中。

比如说理科的数学专业,用人单位总会提问,你学了数学以后去做什么? 相信这里一定有计算机专业的,请这位女同学来告诉大家:计算机专业的学生可以从事哪些领域的工作?

学生:我是学软件的,当今社会已经逐步智能化,互联网已经变成物联网。咱们用的很多电器都需要软件操作,我毕业后就很可能进入软件开发的公司。

谢谢你！其实软件专业的就业面相对计算机专业来说还要窄一些。我遇到好几个同学，都是计算机硕士。他们跟我说："老师，我已经读完硕士了，可我还是不喜欢计算机，怎么办？"此时，放弃计算机专业太浪费了，但是他们如果不做计算机专业，还能做什么呢？

有的同学还挺奇怪：他学的是计算机，但是喜欢心理学。他不知道，心理学领域也可以应用计算机，这两者是可以结合的。21世纪需要的人才需要融会贯通，很多学科都是交叉学科。心理学和计算机交叉出来是计算机应用心理学，计算机和生物工程交叉出来是人工生命学科，计算机和文学也有结合点。学生对自己的所学专业有兴趣最好，即使没有兴趣，也仍然可以在自己的兴趣和专业之间找到一个结合点，利用自己的专业优势发挥自己的兴趣。

21世纪的创新必须与实践配合，动手能力要强，懂得融会贯通；21世纪的人才应该左右脑并重、既创新又实践。现在许多高校做出的创新性成果只是放在实验室里，最后只是一篇论文、一份报告，而没有放到应用中去。

21世纪还需要跨领域的综合性人才。以前高校专业分得非常细，比如说我是学热能工程的，当时所在的电力学院分电力工程、热能工程、电机、信控，而同时电信学院也有自动化和信控专业。电力学院的信控专业可能专门针对电力系统的应用，而电信学院的信控专业又可能是针对另外一些方面的应用。专业分得如此细，导致学生只能往某个很窄的方向就业。而现在，许多高校都只分大专业，特别是本科。为什么这样做？因为将来需要的人才是跨领域的综合性人才。

（2）三商兼高者

21世纪人才需要"三商"——IQ（智商）、EQ（情商）、SQ（灵商）。SQ强调的是对是非黑白等的价值判断，强调团队合作、敬业等品格。也就是说，现在的人才不仅仅要智商高，情商足，同时还要灵商高。

高智商不仅仅是指聪明才智，同时还需有创意，会独立思考，不仅要"学会"，同时要"会学"。现代社会非常强调批判性思考能力。对于课堂上的老师，我们要尊敬他——因为他是为我们传授知识并帮助我们提升能力的人；但是我们也不能盲目崇拜，要意识到老师所说的未必都是对的。知识的发展和创新的发生都在于产生疑问并批判，如果同学们对以往知识全盘接受，那么社会将很难进步和创新。我相信有才华的优秀老师一定非常欢迎学生提出质疑。学生产生疑问，并非说明老师一定是错的,学生在跟老师探讨时也许会推翻自己的疑问,疑问得到解答后学生对知识的理解又能提高一步。当学生真正能够与老师共同探讨一些问题时,双方都在进步,教学相长。

很多同学都注意到情商的重要性,却不知道灵商的重要性。我们同学往往会认为只要自己是人才,企业和社会就会需要、会看重自己。其实未必如此。我们讲德才兼备,"德"在"才"之前,如果同学仅仅有才而无德,那么现代企业是不会接受你的。我作为就业中心的主任,同时也作为一个部门管理者,在选人的时候,"才"只是一个门槛,而"德"才是我最注重考察的部分。一个人只要达到一定的门槛,就可以进企业,但我是不是真的需要这个人,我就需要看他的"德"。

"德"包括价值观、合作的能力,以及我们所说的敬业、正直、诚实、守信。我在看很多资料,特别是和"世界五百强"企业交流时,他们会非常强调自己的企业文化和价值观念,当中有一条就是"honesty",即诚实正直。为什么?曾经,有一个同学到企业去实习,在这期间,他向企业借用了一个工具。实习之后,这位同学离开了这个企业,可是他却没有归还工具,以致最后这个企业直接找到我们学校。像这样的同学,有的时候是过于自我,事实上,本应该有更好的处理办法。因为在一个企业实习,本身就是一个双向选择的过程,最后我不想去或企业不想录用你,我们应该怎么去做呢?我们是不是可以很好地和企业 say goodbye 呢?是的,我看到很多同学在点头,我相信你们心里也会有更好的方式。

在求职的时候同学们往往更多考虑的是自己,就是"我"能不能得到更好的职位。我在学校和同学交流的时候也说:"作为一个交大的学生,你之所以有这样好的求职机会,那是我们之前毕业的师兄师姐,给你们创造的一个良好的局面。他们的成绩和作为给我们带来了良好的口碑和优秀的品牌价值。如果同学们因为自身的行为,使学校的品牌受损,那将会影响我们的学弟学妹。"在座的同学们可能也遇到过这样的情况。也许目前有些企业对我们的学生有比较消极看法,但是,假如他曾招收过一位南昌大学的优秀学生,那他也许会更乐于招收其他来自南昌大学的学生。讲这话的意思,就是讲"德"与"才"的重要性。大家不可忽视"德"和"才",或者说自己在灵商方面塑造的重要性。

(3)高效能沟通者

大家能够体会到,在当今社会,高效能沟通是非常重要的。以往,我们很多人会觉得,做软件仅仅是和计算机打交道,是一种很典型的与器物而非与人类打交道的工作。但是现在对软件工程师的考察,不仅仅是对他的编程能力和编写代码的能力,更多的是他的沟通能力。如今,没有哪个软件是由一个人单独完成的。一个小的程序,况且需要一个团队——5个人,那么,一个大的程序呢?微软 windows 程序编写团队远远不止一万人。这就要求,团队里的每一个人,都具备很强的沟通能力,才能保证一个软件产品的完整性和精确性,否则其中某个人出现问题,整体程序都会受到影响。

(4)积极主动者

积极主动,是我给"前湖之风"周末讲坛留言写下的第一条。当今社会,做一个积极主动者太重要了。我们在大学里,作为同班同学,住的寝室、学的课程是一样的,但是在若干年之后,同学之间的差别却越来越大。为什么会这样呢?原因在于,虽然我们所处的环境、所获得的资源都是一样的,但我们所能够利用,也就是我们主动去寻求和掌握的资源是不同的。

2.大学生职业规划困惑

接下来,给大家两个案例。大家可以对照一下,看看自己是否存在相同的困惑。

一位同学读研一,学食品营养学,做实验时会发怵——他说不想再钻实验室了。他现在读研,却想退学,可又没有具体的计划。他想学新闻学,可又认为新闻行业的就业前景并不乐观。所以他不知该如何是好,认为读研浪费时间,他想退学可以节省时间。他不知道该怎么办。不知我们同学有没有这种情况?

另一位电子商务专业的学生,事实上电子商务是他的第二志愿。学习之后,他才意识到,这个专业是偏重计算机的。他觉得自己对 IT 开发不感兴趣,不想从事这方面的工作,所以他考虑是该读研还是出国留学。

这里提到个很重要的问题,也是我特别想提醒大家的——大家把"读研、出国、工作"当成三种就业出路,殊不知,出国、读研之后,仍然要面临找工作的问题。出国、读研其实都只是个学习的阶段,大家千万不要把读研当成一种缓冲就业的出路。我发现很多同学在准备考研时,仅仅是认为,如果考上了就是一个值得庆幸的结果,但事实上,考上之后又面临着自己读完之后该如何办的问题。

由此,同学们可以对照一下:你是否喜欢自己的专业?我遇到过太多这样的同学,他们来咨询的问题主要有以下几个:

（1）我不想学自己的专业。但是同时还有一个更大的问题——我也不知道自己喜欢什么。

（2）在学校，我们除了学习还能做什么？

（3）我到底是找工作还是考研呢？

（4）现在该不该转专业？（来咨询的同学，很多都不喜欢自己的专业，想做其他的专业。）

（5）该如何准备求职？

这几个问题，不知道我们的同学是不是同样有。不喜欢自己的专业同时也不知道自己喜欢什么，在座有这种情况的请举一下手好吗？有一些，但并不多。对于这个问题，我要讲的是：很多同学就他所学的、所读的、所知道的内容，已经很明确自己不喜欢。但我们需要再问一下自己：你是不是真的不喜欢？这里我们有两条路可以走。第一，如果你真的不喜欢，我想你可以不必太坚持。也许你会受到限制，不能转专业，但你可以利用学校的资源来弥补你感兴趣的那一块领域。还有一个更大的问题是，同学们说不喜欢这个专业，但你未必是不喜欢。因此我们要深究一下，要自问到底不喜欢这个专业的哪些方面？如果换一个专业，就会喜欢了吗？是不是情况还是如此？

3.应对困惑，大学中要培养自己这样的素质

我把大学生分为四类人。

第一类人：这类人的"大学"过得很快，除了年龄增长，其他可能没什么增长。因为他们一进入大学就开始玩。大学很好，新奇的东西多、朋友多、资源也多，所以最后他们很可能只混出一个学历，除此之外，没有什么进步。

第二类人：大学里有一部分人非常辛苦、非常忙碌。他（她）忙着考证——英语等级证书、计算机等级证书当然是必要的，但有很多人CPA也考了，驾照也考了，金融工程师、商务工程师都考了……他们比第一类人好，他（她）也许能找到一份不错的工作，但不会有非常高的成就。这类人属于工匠一级的人，仍然处在为生活、生存打拼的阶段。

第三类人：这类人的未来靠外界，靠偶然，会跌宕起伏。现代生活唯一不变的是变化，变化太快，"我"何必做准备？等"我"准备好时，这个世界又变了，所以"我"不准备。他（她）听凭偶然、听凭别人的安排。

第四类人：有规划、有理想、有行动。他们的未来是可以预见的，大学会很充实，未来的人生会很精彩。

　　我们如何去做第四类人？大学当中需要培养怎样的素质？我认为，你们要培养自己的创新能力、团队合作能力、组织管理能力。我不讲这些能力是如何培养的，因为我强调的是态度。为什么？一个人有良好的学习态度，他的知识学习和能力提升都会得到很大的发展。而能力是我们终身都需要去提高的，在大学期间如此，工作以后也是如此，掌握了好的态度和方向后，你就会知道该怎么去做。

　　(1)学会学习

　　第一要学会学习。大学毕业后，我们手中都会拿到一份成绩单，它的用处是什么？企业会看。成绩好的同学一定是更受企业喜欢的：某同学的某一科成绩是95分，比其他同学分数更高——他看中的是这个吗？不是。那学习成绩代表了什么？学习能力。单位看你的成绩，看中的是你的学习能力——学习成绩好代表你学习能力强，并不是当初学那类课时你的基础怎样、你掌握了多少课本知识。我给大家推荐的三本书中的，其中一本是李开复先生的《与未来同行》。他讲道：在微软公司，员工在工作当中所运用到的知识90％是在工作之后所学，也就是说大学期间你所学到的知识并不是特别的重要。

　　我们现在讲到，人才是三位一体的培养：知识、能力和素质。在上世纪80年代、90年代，甚至上溯到我父辈毕业时的60年代，仅靠大学时学到的专业知识就可以足够在工作中用一辈子，但现在是不可能的。我们毕业之后，马上就得投入到工作的学习中——有很多的企业会给我们培训的时间和机会，但还有很多知识我们需要自学。这时还有老师教你吗？没有！所以，学习能力的差异会带来10年后、20年后同学间成就的巨大差异，因此，我们要建立终身学习的理念。

　　我先是学热能——它和我现在的工作没有什么关系——现在的我已经成为一名资深的就业指导专家，在这一行的高校领域做的时间算是比较长的，还是可以讲一些内容的，而这些内容不是来自大学期间所学，不是老师教我的，而是要靠我自身的学习才得到的，并且是在跟更多的同学相互交流交往的过程中教学相长所得到的。

　　给大家带来一个故事：

　　从前有一只老老鼠和一只小老鼠外出觅食，遭遇了一只猫，并被逼到一个死角。情急之下，老老鼠突然学了几声狗叫，于是猫落荒而逃。老老鼠便教育小老鼠："你看，掌握一门外语是多么重要啊！"

　　可是一门外语也有不够用的时候啊。在另一次遭遇中，老老鼠丧生于饿狗之口——因为它没学会说人话。可见需要生存,学会两门外语比较保险。不过也不用担心,小老鼠啥外语都不会,还活着!靠的就是腿脚好,跑得快!

这个故事的寓意是:你一定要学有所长,否则会死得很惨!

如何学会学习:

1)树立远大的目标是学会学习的前提;

2)树立自主学习的学习观是学会学习的基础;

3)掌握科学的学习方法是学会学习的关键;

4)善于自学是学会学习的基本途径;

5)要改变学习方式,从"学会"转向"会学"。

重要的就是从"学会"转向"会学"。二十一世纪对我们的要求不是你掌握了多少,而是你能掌握多快、学得多好,这就是所谓的能力。还要澄清一点,我刚才所说的并非是指大学的学习不重要。上海交大的一位副校长曾经说到摩尔定律——大约是十八个月在芯片微电子行业就会有一个半衰期。十八个月的概念是什么?我们学计算机的同学们在毕业之后,所学的知识大部分都已经过时了。有同学会提出质疑:既然这样,我们就什么都不用学了。当然不是,最重要的是我们在学习的过程当中要掌握学习方法和提高学习能力。

(2)培养兴趣

同学们在考大学时受到几个方面的约束:考分的约束——在这个考分下面受限,使得你只能选择某个大学的某个专业,进了大学也可能被调剂到自己不喜欢的专业;专业选择受父母和老师意见的影响,未必是由自己经过一些分析和判断而做出的选择。因此到了大学之后很多同学对自己所学专业缺乏兴趣。在校期间,有一点是很重要的——利用大学资源:广泛阅读,你对什么感兴趣就去阅读相关的知识;再利用一些课余时间去旁听感兴趣的非专业课程,你不一定是冲着学分去的,但是你可以通过这样去了解你对这个是不是真的感兴趣?也许听完之后你会发现它和你想象中的是不一样的;同时扩大人际圈,参加社团活动和实践活动。

不过,我一般不建议同学轻易放弃自己所学的专业。所学专业代表了你在某个专业领域的优势和特长,放弃它再去学习其他的专业需要付出很大的努力和代价。你不妨培养好对所学专业的热情,确立自己的志向,激发自己的潜能。怎样找到自己的兴趣呢?兴趣和才华是不是同一个概念?并非是。因为"才能"表示你能够做好一件事情,而"兴趣"是你愿意去做某件事情。如果你的才华和兴趣能够结合在一起,那是最好不过的事情。

孔子说过:"知之者不如好之者,好之者不如乐之者。"一开始我并不知道这是孔子说的。因为我首先看到的是句英文:If you find a job you love,you will not work a day。字面上翻译过来就是:如果你找到了你喜欢的工作,你就再不必工作一天。这是指假如你每天都在做你喜欢的事,那实际上所有的工作你都是在享受乐趣。我喜欢,我就会有更大的热情、激情和潜能把这件事情做到最好。

前些天我与一位同学在课上交流,我说我每天工作都非常繁忙,成天加班。其他一些学校老师加班也不会像我这样,可能加班到六七点钟就差不多了,但我几乎每天都工作到九点以后才回家,而且还没有加班费。为什么?那是因为我热爱这个工作,我愿意去做很多的事情——这不是领导强加给我的。可能到七点钟我该做的工作就已经结束了,那七点到九点我干什么呢?仍然是"工作"。我愿意花更多的时间和精力去钻研这个方面的事情,这就是刚刚那个英文所表达的意思。遇到我们的软件工程师,我经常会说,你一定要热爱这个职业,因为软件工程师是需要工作很长的一整段时间,可能每天要工作 12 个小时、15 个小时以上去钻研。如果仅仅是能够带给你不错的薪水而没有工作的热情,你怎么能够坚持下去?陈鲁豫说:"我做事只有两个原则:一是做自己喜欢的事;二是做自己擅长的事。碰巧电视节目主持人是我既喜欢又擅长的工作……"所以陈鲁豫在主持领域做得很好。

(3)积极主动

积极主动是态度,更是行动。有了理想、有了规划,不去行动,理想一定不会成为现实。而只要有积极的行动,你可能无法达到你原先的期望和理想,但一定会有一个积极的结果。同时,要多听过来人的建议,但不盲从,学会辨析,积极尝试,对自己负责。

给大家讲一个故事:砌墙工人的命运。

三个工人在砌一堵墙。有人过来问:"你们在干什么?"第一个人没好气地说:"没看见吗?砌墙!"第二个人抬头笑了笑,说:"我们在盖一幢高楼。"第三个人边干边哼着歌曲,他的笑容很灿烂很开心:"我们正在建设一个新城市。"10 年后,第一个人在另一个工地上砌墙;第二个人坐在办公室中画图纸,他成了工程师;第三个人呢,是前两个人的老板。

故事的寓意是:你手头的小工作其实正是大事业的开始,能否意识到这一点意味着你能否做成一项大事业。这三个人做着同样的工作,但是最后的结果却完全不同。什么样的心态决定什么样的生活。

如何养成积极主动的习惯?

重要的是做好准备,无准备的积极主动只会让人觉得你不稳重。

再给大家举一个例子:A 在合资公司做白领,觉得自己满腔抱负没有得到上级的赏识,经常想着:如果有一天能见到老总,有机会展示一下自己的才干就好了! A 的同事 B,也有同样的想法,他更进一步,去打听老总上下班的时间,算好他大概会在何时进电梯,他也在这个时候去坐电梯,希望能遇到老总,有机会可以打个招呼。他们的同事 C 更进一步,他详细了解老总的奋斗历程,弄清老总毕业的学校,人际风格,关心的问题,并精心设计了几句简单却有分量的开场白,在算好的时间去乘坐电梯。跟老总打过几次招呼后,终于有一天他跟老总长谈了一次,不久就争取到了更好的职位。这里有三句话跟大家共勉:愚者错失机会,智者善抓机会,成功者创造机会。机会只给准备好的人,这"准备"二字,并非说说而已,更重要的是行动。

(4)学会沟通

很多学生重技能、重能力,却忽视了做人。考试作弊、论文抄袭、贷款不还、承诺不兑现、有了更好工作就不理原单位,如果你是老板,你愿意雇佣这样的员工吗? 越来越多的企业在用人时,明确要求"诚实正直、团队合作、敬业精神"。

(5)消除不合理信念

给大家的几条建议,要消除一些不合理的信念。大家可能觉得我讲的不是生涯规划是不是? 这和你们平时听到的不一样。规划讲的是什么? "知己知彼":"知己"里面包括自我探索,了解自己的兴趣、能力、价值观、个性;"知彼",了解工作世界,然后再做生涯决策、再做反馈、再做更正,如此循环。但我今天讲的,反而是大家在大学期间应该怎样更有效地去利用大学的资源树立更积极的态度来成长。就是说:

1)不要害怕设立很高的理想。

为什么? 高远的志向加上积极的行动,即使最后没有达到最初的目标,你也比一般的人更出色。所以,你的成功是做到了最好的你,而不必要"比其他人都好"。这也是在现代社会当中的一个法则。这样的竞争才是一个良性的竞争。

2)不要害怕改变最初的理想。

同学们小的时候立的志向可能是最高的,比如说科学家。进大学之前也有远大的抱负,比如想要成为一个领导。也许过了两三年之后,志向改变了,想做一名社工。可能有很多人,例如你的长辈会苛责你,说你胸无志向,没有远大抱负。但是你也不必背负自责和内疚,因为在大学期间,你仍然处于职业生涯的探索期,你仍然被允许去改变一些原来的理想。现在改变比起三十岁之后再重新来过,代价会更小。这个时候即使有所改变——这里强调,你是真正地思考真正有了自己的目标自己的行动之后——也会有积极的结果。

3)不要害怕失败而不尝试。

大学期间最大的优点就是接受失败、允许犯错,老师可以接纳你的错误。但当你工作之后,就没有这样的机会了。所以在大学期间,千万抓住这个机会,去勇敢地尝试一些事情,但不要去尝试非法的事情;勇敢地去尝试、去探索一些事情,不要害怕失败,这个失败会成为你以后发展的宝贵财富。亚格拉罕·林肯,他的人生经历了许多失败,但我们必须承认林肯在美国历史、世界历史中的地位和声望。

成功的真谛是什么,就是做最好的自己!

四、稳扎稳打求职大战

校园当中常会传说一些求职的牛人,但是我们很少会听到,校园中也有很多找工作很困难的经历,这造成同学们在求职的过程中希望偏高。曾经有人戏言,诸葛先生如果在现今求职也会遇到一些障碍,因为诸葛先生没有文凭也不具备外语能力。

1.选择职业

职业选择是非常复杂的。昨天我和一位同学交流时,他说:"比尔·盖茨如果现在求职的话,是否能得到一份工作?"好像也不能,因为他连本科文凭也没拿到。这位同学的意思是指,现在的用人单位,他不看能力只看文凭。我反问他:"那你如何向用人单位展现你的能力呢?"你如果有能力展示的话,他也可能撇开你文凭这方面的因素。

南昌大学在江西省是一所占有领导地位的学校,如果放在全国来看,我们离一线还存在一点差距。因此我们的同学在一些竞争比较强的领域竞争时,如果自身的竞争力比较强,可能未必会比北大、清华的学生弱,你一定要能找到机会展现你与众不同的地方。职业是个很复杂的问题,要考虑自身的个人能力、性格、价值观、兴趣,还要考虑外部的需求、岗位职业的要求、学校发布的信息以及企业所提供的薪金、住房、福利等,再做这个双向选择。

2.求职心态

现在同学们的求职心态主要有:求职初期,学生的期望一般比较高;慢慢在求职过程中会趋于合理——我现在做的工作就是使同学们的期望下降过程尽可能缩短,这样能降低你们求职过程中的难度。企业在招聘过程中往往也是,提供最高待遇的企业先进入招聘会,慢慢其他的单位再进来。如果这两个过程能匹配,我们学生基本上能找到比较满意的工作。大部分学生在经历一些求职失败后会降低自己的期望值,心态也会更趋于平和。不过经常会面临两难的境地:10月份到1月份是求职的旺季,而1月份是考研的时间。前段时间,有位研究生来我这里咨询问他到底是该考博还是工作。在座的二年级、三年级的同学是不是也有方向?找工作还是考研是否已有所选择?有没有只想考研不想找工作的同学?

3.招聘形式特点

江西算是中部地区,就业竞争比较少一些。而在我们学校,宣讲会已经紧锣密鼓地开展了,一般在10月份到12月份,是宣讲会,可能每天有三个时间段,每个时间段都会有三场,这样每天大致有9到10场。宣讲会主要就集中在两到三个月,在2月份到3月份以后就不再安排。去年我们大概做了400多场,每天的信息量很大,即使在暑假的七八月份,每天的信息发布量也有10条左右。而现在10月份,每天能达到四五十条。目前是求职旺季,大型招聘会和中型招聘会很多。中型招聘去年我们开了19场——中型招聘会是指学校里召开的,有50家左右的招聘企业参与的招聘会。还有就是周末直通车,也会有几十场。

4.我们在求职的时候应该知道哪些信息

首先是这个职业的发展前景。

其次是这个职位的一些基本要求,如学校、学历、专业、是否有相应的工作经验,以及技能和能力的要求。

再有学生比较关注的,比如:是否常要出差,薪金、福利如何,工作压力大小——有的说,"我不怕压力,我喜欢挑战";有的认为,"我喜欢工作清闲一点。"并且要考虑工作环境以及机构的文化价值是否适应和匹配。

5.明确自己的优势和"短板"

自己做一些SWOT分析,看自己优势劣势,面临的机遇和挑战有哪些。这个分析是很细化的,比如,我的优势是成绩好,奖学金多,还是生活工作经验多,有海外留学经历等,也有同学劣势是成绩不好,但沟通能力特别强,或者工作特别踏实……大家找到自己的优势劣势,才能在众多竞争者中脱颖而出。客观评价自己,主要是要自我分析、探索,自己的价值观、兴趣是否和我们应聘的职业相匹配;需要考虑的因素包括自己的家庭、恋人、家庭的经济地位、经济情况,你的家庭是否要靠你毕业之后来还贷支撑。这可能都是我们在做职业选择的时候要考虑的因素。我们在求职市场中身处的地位是怎样的,所学的专业需求程度如何,在专业的学习中我是否有足够的竞争优势。考虑好这些问题,才能明确自己所处的位置,找到自己的优势和短处,写下具体的行动计划。行动计划要做到具体、可衡量、有实践性。

6.明确自己择业中看重哪些因素

在选择职业的时候,你最看重的是什么,这与你的职业价值观有关系。比如,钱多是我最看重的因素,还是说我要求以后发展比较快,或者只是希望安定一点,能够照顾我的父母多一点,离家近一点,相对来说更轻松。当有人问"什么是好工作"的时候,很多同学会说:"钱多事少离家近就是最好的工作。"当然我们要看你能不能够在社会上找到这样满足你需求的工作。大多数情况下,这只是一个梦想。所以我们在这些考虑当中,必须清楚什么是我最看重的、必需的、不能放弃的。而其他的,有时候需要我们妥协。

7.怎样积极有效地求职

在灵活性以及自己的专注度之间选择一个适合自己的求职方式。这里要讲到《狐狸和刺猬》这个故事。狐狸比较灵活,有很多解决问题的方式,而刺猬的本事就一个,不管遇到什么情况,合成一团,满身的刺。所以狐狸去攻击刺猬总是会失败,狐狸很快,刺猬很慢,但是狐狸总是拿刺猬没有办法。

(1)合理定位即有目标地应聘。这一点是针对专业性的同学来说的,比如学医学的同学,就是在某一个领域里面就业。或是有的同学已经读到博士学位了,对于你们的建议就是要寻找自己的目标,而不要把自己放在大规模的求职应聘的人群中。有目标的应聘,做好相对性的充分的准备。你要找到自己与众不同的一点,让企业能够认识到你。

(2)汲取他人的经验,分享信息。现在是个网络社会。有一个网站叫应届生网,我也不得不承认这个应届生网要比我们交大就业信息网的名气大,很多的同学在看这个网站。这个网站搜集了各个方面的应届生招聘信息。不仅仅是信息,它上面还有很多针对不同行业的分块。我觉得它做得最好的一点就是用户友好的界面。它完全站在我们应届生的立场来做这个网站。这个网站里面有很多企业招聘的要点以及同学以前一些应聘的经验分享和体会。所以我们在做应聘准备的时候,大家不妨去看一看。比如说我要去应聘陶瓷化学,它有以前应聘的笔试题目、交流等等。所以你看完之后再去的话,至少心理准备就已经很充分了,以至于你去面对这些问题的时候,不会觉得太突然。

(3)调整心态,对待挫折。应聘过程往往是我们备受打击的过程。同学们在应聘一个月到两个月之间的时候是最难过的,基本上得不到一个积极的反馈信息,大多数是被开走掉的信息。所以这时候,我们一定要保持积极的心态,大家要认识到,这是一个普遍的现象。而往往过了两个月以后,同学们就会有一点点的收获了。所以大家在那个阶段,仍然要积极地坚持下去。

8.需要准备哪些求职材料

材料的准备包括成绩大表、简历、推荐信、证书奖项复印件以及自己的应聘服装。基本上,同学们每人都要准备一套正式应聘的服装。而简历是我非常强调的一点,大家要特别地重视。往往很多同学得不到面试的机会就是因为简历的问题。特别重要的一点是同学们会忽略掉一些小问题,像标点符号、错别字等。这些即使你觉得是小错误,大家看得懂的,但它是不被接受,也不被原谅的。只要有一点错误,你的简历肯定被丢在一边。

大家看到,现在很多的企业,特别是大企业是采用网申的方式。就是在网上,你填一些自己相关的信息,以及回答他们一些相应的问题。这个特别花时间,我是知道的。因为你在填第一个企业的网申的时候,基本上要花两个小时的时间才能填完。后面填稍微会快一点,但是也非常花时间。就算你填得再熟,也需要半个小时。因为时间耗费很大,有的时候我非常同情我们的学生,求职的时候非常的艰辛。

9.求职渠道

我把一些求职的渠道告诉大家:校园招聘的渠道,包括宣讲会、招聘会;校外的渠道大家可以看一下中介公司,也有一些公司网站会直接发布招聘信息,不会到校园里面来发布。所以如果我们是有目标地求职的话,如果确定了自己想加入的企业,就可以直接去关注这个企业的网站,或者直接去查这个行业的信息,而不必看学校、BBS或者政府网站。我刚刚讲到的,大家可以看看应届生求职网,只要搜索一下,就很容易出来的。再有,就是依靠一些亲友、老师还有你们的师兄师姐们,以及自己实习的单位、专业的社团,这些都是非常有效的应聘方式。

10.如何进行应聘渠道的比较

校内市场跟自己的学校需求一致性是比较高的,这个是我们要非常重视的。而校外的市场,有很多人才市场、人才机构等这种信息匹配度相对来说不高,但可以作为我们扩大应聘的渠道,作为一个补充的方式。而媒体和熟人,特别是熟人推荐,刚才我们所讲到很多包括师长、校友、实习单位的经理等等,是属于有效度最高的,也是我个人特别推荐给大家的。这里并非说一定要采用"走后门"的方式去介入。还有很多信息,没有公开发布出来,是企业内部的招聘信息,它是通过在职人员的推荐来进行应聘的。据我所知有很多企业,包括微软、百度等,他们都有内部员工推荐的方式。

11.如何应对笔试和面试

笔试分为技术性和非技术性的。我们知道的像公务员的考试,这个属于国考,又是我国"第一大考",它的录取率比高考的录取率还要低。再有像软件、IT类的,它有很多笔试都属于技术性的笔试。还有很多是属于非技术性的笔试。面试有很多种类型,像传统的一对一,多对一,现在越来越多的招聘是通过小组讨论进行的。大家应该看过相应的资料,这种小组讨论的方式要求比较高,很多企业会采用这种方式。像我们讲到的电话面试,现在也越来越多,因为相对来说成本比较低,效率比较高。案例分析是属于比较专业的面试,如在市场和销售方面,以及经营和管理人员的面试当中会用到,这种面试要非常的注意细节。

下面讲到的是我看到的一份美国资料,供大家做参考,也给大家一些鼓励。平均面试12次才能得到一次工作机会,200~1500份简历才能得到一份工作offer,50%以上的求职者,是通过推介或介绍得到职位的,所以这个也反应我刚刚介绍大家要通过熟人介绍和推荐得到职位。

五、"华丽变身"步入社会

下面讲我们步入职场要注意的一些内容,还有我们实习期间或者你在新人期间所要注意的内容。"你能走多远,关键是你与谁同行"。这个强调的是你找到一个值得去学习,值得去锻炼的企业,找到一个可以学习的上司或者老板,会成长得更快。"定位不当,终身流浪。"同学们进入一家企业之后往往会产生一些不适应和不满意,因而频繁地跳槽。毕业生在两年之内跳槽的频率会非常的高,有的会跳槽3～4次。这个对自己非常不利,对于以后的发展会带来负面的影响。"赢在起点,目标决定作为。"

1.试用期生存的十个技能

技能一:守时守信重承诺

技能二:读懂上司(老板)

技能三:少说多干点头微笑无帮派

技能四:自信、谦逊、坚毅

技能五:幽默与同情心及亲和力——被人接受喜欢

技能六:从小事做起

技能七:熟悉企业习惯并适应

技能八:适度建议少批评

技能九:人脉与专业均衡

技能十:活出个性,干出潜力

这其中特别重要的是守时守信,还有就是读懂上司。我们在选择职业的时候,一定要找一个好老板。这个老板也要比较赏识你,这会给你以后的成长带来很大的便利。

2.良好的开端是成功的一半

(1)良好的第一印象

包括服饰、发型、言谈举止、公共道德等。

(2)纪律与责任意识

必须熟悉本单位的规章制度及其文化内涵,自觉遵守纪律;养成良好的行为习惯(记录);积极承担自己应负的责任。

(3)努力建立和谐的人际关系

尊敬领导、增强沟通(适度);尊敬同事,加强合作(接纳)。

这里又要给大家带来一个故事。老骆驼在垂暮之年,又一次穿越了号称"死亡之海"的千里沙漠而凯旋。马和驴请老英雄去介绍经验。

"其实没有什么好说的,"老骆驼说,"认准目标,耐住性子,一步一步往前走,就到达了目的地。"

"就这些?没有了?"马和驴问。

"没有了，就这些。"老骆驼说。

"唉！"马说，"我以为它能说出些惊人的话来，谁知简简单单三言两语就完了。"

"一点也不精彩，令人失望！"驴也深有同感。

其实，任何经验之谈，都是简单明了的，关键看你能否运用到实践中去。这也是我非常强调的一点。能否成功，在于你的坚持和行动。所以最后告诉大家：要终身学习、开创新天地，注重实践，在岗位上成才。

我想要推荐给大家三本书。其一是史蒂芬·柯维的《高效能人士的七个习惯》，中国青年出版社出版的。这本书在2004年出版，经得起广大读者的考验。当年出版的时候我便读了这本书，它给我非常大的启示。书中高效能人士的七个习惯中，第一个习惯就是"积极主动"，这也是我非常强调这一点的原因。其二是鲍里斯的《你的降落伞是什么颜色》，中信出版社出版的。这是求职方面的畅销书，它比较强调"以寻找自己的目标去求职、去营销自己"，强调的最高境界就是"让你的老板为你特设一个职位"。其三是李开复的《与未来同行》，人民出版社出版的。李开复先生是我非常敬佩的一位老师。他原来在微软、谷歌等企业工作过，现在他创办了"创新工厂"。同时我也推荐大家去阅读他的开复学生网。这本书大概三年前出版，现在我推荐大家去看一下他的新书《世界因你不同》。这本书中包括了他写给中国学生的七封信和一封写给他在哥伦比亚大学的女儿的信。我觉得大家可以拿来看一看，这对你们会有很大的启发。

"积极主动、终身学习"八个字送给大家，与君共勉。这八个字是基于我的工作、学习和生活而由衷表达的八个字，预祝大家能够开创一片精彩的工作生活天地。

现场互动

学生一：刘老师，您好。我是来自经济与管理学院08级的学生。我可以很自信地告诉您，我就是您刚才提到的第四种学生。我对职业规划非常有兴趣。在和其他人的沟通交流过程中，我发现女生对这方面的迷惑更多，所以我想替女生提一个问题。我认为她们主要有三个矛盾。第一是家庭的矛盾。因为南昌大学的贫困女生占多数，这就存在一个现在与将来的取舍问题。第二是现实的矛盾。家长已经帮自己的女儿选择了未来，而不顾及她们对自己的专业是否喜爱、对家长安排的城市是否喜欢。第三是年龄的矛盾。大学生面临了考研、就业、出国等问题，但是她们又要组建家庭。每一个女生都不想成为"剩女"。您在社会地位、自我实现等方面都可以称作是一位成功的女性。针对以上这三个矛盾,请您与我们分享您的观点。

刘建新:在座的女生一定都感到很欣慰,因为有这么一位男生为你们考虑得这么周到的。"一位成功的女性"我不敢当,但是我确实是要为女生多说一些。在现在社会当中,隐性的不公平肯定是存在的。男生在求职中比女生要有更大的优势。因为社会对女性认识上总会有顾虑,女性要结婚生子。尤其是生子一定要耽误一段时间,而且生子之后女性可能会把重心由工作转移到了家庭上。这也是为什么社会在选择男女上会倾向于男性。媒体发出的调查显示,上海地区就业中,"上海生源+男生+中共党员"这样的组合是最受企业欢迎的组合。所以我要告诉女生:大家可能在大学学习中确实付出了很多努力,在今后的就业中要付出更多的努力和更大的代价才能够获得认可,要靠自己的作为、态度和认识来赢得这个社会的认可。虽然女生在求职时可能会遇见不利的局面,但是我看到交大同学的情况是这样的:女生的就业结果和男生没有差异。很多媒体都探讨过关于男女生求职就业的问题,上海的就业薪资女生比男生要低200～300元。后来记者问我,交大怎么样,我看到的是女生和男生没有差异。我问过复旦,也是一样没有差异。这说明即使在这样的环境下,我们女生仍然能够取得很好的成绩。这一点是值得女生为自己鼓掌的。(掌声)

结婚其实是男生女生都要面临的事情,女生只是多了一项——生子。我们完全可以和企业做一个沟通,克服生孩子所占用的大概半年时间。而且照顾孩子的责任也不一定就落在女生的身上。职业女性能够达到的地位取决于自己的态度。可能是由于传统观念的影响,家庭的主内的担子会落在女性的身上,她们将更多的精力放在了孩子身上。我们能够看到,高成就的女性总归是少一些的。如果你的精力、态度和大部分的时间是放在了事业上,我们和男性是没有差异的。我们有一个优势——心理素质要优于男生,我们具有更大的韧性,这就会给未来的工作带来很大的便利。我们在做人际沟通时也有女性的优势。男生可以靠递烟敬酒来促进人际关系,女性的优雅和善解人意也能够为自己制造一个良好的环境。我们在家庭和工作之间是可以平衡的,男性可以做到,女性同样也可以做到。谢谢。

学生二:首先感谢刘教授来到南昌大学为我们做这场精彩的演说。

我的问题是,现在高职高专的学校应该比本科学校还要多,我想知道高职高专和大学本科比起来就业各有什么优势? 文凭在大学生就业中到底起着什么样的作用? 谢谢!

刘建新:很高兴你代表高职高专的同学问了一个问题。高职高专的供需比是供大于求。高职高专如果是定义为灰领职业来就业的话,灰领的供需比要比本科以上的供需比低。高职高专如果是2∶1的话,本科则是3∶1。一个岗位如果是两个以上的高职高专应聘者,而另外一个职位,有三位学历在本科以上的求职者竞争,这样就出现了三位求职者竞争同一个职位的局面。所以说,目前高职高专毕业生的就业前景是好于本科以上学位的毕业生的。那为什么现在很多高职高专的同学觉得求职困难呢? 这就取决于我们自己的目标是定在什么位置上。

例如我刚刚讲到的商务英语。你们试着想想,现在的英语,是作为一项工具存在的,而不是作为一项专业来使用的。高职高专或者一般普通高校的商务英语毕业生,求职肯定是比较困难的。至少在现在的重点大学里面,英语都只会作为工具来学习,没有人会需要英语专业毕业生做翻译工作。况且我相信以大专和一般本科毕业生的程度,也是做不了翻译的。虽然有一些特别缺的高级人才,例如同声传译,哪怕是上海外国语大学,一年也培养不出来几个人,但一般的英语学习者是不缺的,因为大家都不需要,所以说关键还是在定位上面。

就我刚刚举的例子——汽车维修而言,我本来觉得这是一个非常优良、高级的专业,也是一个很有发展前景的专业,所以我曾经为我的表弟设想,假如他积累好自己的维修经验和维修公司经营的经验,那么他自己都是可以成为老板的。之所以这么说,是因为这个行业的需求量肯定是越来越大的。众所周知,现在的汽车生产量越来越多,因此,汽车延伸出来的服务需求也是越来越大的。现在高职里面最稀缺的就是高级技师、高级技工。其实,这些职业的薪金,比一般普通本科毕业生的薪金要高得多。但是就我所知道的目前的状况,很多这方面的企业,花高薪——年薪可以达到十万以上——去聘请一个高级技师,就是如此也可能碰壁。所以我对高职的学生有这样的一个期望,希望他们能够找到自己需求的位置。毕竟,学历并不能说明你处在弱势,关键是你要找到自己适合的位置.

学生三:刘老师您好,谢谢您给我们带来如此精彩的演说,您的美丽端庄打动了我们所有的女生。我想问一个比较细致的问题:您觉得包括上海交通大学在内,目前金融行业的就业前景怎么样?在金融危机的大背景之下,我们金融专业的本科毕业生,和三年之后拥有硕士文凭相比就业形势有何不同?我们有没有必要读研?请您为我们仔细讲解,我们定会洗耳恭听。

刘建新:这是一个非常细致的问题。上海现在的定位是国务院批准的两个中心:一个是国际金融中心,另一个则是国际航运中心。现在我国正在为把上海建设为金融中心而不懈努力,所以上海在今后很长一段时间内需要吸纳大量的金融人才。现在上海交通大学和同层次的高校里面,金融专业的学生的就业前景是一片光明的。

另外,我刚刚在举例的时候也提到过,现在金融行业对从业人员的要求,特别是金融中心所需要的人才,绝不同于对一般的银行、柜台人员的要求,它对人才的从业能力、从业资格要求是非常高的。上海交通大学和上海市政府正在筹办一个上海高级金融学院,并且这是国家和地方建设的重点项目。此外,这个学院要培养的是将来在国际金融行业有充分竞争力的高端人才。所以我强调,金融中心所需求的就是金融高端人才。

至于说是不是要读研,那就要看自己——如果自己的目标是在金融中心工作,从它对人才要求上来看,你就肯定是要读研的。而且,还不仅仅是一般大学的硕士学位,必须是重点大学、名牌大学的硕士学位,这样你才处于优势地位。然而,如果你的目标只是在一般的银行,比如说在一些商业银行从业,那么我相信金融专业毕业生的就业情况跟以往相比,应该还是大同小异的。

精彩评论

人生有限　学海无涯

黄静如(工管 09 级)

"君不见黄河之水天上来,奔流到海不复回;君不见高堂明镜悲白发,朝如青丝暮成雪"是啊,我们的人生如此短暂。在短暂的人生中,我们该如何丰富和充实人生呢?听完刘建新老师的讲座后,我知道了答案。很简单,一个字:学。

"积极主动,终身学习"这是刘建新老师根据当前国内、国际形势,对莘莘学子的最诚恳的劝诫。是的,我相信刘老师也始终践行这句话。譬如说,她常常工作至晚上九、十点钟,这早已超过了一天正常的工作时间。

不是为了报酬,不是为了名誉,很纯粹的,刘老师是为了学习。曾经看过一句话,诚信是第一财富,正道是第一坦言,诚实是第一妙语,而智慧是第一生命。我认为,学习是获得智慧的根本途径。

　　学无止境,在有限的生命里去学习无限的知识,我们虽有遗憾但决不后悔。回顾中国几千年历史,从四大发明到现如今的"神七",从原始社会到如今发达的社会主义社会,中国在学习中不断成长、发展、强大。屈原说:"路漫漫其修远兮,吾将上下而求索。"自古及今,中国在历史的岁月中探索了几千年始至今日之面貌,可喜可贺! 因为无数中华儿女不断地学习,我们的祖国傲立于世界的顶峰。中国之所以凸显于岁月的浮雕之外,成为一道独立的风景,不仅仅因为它的强大,还在于其内在深厚的无可比拟的底蕴,那是辛勤的中国人经千年的学习锤炼的结果,而学习并未中止,新一代的中国人将继续探索。

　　国家因为不断地学习和探索而逐渐强大,那么,独立的个人呢,难道不是这样吗? 的确,我们的一生就是不断学习的过程,在有限的学习时间中感悟人生价值。然而,这并非容易,既然选择了远方,就不要害怕风雨兼程,学习是漫长的过程,将贯穿于生命的始终,我们要耐得住成功前的寂寞。

　　万物有道,人生有限,学海无涯,即使枯枝化笔,也要让时间在我们身后作证,看温柔月色里我们终身学习!

网站留言精选

糖糖:早规划,大学时光精彩无限;早准备,积极应对就业的寒冬。

（主持人　崔永明　录音整理　夏建敏　肖梦瑶　摄影　程志坚）

第五篇　文艺漫谈

"前湖之风"周末讲坛第六十二期

主题:《脚尖上的梦——芭蕾欣赏入门》

主讲人:欧建平

时间:2009 年 10 月 24 日(周六)上午 9 时

地点:南昌大学法学楼报告厅

嘉宾寄语:"条条大路通昌大……"

　　欧建平,中国艺术研究院舞蹈研究所研究员、副所长、外国舞蹈研究室主任,硕士与博士研究生导师,获文化部"优秀专家"称号。北京舞蹈学院、上海戏剧学院客座教授,南昌大学兼职教授。在中外美学与舞蹈领域发表评论、论文、译文、词条千余篇/条,出版中英文专著、译著 28 部,代表作有《东方美学》、《印度美学理论》、《舞蹈概论》、《舞蹈美学》、《舞蹈鉴赏》、《现代舞欣赏法》、《舞蹈美学鉴赏》、《当代西方舞蹈美学》、《现代舞欣赏法》、《现代舞术语辞典》、《现代舞的理论与实践》、《外国舞坛名人传》、《西方舞蹈文化史》、《外国舞蹈史及作品鉴赏》、《世界艺术史·舞蹈卷》等,其中有 7 部在台湾再版为繁体字,于海外华人文化圈中广为流传。为《中国大百科全书》第二版"外国舞蹈"分支主编,牛津大学出版社六卷本《国际舞蹈百科全书》、美国圣詹姆斯出版社两卷本《国际芭蕾辞典》、一卷本《国际现代舞辞典》国际顾问和特约撰稿人,美国《舞蹈杂志》国际评论家。长期为 10 余家大中型演出公司主办的百余个国外民间、芭蕾、现当代舞团的访华演出担任国际舞蹈顾问,为多个国内外舞蹈比赛担任评委。获 30 余次中外政府及文化机构颁发的"研究员奖金"。1995 年以来,作舞蹈欣赏的普及报告 200 余场,其中数在 CCTV《百家讲坛》主讲的《脚尖上的艺术》和《脚尖上的莎士比亚》,在北京音乐堂和国家大剧院主讲的芭蕾和现代舞导赏系列讲座,产生的社会影响最大。

　　脚尖鞋、白纱裙、粉丝带……这些字眼印入我们的眼帘时,大家会联想到什么? 对了,那就是芭蕾。从爱情至上的《天鹅湖》、浪漫温馨的《睡美人》、童趣童心的《胡桃夹子》,到奢华帷幕拉开的那一刻起,芭蕾就以其悠然旋转的曼妙舞姿倾倒了所有观众,那轻盈间划开的优美弧线洞开了一弯让世人惊叹的艺术长廊。

　　芭蕾,它起源于意大利而兴盛于法国,既包孕了对多彩生活的感性认识,也充满了对理想爱情的无限憧憬,二者的完美结合始终贯穿着芭蕾的整个步调。然而,芭蕾,它究竟是舞还是剧? 它经历了怎样的历史分期与流派更迭? 在璀璨的芭蕾舞台上,"三夫三娃"有着怎样的风采? 在本期讲坛上,主讲人将为我们揭开芭蕾的神秘面纱,以全新的视听方式,引领你我一道,走进令人神往的芭蕾世界。

脚尖上的梦——芭蕾入门欣赏

◎欧建平

  同学们,大家好! 我非常高兴,来到美丽的南昌大学,和大家分享——芭蕾的精彩和畅快。

  早在新中国成立之初,芭蕾的表演曾受到非常严厉的批评——"大腿满台跑,工农兵受不了"! 然而,随着 60 年来国家经济的发展、文化政策的开放,芭蕾已成为家喻户晓的艺术,受到全国人民的青睐。芭蕾是西方文明,或者说是世界文明的结晶,它的典雅高贵,开始影响着我们的言谈举止、衣着品味。它从身体入手,逐渐丰富着我们的文化生活——在不少城市里,不同年龄段的人们开始走进舞蹈教室,在神圣的芭蕾把杆旁,从"脚位"、"手位"等基本舞姿,"下蹲"、"擦地"等基本动作开始,循序渐进地学习芭蕾,从内到外地体验什么叫"美"。

  芭蕾,这个令人陶醉的名词,在各国人们的心目中,它始终是典雅与高贵的象征。芭蕾,它起源于 15 世纪文艺复兴时期的意大利,成型并且兴盛于 16 至 19 世纪上半叶国力强盛的法兰西,鼎盛于 19 世纪下半叶文化昌明的俄罗斯,20 世纪初,从俄罗斯走向世界各地。500 年来,它逐步形成了意大利、法兰西、俄罗斯、丹麦、英国和美国这六大流派,陆续经历了早期、浪漫、古典、现代和当代这五大时期,并为我们留下了数不胜数的经典作品。其中,最重要的作品当属首演于 1832 年的浪漫芭蕾的处女作《仙女》,因为脚尖舞从此成了芭蕾的法定技术,而轻盈飘逸、超凡脱俗的诗意则成了芭蕾的基本特征,并且一直延续至今。

  从少年时代开始,我就酷爱舞蹈和音乐,学舞不会因为腿脚摔伤出血而停止,练琴则常常达到废寝忘食的地步。高中毕业后,我的第一个工作是玉雕，同样干得如痴如醉，三年学徒，两手时时泡在冷水中，用各种体积和形状的工具连切带磨，创作了几件玲珑剔透的花鸟玉器，为国家换取了在当时非常难得的外汇，而手背上则留下了太多的刀伤与蜡烫的疤痕，更磨练出大胆而细心的作风与惯性……不过，或许正是这种对艺术的酷爱与执着，最终使得舞蹈这门最苛刻的艺术，成了我一生的追求。进入舞蹈界 27 年来，我曾 4 次以“访问学者”的身份赴美，随多位舞蹈理论与实践大师深造，而且还以“国际舞评家”的身份，频繁出没于欧、美、亚、澳四大洲的 18 国以及港、澳、台地区，每年观舞 100 场上下，平均每 3 天就有 1 晚在剧场度过，可谓与舞蹈结为最亲密的舞伴，而我的气血则因此保持了畅通，身体一直安然无恙，精神更始终处在乐观向上的状态之中。实话实说，我爱看舞蹈，因为一台龙腾虎跃、意味深长的舞蹈演出，能让我兴致勃勃地一连看它 3 场，留下几十页现场笔记，然后用中英文，写出并发表大量言之有物、备受青睐的评论。实话实说，我爱看芭蕾，因为挺拔健硕的男演员、婀娜多姿的女演员不仅让我气血通畅、身心健康，而且还给了我无限的激情与能量，给了我充分的想象与原创——27 年来，我根据这些数不胜数、非文字的中外舞蹈，用中英两种文字，从无到有、创造性地写作并发表了数以千计的舞蹈评论、论文和词条，出版了 28 部专著和译著，总字数达 700 万字。舞蹈，对我来说，就是一切！因此，能为芭蕾和现代舞这两种西方艺术，在中国的普及和发展，做些力所能及的工作，就是我今生唯一能做的事情了。

一、说文解字

关于“芭蕾”的内涵与外延，还有它的欣赏方法，我想给大家讲讲 13 个知识点：

1. 芭蕾究竟是什么？

很多观众都会说，芭蕾，就是脚尖舞。当你闭上眼睛，眼前是否会出现这种“嗒嗒嗒嗒”、脚尖碎步的响声和美感？这，就是脚尖上的舞蹈！这，就是我们接下来要重点讨论的。但是，如果用比较学术的方式来表述，我们可以说，芭蕾，最初曾是一种经过职业舞蹈家们加工提炼后，贵族化的欧洲宫廷舞蹈。随着时代的发展，大致从 1630 年前后开始，慢慢地进入了剧场，成为广大民众的艺术。

2. 法语是芭蕾的世界语

一部芭蕾史,上下五百年。我们在前面说过,芭蕾孕育在意大利,成型并且兴盛于法兰西,所以,它所有的动作术语到今天为止,都是用法语来概括、来表达的。为此,无论你走到哪个国家,无论你是哪里的芭蕾舞者,都得使用法语的芭蕾术语,即使带上不同民族的口音也不例外。此外,在法语之外的国家里,人们对 Ballet 这个词,还有 7 种翻译方法:①纯粹的音译:芭蕾;②芭蕾舞;③芭蕾舞剧;④舞剧;⑤舞蹈;⑥芭蕾舞团;⑦芭蕾音乐。

　　3. 芭蕾是一种贵族艺术

　　我们说芭蕾是高雅艺术也好,是严肃艺术也好,但它归根结底,还是一种贵族艺术。我觉得,后一种说法是比较准确的,因为它追根寻源,只是对它的发生做客观性的描述,而没有排它的意思。否则,如果称它是高雅艺术,就可能意味着,其他的艺术是低俗的;而如果称它是严肃艺术,则可能会暗指,其他的艺术是不严肃的。

　　4. 芭蕾的起源是民间舞

　　不过,芭蕾虽然是贵族艺术,但它的起源还在民间。具体地说,它起源于意大利,我们从它的词源中可见一斑:Ballet 在意大利语中的前身,叫做 Ballo(读音"芭洛"),意思是跳,蹦蹦跳跳,代表了一种天真、纯朴、自娱、自乐的民间舞。后来,它从意大利的宫廷传播到了法国的宫廷,并经过了法国宫廷舞蹈家们的提炼,然后才上升为法语的"Ballet"(读音"芭蕾")——至此,它的动作成了一种高度程式化的语言,并能在哑剧的帮助下,表现完整的故事情节,我们翻译成"舞剧"。由此可见,芭蕾无论发展到何种高度,它的根还是在民间舞中的,比如说,它的许多腿脚动作,都来自于欧洲的民间舞,只不过民间舞者们穿的是靴子,因此,脚背无法绷直;此外,民间舞表现的是人,而非神,因此,也无需绷脚背;再者,民间舞者们都是农民,因此,肢体的各个部位也无需像贵族们那样,向外打开到 180度。

　　5. 芭蕾是诗、乐、舞三位一体的产物

　　在中国、印度、希腊这几个文明古国中,有这样一个共同现象,就是戏剧的构成是诗、乐、舞三位一体的。芭蕾也不例外,它是意大利和法兰西的艺术家们希望重建古希腊那种诗、乐、舞三位一体戏剧理想的产物。因此,一部芭蕾舞剧,首先要有诗化的文学剧本,然后要有音乐伴奏,最后则是舞蹈动作、手势语言、面部表情。此外,还有一些舞美做辅助,比如服装、灯光、布景等等。这些综合性的元素集合在一起,才能成就一部舞剧。

因此，我们常说，舞剧或芭蕾舞剧，是一种综合性的艺术，一种群体性的艺术，靠任何一个人，无论他的智商有多高，都是很难成就这样一种群体性艺术的。

6．"世上芭蕾第一部"

在芭蕾的历史上，我们通称"世上芭蕾第一部"的舞剧，于1581年诞生在法国的宫廷，它的名字叫《皇后喜剧芭蕾》，编导家是意大利人巴尔塔扎·德·博若耶。这部芭蕾舞剧，在今天看来是很幼稚的。但我们如果把它还原到1581年去，就会发现它在舞剧的创作上，做出了三个非常重要的突破：第一，从主题和结构上来讲，它第一个把若干个不同的希腊神话故事，放在了一个完整的戏剧主题与构架之下；第二，从编舞上来讲，它第一次意识到，舞蹈的动作编排应该和音乐的旋律、节奏同步起来，这在世界编舞史上是一大进步；第三，从构图上来讲，它第一次体现了古希腊哲学家毕达哥拉斯"几何也能表达思想"的观念，具体做法是：它准确地运用了古典主义的"对称平衡"这个美学概念——在《皇后喜剧芭蕾》中，皇后坐中间，文武大臣站两边，而这样一种"对称平衡"的构图，足以在心理上给观众一种稳定感，实际上，就是用一种无声的语言，去弘扬一种"安定团结"的概念。这种概念，

7．"太阳王"与《夜芭蕾》

对于整个芭蕾的发展，有另外一部芭蕾起了同样重要的作用——《夜芭蕾》。芭蕾发展到今天，在很大程度上归功于17世纪的一位法国国王——路易十四。他一口气建了五座学院，其中第一所就是舞蹈学院，其次是音乐学院、建筑学院、文学院和歌剧院。为什么呢？因为他从小就酷爱舞蹈！1653年首演于巴黎卢浮宫的《夜芭蕾》，正是法国芭蕾大师皮埃尔·博尚专门为他创作的，并由他亲自主演。当旭日东升之时，这位扮演太阳的国王，或者国王扮演的太阳，极具象征意义地，从天边冉冉升起，而路易十四则因此以"太阳王"的美名载入史册。

接下来，请大家看一段视频，选自2000年法国拍摄的芭蕾故事片《国王跳舞》，其中复排了《夜芭蕾》中的这个片段。我们可以从中想象，早在17世纪的中叶，也就是300多年前，法国的芭蕾就曾创造出了如此的辉煌！

（播放《夜芭蕾》中的片段）

8．"钻石美酒"双人舞

在古典芭蕾舞剧中，双人舞素有"钻石美酒"的美誉，代表着芭蕾技术

和艺术在古典芭蕾时期的登峰造极,因而是其中最精彩的部分。它由法国芭蕾大师马里于斯·佩蒂帕最终定型,大多洋溢着浪漫的爱情主题,并按照 ABA 的三段式结构来表演:在第一个 A 段中,由男女双双在"抒情的慢板"音乐中翩跹共舞;B 段由男女分别独舞,又称男女变奏,为的是让双方,特别是让男演员,有崭露头角的机会,以便在芭蕾舞台上达成某种阴阳平衡;在第二个 A 段中,男女双双则会在"辉煌的快板"音乐中再次共舞,最后以高难技术的炫耀戛然而止。双人舞及其中的独舞,一直是各大国际芭蕾比赛的基本内容,可以全面展示男女演员各自的身体条件、肌肉能力、动作技术、音乐感觉和配合默契。

古典芭蕾舞剧中,还有一种样式叫大双人舞,它是男女主演在由全体舞者伴舞的宏大场面中,为整部大戏压大轴的双人舞,通常会用大团圆的结局来收尾。如果这个舞段完成得圆圆满满,那么,整部舞剧便可以说是稳操胜券了。《唐·吉诃德》第四幕中的双人舞便属此类,因而历来受到各国演员的青睐,它是炫耀各自高难技术的重点舞段。

ABA 三段式的双人舞是古典芭蕾的典型特征,而随后的现代芭蕾和当代芭蕾双人舞,则彻底突破了它的限制,因此,有无这个三段式,是我们判别一段双人舞,甚至一部舞剧是古典的,还是现当代的标准之一。

9. 舞剧,究竟是以"舞"为主,还是以"剧"为重?

在芭蕾舞剧中,"舞"和"剧",到底谁更重要呢?这一直是芭蕾舞界争论不休的话题。其中,每一次"变奏"(即在双人合舞之后,男女舞者各自的独舞)之后,舞者都会出来,向观众频频谢幕,而整段双人舞成功跳完之后,观众的掌声和欢呼声更是经久不衰。这对于舞者来说,是非常重要的,因为这说明了他或者她,把这个变奏跳得完美无瑕,换言之,观众的掌声是冲着他们跳的舞去鼓的。这个例子足以说明,与"剧"相比,"舞"显得更加重要!

此外,我还发现,在芭蕾舞剧的演出中,男女舞者在跳完双人舞后的频频谢幕,已经成了一个炫目的传统,但我们却无法想象,在话剧中,某位著名演员把某段经典台词说得字正腔圆,然后,观众会发出一阵阵热烈的掌声,而话剧演员则会走到台前,向大家频频鞠躬致谢,然后回到后台去!这是为什么呢?因为"剧"在话剧中,的确具有首当其冲的重要性,而话剧演员则不会因为台词说得好,观众喜欢,就频频出戏,向观众致意!反观我们的芭蕾舞剧,如果"剧"的重要性是首当其冲的,那么,女主演在表演完"吉赛尔发疯致死"这段惊天地、泣鬼神的好戏后,观众就该报以热烈的掌声,因为舞者死得真实,死得惨烈。但事实并非如此,即便在那些根据莎翁名剧改编的芭蕾舞剧中,观众也从不会对精彩的戏剧场面鼓掌! 由此,我更坚定了这样一个结论:"剧"在芭蕾舞剧中的意义,尽管是重要的,但却不是首要的;"舞"在其中的地位,才是首要的! 观众的热烈鼓掌全是因为舞者精彩绝伦地完成了某个舞段,而不是因为剧情的感人肺腑。

关于这个结论,我还有一个发现,可以用作例证:国际上,知名的芭蕾比赛有十来个,但没有哪个芭蕾比赛是比戏剧表演的,它们比的都是双人舞和独舞,尽管戏剧表演对于舞剧演员的表演和观众的理解来说,是必不可少的,但显然不是最重要的。由此可见,舞剧,的确是以"舞"为主,以"剧"为辅的。

(播放意大利女明星卡拉·弗拉奇在浪漫芭蕾舞剧《吉赛尔》中表演的"吉赛尔发疯致死"场面。)

10. 欣赏芭蕾,需要跳出"看不懂"的怪圈

从舞蹈接受的理论来说,只要舞者的动作在观众的身体上刺激出了某种反应,无论这种反应的强弱,我们便可认为,他们已经"看懂了",而无须用"口头语言"或"文字语言"表述出来,才能证明他"看懂了"。因为归根结底,舞蹈是用整个身体去传情达意的"动作艺术",属于"非文字语言"的范畴,而不属于讲故事、做戏剧、演电影的"口头语言",或者写小说的"文字语言"范畴。

正因为如此,我们在观看舞蹈时,男舞者们那挺拔健硕的体格、张力十足的肌肉、刚柔相济的动感、英俊潇洒的风度,女舞者们那亭亭玉立的身段、鬼使神差的脚尖、轻捷灵动的质感、楚楚动人的状态,给我们提供的那种有益于身心健康的肉体刺激、堪称为优美动人的精神享受,加上服装和灯光等赏心悦目的视觉美感、旋律和节奏等沁人肺腑的听觉效果,最终整合出来的那种审美快感,不仅能够达到提升品位、陶冶性情的美育目的,而且能够发挥舒筋活血、修心顺气的养生功能。不过,这一切真实地激荡在我们身体上的生理反应,回旋在我们情感中的审美享受,是没有什么"懂"与"不懂"的问题的,并且只存在于"只可意会,不可言传"的感性范畴内,而无法用口头或文字的语言加以准确的表达,结果便形成了多年来在舞蹈鉴赏方面,一直困扰着我们的这个"看不懂"的怪圈。

要跳出这个怪圈,关键在于如何在我们千百年来,凡事习惯于先用"口头语言"和"文字语言"去描绘、叙述、思考、评价的习惯定势之外,以舞蹈这种"非文字语言"的动作属性为基础,建立起重感觉、重体悟的感知模

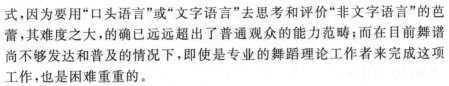

式,因为要用"口头语言"或"文字语言"去思考和评价"非文字语言"的芭蕾,其难度之大,的确已远远超出了普通观众的能力范畴;而在目前舞谱尚不够发达和普及的情况下,即使是专业的舞蹈理论工作者来完成这项工作,也是困难重重的。

事实上,观众在观看舞蹈的过程中,最有效,也是最简便的方式,莫过于在保持视、听、嗅、味、触这五种感觉的同时,重新激活和使用自己这与生俱有,但却已被遗忘了的"动觉"!

11. 欣赏芭蕾,需要"动觉"先行

所谓"动觉",包括三方面的内容:一是舞者和观众双方各自身体运动的感觉;二是这种感觉在彼此间的沟通和互动;三是人类肌肉中生而有之的同情弱者的能力。准确地说,这种动觉反应首先是身体的、直觉的、审美的,然后才是理性的、分析的、道德的。

"动觉"在观舞的过程中随时可以发挥作用,具体的例子则可谓数不胜数,俯拾即是:

比如舞者在起跳前做深呼吸时,许多观众会情不自禁地同步做深呼吸,由此无意识地完成了大量的有氧运动,身体畅快无比;

又如舞者在完成一串急速旋转,或者一个高空跳跃时,如果没有站稳,不少观众会情不自禁地产生扶助一把的冲动,由此不仅在潜意识中唤醒了自己的善良本能,升华了自己的道德情操,同时还能在欣赏舞蹈的同时,产生某种参与的快感;

再如观众一连几个小时,面对修长挺拔的芭蕾舞者时,自己的脊椎乃至整个身体,都会不由自主地同步向上延伸,呼吸不断加长加深,进而从身体到性情,潜移默化地美化了自己的体型体态,提升了自己的气质风度。

当然,在实际的观舞过程中,由于舞者与观众间客观存在的空间距离,我们的动觉要发挥作用,还必须借助于视与听这两种感觉,来接受大量的相关信息,才能完成双方动觉交互作用的审美通感过程,最终享受到舞蹈作为一种综合艺术的多元快感与美感。与此同时,这种交互过程还包括,观众身体的不同反应又会反射给舞者,刺激舞者的身体做出新一轮的反应,由此循环往复,直到整个舞蹈结束之后,依然可保存在双方的动觉记忆之中。

动觉虽然是我们每个人与生俱有的本能,但后天的频繁使用却可使它变得更加敏锐、更加发达;因此,每位肌体功能健全的观众在观赏舞蹈时,借助于"动觉"的功能,应该是都能做出反应的,只是观舞经验丰富者可能会反应得更强烈些罢了。由此,我们不难推断,那些自认为"看不懂"舞蹈的人们,可能不是从未亲炙过舞蹈真谛者,就是只看过一两次平庸之作便浅尝辄止者。

12. 欣赏芭蕾的三条建议

为了确保观众的"动觉"能够充分发挥作用,建议诸位在进入剧场时,将随身携带的大挎包,以及事先购买的各种物品,存放在进门大厅的衣帽间里,以便能够把自己的双手乃至整个身心都解放出来,随时能对舞者身心发出的"动觉"刺激,做出及时、敏感、迅疾、充分的"动觉"反应,充分享受舞蹈特有的"动觉"快感。

此外,还要建议诸位在观看20世纪之前的舞蹈,特别是舞剧时,最好能在演出开始前的半小时进入剧场,以便将日常生活中的种种琐事和烦恼留在演出大厅之外,轻松愉快地进入诸如童话芭蕾舞剧那种远离尘世的审美场;然后,可以阅读一下节目单上提供的剧情介绍、明星阵容、编导生平、作曲背景、舞美创意、舞团历程等等资料;最后还可以想象一下即将面对的舞台奇观,或者是干脆闭目养神,等待着演出的开始,以便能让自己疲惫的身心,至少得到几小时的休整……

而在观看20世纪以来的舞蹈时,观众只要按时进入剧场,别因迟到而被拒之门外,待在大厅里看闭路电视即可;其他的一切反应则全凭先天的性情、后天的教育、经验的积累、知识的储备,去临场发挥了……更何况,这种舞蹈的节目单上,大多是没有太多文字介绍的,一是因为编导家身为"非文字语言"的专家,不擅长,也不喜欢用"文字语言"去絮絮叨叨,更不愿让同行耻笑自己的功力不足;二是他们不愿让有限的"文字语言",窒息了观众对舞蹈这种"非文字语言"艺术的无限遐想。

不过,俗话说,"百闻不如一见",甚至"百闻不如一跳。"要对舞蹈做出充分的体认和欣赏,唯一的建议应该是:让我们一道看观舞去!而在条件许可的地方,诸位最好还能去亲自跳上几个舞,以便使大家在舞蹈欣赏中,能将书本知识与感同身受融为一体。

这方面登峰造极的人物,当数坐镇《纽约时报》近40年的美国舞评家安娜·吉赛尔科芙——她儿童时代的第一次审美对象便是《天鹅湖》,而在近70个春夏秋冬里,她仅是《天鹅湖》,就看了1,000多场!事实上,正是这种见多识广和日积月累,逐渐将她打造成了欧美舞蹈界最权威的鉴赏家和评论家。

13. 欣赏芭蕾的四句口诀

对于芭蕾舞者先天条件与后天动作的优劣,国际上是有审美标准的,我用中文把它们总结成了四句口诀,十多年来,它们已在全国的专业芭蕾圈和广大的芭蕾观众中广为流传。前两句是:"三长一小一个高,二十公分顶重要"。所谓"三长"、"一小",不言而喻,指的是长胳膊、长腿儿、长脖子,外加一个小脑袋。大头不成,大头(的芭蕾舞者)找不着重心(观众笑声);"一个高",指的是高脚背,只有脚背高,才能在脚尖落地的那一瞬间,迅速地为整个身体和舞姿找到平衡,才有芭蕾舞者肢体线条那种特有的曲线美。

"二十公分顶重要",是指腿部需要比躯干长出二十公分来,这是对舞者,尤其是女舞者的上下身比例,提出的一个最严酷的标准。

后两句口诀是:"开绷直立爹妈给,轻高快稳师傅教",这里,前四个字之首是"开",指整个身体,需要向外打开。具体地说,不仅是两脚向外打开,即我们俗称的"八字脚",而且是踝、膝、胯、胸、肩,自下而上,五位一体,由内向外地充分打开,最好能达到180度。这样,舞者的整个身体才能不仅灵活机动,占有更大空间,而且还能焕发出芭蕾特有的那种雍容大度。"绷",是指脚背必须"绷"出来,不仅在腿脚直立于地面,或延伸于空中的大幅度动作中,而且还要在脚部稍稍离开地面的小幅度动作中。"直",是要求大小腿伸直时,膝盖是直的,甚至是凹进去的,这样,大小腿的线条才能自下而上看去,有那种一气呵成的线条美感。"立",则是要求脊椎和地面呈垂直状态,这样,才有贵族的风范可言,就像我们中国古人推崇的"坐如钟、立如松"那样挺拔。

第四句的要点也是四个字:"轻高快稳",其中,首当其冲的是"轻"字,指的是轻盈飘逸,只有这样,跳起仙女、幽灵来,才能有股来无踪、去无影、超凡脱俗的仙气。"高",是指舞者的爆发力要高,而他们跳得越高,难度越大;跳得越高,才能有足够的空间和时间,去完成次数越多的腿脚击打。"快",是指旋转的速度要快,两腿或两脚在空中击打的频率也要快。"稳"说的是,不管你跳得多高,转得多快,最后必须收得住,收得稳,这样才有贵族特有的从容不迫,才有芭蕾的集大成之美。

(播放巴黎歌剧院芭蕾舞团的一对男女舞者,在古典芭蕾舞剧《睡美人》中表演的《蓝鸟双人舞》,并同时做上述讲解,像点评球赛一样。)

二、来龙去脉

1. 芭蕾史上的"五大时期"

如前所述,芭蕾起源于意大利,成型并且兴盛于法兰西,鼎盛于俄罗斯,然后从俄罗斯走向世界各地。在这 500 年中,它先后经历了早期芭蕾、浪漫芭蕾、古典芭蕾、现代芭蕾和当代芭蕾这五大时期。

早期芭蕾时期共有 300 多年的漫长历史,最重要的代表人物和作品在上一节中已有部分的介绍。从 1832 年首演的处女作《仙女》开始,芭蕾的发展开始进入了浪漫芭蕾时期。从这个时期的女明星玛丽·塔丽奥妮开始,芭蕾女演员必须在脚尖上翩翩起舞了,这要感谢她的父亲菲利波·塔里奥尼为她量身定做的这部芭蕾舞剧。同时期传至今日的其他杰作,还有悲剧代表作《吉赛尔》、喜剧代表作《葛蓓丽娅》,以及《海盗》、《希尔维娅》、《帕基塔》。

到了 19 世纪中叶,芭蕾的中心转移到了俄罗斯,由此进入了古典芭蕾时期,至今活跃在舞台上的代表作也有六部,其中有三部是我们耳熟能详的,俗称"老柴的三大舞剧"——《天鹅湖》、《睡美人》、《胡桃夹子》,而此前还有《唐·吉诃德》和《舞姬》,此后则有《雷蒙达》。这个时期最具代表性的编导家只有两位:俄罗斯"古典芭蕾之父"——法国大师马里于斯·佩蒂帕,以及他的弟子列夫·伊万诺夫。

现代芭蕾开始于 1909 年。当时在俄罗斯古典芭蕾的大本营里,有一批不满于保守现状的芭蕾精英,他们在谢尔盖·佳吉列夫这位演出经纪人的带领下,杀回了巴黎,用大批颇具新意的芭蕾作品在那里一炮打响,由此开创了现代芭蕾这个新时代。佳吉列夫的成功史颇具传奇色彩,他曾学过声乐、作曲和绘画,虽然都没能成大气候,但由此在艺术上形成的鉴赏力,加上他与生俱有的凝聚力,却为他在芭蕾组织工作上的大获成功奠定了重要的基础。

这个时期的处女作是一部中型的交响芭蕾《仙女门》,它的历史意义是"第一部无情节的芭蕾",而他的编导家则是"现代芭蕾之父"、俄罗斯芭蕾大师米歇尔·福金。没有了情节就是没有了故事,也就没有了戏剧,只是在动作上大做文章,因此,就不能再叫做芭蕾舞剧了。这个阶段的编导大师共有五位,福金随后又创作了《火鸟》、《玫瑰花魂》和《彼得鲁什卡》等代表作,随后则是以编导《牧神的午后》和《春之祭》而青史留名的瓦斯拉夫·尼金斯基、"交响芭蕾大师"莱奥尼德·马辛、芭蕾史上绝无仅有的女编导大师布朗尼斯拉瓦·尼金斯卡,以及后来开创了美国芭蕾,并把交响芭蕾推向极致的乔治·巴兰钦,后三位的代表作有《三角帽》、《幻想交响曲》、《巴黎的欢乐》、《婚礼》、《蓝色的列车》、《阿波罗》、《浪子回头》等等。

从1909年到1970年代末,这70年中,整个世界发生了天翻地覆的变化,其中包括两次世界大战、计算机的诞生等等,以及接踵而来的人口爆炸、知识爆炸和信息爆炸,而芭蕾的发展则与整个世界的发展基本同步,代表人物、代表作品则多得数不胜数。为了方便起见,我根据史实,把这70年分成了早、中、晚三个时期——首先是佳吉列夫俄罗斯芭蕾舞团叱咤风云的20年,也就是1909年到1929年,它属于其中的早期,而同时期的苏联还有芭蕾大师费多尔·洛普霍夫、卡西扬·格列佐夫斯基,他们创作了《舞蹈交响曲》、《美男子约瑟夫》等等代表作。

此后是现代芭蕾的中期,代表性的编导大师中,要数美籍俄罗斯人巴兰钦,苏联人罗斯季斯拉夫·扎哈罗夫,莱奥尼德·拉夫罗夫斯基,英国人弗雷德里克·阿希顿、安东尼·图德最具影响力,他们的代表作有交响芭蕾《小夜曲》、《辉煌的快板》,戏剧芭蕾《泪泉》、《罗密欧与朱丽叶》、《希尔维娅》、《茶花女》,心理芭蕾《丁香花园》等等。

随后是现代芭蕾的晚期,大名鼎鼎的编导大师中有独树一帜者有法国人罗朗·佩蒂、莫里斯·贝雅,英国人约翰·克兰科、肯尼斯·麦克米伦,美国人杰罗姆·罗宾斯、苏联人尤里·格里戈洛维奇,荷兰人汉斯·范马南、鲁迪·范·丹茨格等等,他们为我们创作了大批风格迥异的现代芭蕾杰作,如戏剧芭蕾《年轻人与死神》、《卡门》、《奥涅金》、《驯悍记》、《罗密欧与朱丽叶》、《曼侬》、《斯巴达克》,交响芭蕾《波莱罗》、《生命之舞》、《舞会上的舞蹈》、《另一些舞蹈》、《黑蛋糕》、《一位故去少年的丰碑》,以及为《国王与我》、《屋顶上的小提琴手》、《西区故事》等百老汇歌舞剧编导的舞蹈。

1970年代末以来,我们称这个时间段作当代芭蕾时期,这个时期集前四个时期之大成,各领风骚的编导大师及其代表作均远远超出前几个时期。其中,第一阶段的代表人物有捷克人伊日·基里安,美国人威廉·福赛斯、约翰·诺伊梅尔,瑞典人马茨·埃克,英国人克里斯多夫·布鲁斯,俄罗斯人鲍里斯·艾夫曼;第二阶段的代表人物中,有西班牙人纳乔·杜阿托,英国人戴维·宾特利,法国人让－克里斯多夫·马约,德国人乌韦·舒尔茨,意大利人毛罗·比贡泽蒂,加拿大人詹姆斯·库德尔卡等等。这些编导大师的截然不同就在于，他们不像现代芭蕾早期的那些大师们，不再轻易受到各种前卫思潮的刺激，大多不再创作铤而走险的作品，而是努力把500年来芭蕾史上前人积累的经验融会贯通，然后用各自不同的观念与方法，推出风格迥异的作品来，代表作有《六只舞》、《归去来兮》、《爱之歌》、《多少悬在半空中》、《死神之舞》、《天鹅之歌》、《封闭的乐土》、《流沙》、《缓流》、《残酷的世界》、《卡兹米尔的色彩》、《卡拉瓦乔》，重编经典题材的芭蕾舞剧《仲夏夜之梦》、《茶花女》、《吉赛尔》、《天鹅湖》、《卡门》、《睡美人》、《罗密欧与朱丽叶》、《灰姑娘》、《睡美人》，全然新编的芭蕾舞剧《柴可夫斯基》、《红色吉赛尔》、《俄罗斯的哈姆雷特》、《企鹅咖啡厅的寂静生活》、《美女与野兽》等等，令人眼花缭乱、心潮激荡。

2. 六大流派

什么叫做"流派"？怎样才能成为"流派"呢？国际上有这样几个标准：第一，至少要有一位能够承上启下、融会贯通的芭蕾教育家，并且拥有一套独具特色的训练体系；第二，至少要有一位出自本土，却能影响世界的编导家；第三，至少要有一位出类拔萃、国际顶尖的芭蕾表演家；第四，要有几部驰名国际，并有国外舞团购买版权演出的芭蕾剧目。

到目前为止，我们中国可以说是芭蕾大国，因为专业从事芭蕾的人口众多，而业余学习芭蕾的青少年就更是多如牛毛了，但由于上述的四条标准，我们还很难自诩为芭蕾强国，所以，离"中国流派"还有相当的距离。

3. 十六大"一流"芭团

在近年来的演出市场上，我们看到了很多的舞团，很多世界一流的芭蕾舞团也来到了中国。但是大家在看报纸时，通常会有一些迷惑，因为很多舞团到来前，有的演出公司迫于票房的压力，往往谎称这些芭团是"世界一流"的，结果让观众看完了后大呼上当，搅乱了演出市场！那么，国际上公认的"一流"芭团到底有几个呢？

总共有16个！我们可按照不同的风格细分为三大部分：

首先，代表着早期、浪漫、古典和新古典这四种风格的，共有六大芭蕾舞团：其中，堪称老大的是当法国的巴黎歌剧院芭蕾舞团，它先后在1998和2005年两次来过中国；接下来，是俄罗斯的两个，一个是圣彼得堡的基洛夫芭蕾舞团，这个舞团1999年、2002和2008年曾三次来过中国，另一个是莫斯科大剧院芭蕾舞团，这个团来过中国多次；随后，是美国的两个，它们都在纽约的曼哈顿，一个是纽约市芭蕾舞团，这个团至今尚未来过中国，一个是美国芭蕾舞剧院，这个团今年秋天即将来北京的国家大剧院；

最后,是英国的皇家芭蕾舞团,这个芭团在 1983、1999 和 2008 年曾三次来过中国。

　　随后是现代风格的芭蕾舞团,其中,真正成为世界级的却只有两个:一个是两次来过中国,曾在北京世纪剧院演出过《生命之舞》的贝雅洛桑芭蕾舞团,这个团诞生于 1960 年的比利时的布鲁塞尔,当时叫"20 世纪芭蕾舞团",1987 年随法国编导大师莫里斯·贝雅移师瑞士洛桑,舞团改为现在的名字;另外一个则是来过中国多次的德国的斯图加特芭蕾舞团,该团的历史可以追溯到 18 世纪,但却是在 1960 年代由英国大师约翰·克兰科推向世界之巅的。

　　最后是当代风格的芭蕾舞团,其中,有八个芭蕾舞团是世界级的。首先是由 1940 年代出生的老一辈舞蹈家领衔的五个:荷兰舞蹈剧院,这个团的一团和(青年)二团近两年来已三次来过中国,令舞蹈和文化界耳目一新;然后是德国的法兰克福芭蕾舞团和汉堡芭蕾舞团,前者尚未来过中国,后者 1999 年来中国演出过当代芭蕾舞剧《仲夏夜之梦》,明年会来北京演出当代芭蕾舞剧《茶花女》;接着是英国的兰伯特芭蕾舞团和瑞典的库尔伯格芭蕾舞团,前者 1957、1996 和 2004 年曾三次来华;后者明年会来北京。然后是 1950—1960 年代生人者率领的三个:西班牙国家舞蹈团和蒙特卡洛芭蕾舞团,前者 2002 年曾来中国演出过两台精品小节目,首创了小节目也能热卖的记录;后者 2000、2007 年曾两次来华演出过当代版的芭蕾舞剧《罗密欧与朱丽叶》,今年岁末和明年初秋会来上海和北京演出当代版的芭蕾舞剧《灰姑娘》和《睡美人》;最后是意大利的"阿岱"(意文中的"艺术"音译)芭蕾舞团,它曾在 2006 年来华演出过一台精品小节目,把地中海民俗风情的天真随性、意大利民众动作的机智敏感表现得痛快淋漓。这八个当代芭团都是真正意义上的世界级的芭蕾舞团。

三、巨星光彩

1."三夫三娃"

　　20 世纪的芭蕾史,实际上就是俄国人的历史。从明星的角度来说,我把他们归纳成了"三夫三娃"。"夫"明显是男性的名字,"娃"则是女性的名字。20 世纪初,佳吉列夫俄罗斯芭蕾舞团曾带着一批俄罗斯的芭蕾精英进军欧洲,最大限度地发挥了俄罗斯芭蕾的巨大影响力。当时,想成为芭蕾舞女明星的欧洲人,不在自己的名字后加上"娃"或者"卡娅"似乎就找不到俄罗斯帝国芭蕾的贵族味。

在 20 世纪的俄罗斯芭蕾史上,有三大女表演家的名字都是以"娃"字压轴,她们的名字大家耳熟能详。"三娃"中的第一"娃",是安娜·巴甫洛娃,1907 年,她成为第一个跳《天鹅之死》的芭蕾女明星。第二"娃",是加林娜·乌兰诺娃,她对中国文化界、中国舞蹈界,尤其是对新中国的第一代舞蹈家们,产生过巨大的影响。今天,很多舞蹈家们在回首往事时还会热泪盈眶——他们曾在 1959 年的北京,亲眼目睹过乌兰诺娃表演的《吉赛尔》《仙女们》和《天鹅之死》! 可以说,是乌兰诺娃引导很多中国人走进了舞蹈世界,她对中国,对世界的影响力,的确是巨大的。第三"娃"则是娜塔丽娅·玛卡洛娃,她在 1970 年代的国际舞坛上,曾被誉为"世界最佳吉赛尔"。

让我们来亲睹这三位表演大师的风采:

(播放视频)

这是"三娃"中的老大——安娜·巴甫洛娃表演的现代芭蕾独舞经典《天鹅之死》片段。这段宝贵的电影资料,让我们能够亲睹巴甫洛娃当年表演这个不朽独舞时巨大的戏剧张力。

这是"三娃"中的老二——加林娜·乌兰诺娃,她在现代芭蕾处女作《仙女们》中跳的一段《华尔兹》。这是 1952 年的电影,当时她 42 岁,这比我们中国观众在 1959 年见到的她要年轻七岁,所以,在男舞伴的托举下,她依然拥有这种轻盈飘逸的仙气和美感,整个的身体状态也要更好一些。

这是"三娃"中老三——娜塔丽娅·玛卡洛娃,她跳了一个非常完整的、清晰的《天鹅之死》。我们可以看到,"三娃"中,她的线条最长,因此,她的表演更加抒情,而不太强调戏剧的张力。这个版本还有一些令人叫绝的特色:不仅伴奏中带着合唱,而且舞台上还有几株芦苇的硬景,天幕上还画着几根行云流水般的白色线条!

接下来介绍三位登峰造极的俄罗斯芭蕾男演员,他们的名字中恰巧都有"夫"字结尾。首先是"三夫"中的第一"夫"——瓦斯拉夫·尼金斯基,他是一次跃入空中,能在落地前,双腿前后交织击打五次的男演员! 可惜,当时没有留下任何影像资料,我们今天只能看到他跳舞的照片!

(播放视频)

然后就是第二"夫"——鲁道夫·努里耶夫。这是 1958 年,他 20 岁的时候,在《莫斯科国际芭蕾舞比赛》上获金奖的一段独舞:双人舞《海盗》中的变奏。请大家注意,他的圈,转得有多快、有多溜,这股冲劲,真可谓横空出世、乱世英雄!

最后,我们来看看第三"夫"——米哈伊·巴里什尼科夫。他是 20 世纪芭蕾舞男演员中最大的一个天才。他长得很可爱,娃娃脸,讨人喜欢。这是他的弹跳,一撒脚就是八圈,轻而易举。我们知道,如果在台上转八圈,那么,他在教室练功时,一定得转 10 或 12 圈才行——因为台上可能会紧张,那样就会影响发挥。这里的道理就是我们常说的"台上一分钟,台下十年功"。

2."天下第一腿"

接下来,我们看到的这位,是 20 世纪 90 年代的世界顶尖芭蕾女演员,法国人西尔维·吉扬,她被誉为"天下第一腿"。吉扬与她前面的女演员不一样,她被称作"会思考的演员"。吉扬从巴黎歌剧院芭蕾舞团独立出来后,曾作为签约演员,继续同该团,以及英国皇家芭蕾舞团同台表演,以便能用更多的时间,穿行于世界各地,同全世界最优秀的男演员同台表演,并且特邀全世界最著名的编导家给她度身编舞,因此,可以说,她是全世界最幸福的芭蕾女演员!

四、世界纪录

一次直接这样跳上去的垂直高度是多少?《吉尼斯世界纪录》上记载是 1 米 30,纪录的创造者又是一位俄罗斯人——尤里·索罗维也夫,他是努里耶夫当年的同班同学,是苏联 1960 到 1970 年代的顶级男演员。

（视频播放:索罗维耶夫在古典芭蕾舞剧《天鹅湖》中表演的王子独舞)

我们可以看到,他的爆发力确实不同一般。

（视频播放:古典芭蕾舞剧《胡桃夹子》中的王子独舞)

接下来,我们再看世纪之交时国际芭坛上的一位大明星:他是 30 多岁的乌克兰明星,弗拉基米尔·马拉霍夫——就是 2000 年率先在《维也纳新年音乐会》上出场跳舞的那位男演员。我以前曾做过介绍。大家看,他的爆发力也是相当出色的,只不过,今天已经没人来计算他具体的弹跳高度了。但是,在看过索罗维耶夫的视频之后,我们再来看他,可以知道他的弹跳高度是只有过之而无不及了。需要请大家注意的是,他的腿部线条之修长,尤其是脚背之漂亮,足以同优秀女演员媲美了!正因为如此,他的动作无论是跳,还是转,都是如此轻盈飘逸,如此轻松自如,如同玩耍一样！

五、欣赏方法

在前面已介绍过四句口诀。

首先是"三长一小一个高"，说的是长胳膊、长腿儿、长脖子，外加一个小脑袋；一个高，说的是脚背高，只有脚背高，舞者，特别是女舞者，才能在脚尖落地时，站得稳。然后是"二十公分顶重要"，说的是腿部需要比上身长出二十公分来！否则，芭蕾演员，尤其是女演员，她们在舞台上穿得那么短，而且那么薄，舞台又通常要比观众的视线高，因此，假如她们的腿部没有比上身长出二十公分来，观众抬头往上一看，便有"大腿如林"之感，惨不忍睹，古典芭蕾特有的线条美也荡然无存了！

第三句口诀是"开绷直立爹妈给"。这是什么意思呢？它说的是，后天的训练虽然重要，但所需要的条件都是天生的、爹妈给的。"开绷直立"四个字中，"开"可谓一马当先，没有"开"，就没有芭蕾这种贵族艺术的风范。"绷"，指的是脚背需要绷出弧线形来。通常在观看芭蕾时，我们看演员，首先要看脚背。"脚下干不干净"这句行话，就是说，要看完成每个小动作时，脚背是否都"绷"出来了？脚背常常被人忽略，但行家要看就看脚背，尤其是群舞演员的脚背，是否清一色地都"绷"出来了？"直"，是指膝盖一定要伸直，是说当你伸展腿脚时，膝盖必须伸直，膝盖这里不能鼓起一个"疙瘩"来，否则，你的腿部线条就不流畅、不美了。"立"，说的是舞者的脊椎一定要与地面呈垂直状态，这样，才会有贵族气可言。我们中国有话，叫做"站如松、坐如钟"，说的就是这个意思。总之，四句口诀中的前三句，都是对先天身体条件的要求。我曾概括地说——"芭蕾跳条件"，说的就是这个意思！这些先天条件的重要性对于专业芭蕾舞者来说，是致命的。

最后是第四句口诀："轻高快稳师傅教"，它所指的，既有先天的、与生俱有的"能力"，比如肌肉爆发力的大小、身体控制力的大优劣，耳蜗平衡力的强弱等等；也有后天的、刻苦练就的"技术"，比如规范的动作、高难的动作等等。那么，什么是"轻高快稳"呢？

（视频播放）

首先是"轻"，传统芭蕾题材中的角色，大多是仙女、精灵、鬼魂之类，都是人为杜撰出来的，"莫须有"的人物，都是些"来无踪、去无影"的造物。

因此不能只是将爆发力发挥到极致,一跃进入空中后,身体在半空中失控,然后笨重地落地!落地有坑不成,落地无声才行!(观众笑声)必须轻盈飘逸,并且落地无声,才能像仙女、精灵那样,符合芭蕾艺术形象塑造的需要。总之,"轻"是必不可少的,有了轻,才会有芭蕾那超越尘世的空灵之美。"高",需要的是爆发力,男舞者一次跃入空中后,只有达到一个最大高度后,才可能有足够的空间和时间,去完成两腿前后多次的交织击打,产生令人眼花缭乱的审美晕眩。"快",指的是速度快,包括舞者的腿脚在空中击打的速度要快,他们在地面或者空中旋转的速度要快。"稳",是这四大要领中最后一个集大成的因素。所谓"师傅教",不言而喻,只有严师才能出高徒。

我对芭蕾作品欣赏的讲解就到这里!如果大家理解了,并且记住了这四句口诀,相信大家将来再看芭蕾时,就是名副其实的专家、内行!

最后给大家完整地播放一部精彩的芭蕾作品:1995 年创作的 20 分 43 秒长度、当代风格的芭蕾舞剧《烟》,请大家和我一道欣赏,然后进入最后的问答时段。

(播放视频)

现场互动

学生一:欧教授,您好。我是昌大记者团的实习记者。在讲座开始的时候,您曾说过,"舞剧是以舞为主、以剧为辅的"。而恰好在最后播放的这部芭蕾舞剧《烟》中,似乎"舞"成了表现剧情的一种手段。请问,将来是不是会出现这样一种颠覆:"舞"在舞剧中的重要性会逐渐降低?

欧建平:艺术创作,可以说是有规则,又没有规则的——这就是艺术之所以存在于社会、被世人喜欢的一个重要原因。也许,最初的艺术会有一个规则,并形成一种模式,但是常常会有好的作品,尝试打破并创立一个新的模式。从一般意义上来讲,我们在讨论舞剧时,往往会去关注"以舞为主"还是"以剧为主"这样的问题,但事实上,编导家具体在每一个不同的作品中,尤其是在现、当代的作品中,往往不会在意这种"以谁为主"的争论,而是根据自己的具体需要,尤其是舞者的具体条件去扬长避短,着手创作的,因此,我觉得,他们的每一种做法都是对的。

此外,每个人在看到一个艺术品时,他的反应和判断也自然会从自己的背景出发。比如说,许多非舞蹈专业的"外行人",在这部《烟》中,看到的是生活,是他们熟悉的生活,甚至看懂了许多一目了然的细节,或者说是带有戏剧性的细节。他们对舞剧的认同感,一定是同自己的生活经验直接相关的。然而,对于"内行人"而言,对生活经验的感知和认同可能会成了第二位的。更多的时候,我们为之惊叹、为之叫绝的,是舞者西尔维·吉扬令人瞠目结舌的身体条件,比如我在北京舞蹈学院播放《烟》时,不少女同学会被吉扬那出类拔萃、登峰造极、他人不可望其向背的身体条件——她的软度、她的开度,她的脚背(拱度),她的那条"天下第一腿"所折服,完全到了"无言可对",甚至"自惭形秽"的程度。总之,专业的舞蹈工作者,对芭蕾,尤其是那些不以文学名著为背景的芭蕾,常常是喜欢先从形式上解读的。不过,我以为,当今社会,尤其是 21 世纪以来,各种学科、流派的交融并蓄,已经逐渐发展成了主流,创作者们也相应变得比较折中,而不再喜欢为某种极端的、孤立的、绝对的、割裂的概念去创作了,因此,"舞"和"剧"究竟谁更重要,已经变得不那么重要了。对我来说,最重要的,是创作出能够雅俗共赏、能够仁者见仁、智者见智的好作品来!

至于说,类似《烟》对"剧"的重视,会不会在将来颠覆"以舞为主"的舞剧观念? 我的回答是,"舞"与"剧"谁更重要,是贯穿在整个舞剧发展史中的讨论,而"以舞为主"则是 20 世纪中后期以来的观点,因为此前一直是更加强调戏剧的,而那时的舞蹈还不够成熟,因此只能作为手段而存在,并在表现戏剧时,显得力不从心。至于谁颠覆谁,则纯粹是个高谈阔论的事情,因为每个人真正在创作时,都会把任何教条抛到九霄云外,而去根据自己当时的感觉、想法行事,并有意无意地流露出自己的家庭背景和个人喜好来。国际舞蹈界有句话说得很有道理——"每个舞蹈,都会有意无意地带上自传的痕迹"! 所以,舞蹈中很多细节的安排和审美的取向,包括对"舞"—"剧"关系的处理,都纯属个人的选择,甚至会因为对某个细节的改变而改变,谈不上谁是谁非,更谈不上谁颠覆谁。唯一的区别是,专业工作者可能会更加关注其中的创作手法和表现形式,并且知道这是谁的作品,而普通观众则会更加关注其中的故事情节和思想感情,并且以自己的生活经验为背景产生共鸣。

顺便说一句:欢迎同学们提出各种各样的问题——包括我刚才提到或者没有提到过的,方方面面的,甚至是关于同学们大学校园生活的问题,我都很高兴和大家交流看法,因为我和大家一样,都是从大学校园出来的,而且我近 10 年来最重要的研究项目,是关于前苏联、美国,还有英国、法国等发达国家教育的。虽然是以舞蹈教育为主的,但我了解许多外国名校的大学生生活。因此,我们之间应该是不存在什么交流障碍的,欢

迎大家畅所欲言。（观众掌声）

学生二：欧教授，您好。刚刚在讲座中，您谈到古典芭蕾与现代芭蕾的区别在于是否为ABA式。请问，我们在观看它们时，还会有哪些具体的特点和明显的区别？

欧建平：没错，双人舞中是否用了ABA这个三段式的结构，的确可让大家对古典芭蕾和现代芭蕾的区别一目了然。不过，的确还有许多人会刨根问底，想更多地了解它们各自的特点和彼此的区别。因此，我认为，古典与现代之间的最大区别就在于，"芭蕾跳'条件'，现代舞跳'观念'。"需要说明的是，这里的芭蕾，我指的就是古典芭蕾，而你所问的现代芭蕾，则是它在现代舞的冲击下，吸收、融合了现代舞各种优长后的产物。我给它们各自总结出了四大特点。

古典芭蕾的四大特点分别是"条件、能力、技术、流畅"，这是就舞种而言的；而对于古典芭蕾的演员来讲，第四点则可以指他们的"形象"。

那么，古典芭蕾所跳的"条件"，具体都指的是些什么呢？就是我前面总结的那四句口诀中的前三句。大家还记得吗？能跟我再说一遍吗？"三长一小一个高，二十公分顶重要，开绷直立爹妈给，轻高快稳师傅教。"其中的前三句讲的都是"条件"。同学们如果能记住它们，今后看古典芭蕾，就是"内行"了。这是世界各地的芭蕾舞者们日复一日、年复一年、接受艰苦训练时必须掌握的基本要领，我只是把它们洋话中说，为大家朗朗上口地归纳在一起而已。

古典芭蕾的第二大特点是"能力"，即对"能力"的展示——当我们闭上眼睛时，能够想象出来的那些世界级大演员令人叹为观止的"能力"：出色的肌肉爆发力能使他们成为《海盗》中横空出世的乱世英雄；出色的肌肉控制力能使他们在《天鹅湖》、《睡美人》中王子的独舞（变奏）中，空转720度单脚落地后，不另起法儿，便直接进入手臂、腿脚，乃至全身舒展开来出色的耳蜗平衡力能使他们在各式各样的旋转中随心所欲——既可用支撑腿任意屈伸，也可不用动作腿点地加力，中途自行加速或减速，令人目瞪口呆，难以忘怀。

古典芭蕾的第三大特点是"技术"，即对"技术"的炫耀——首先是舞姿、动作的严格、规范，然后是在此基础上，各种高难技术动作的炫耀，比如各种各样的旋转，像女子的"挥鞭转"，在《天鹅湖》中《黑天鹅双人舞》ABA三段式中"辉煌的快板"里，1895年首演时，曾创造出一口气32圈的世界纪录，而到了100多年后的今天，则已出现了38圈的最新纪录，因为今天的女明星，已经能够一次挥腿，就是双圈，甚至3圈了，并且能够一口气稳扎稳打地完成6组双圈，甚至3圈！还有男明星腿脚上的相互击打，比如一次跃入空中，"上下击腿跳"3次、"前后交织击腿跳"5次，以及一连串"击脚小跳"24次等等。这些高难的技术动作，一旦成功完成，总能当即让观众瞠目结舌，并爆发出热烈的掌声，甚至欢呼声。

古典芭蕾的第四大特点是"流畅"，流畅是古典音乐、古典芭蕾共有的美。

而现代舞呢？我也总结出了四大特点："观念、时代、个性、原创"。首先是要跳"观念"！观念就是思想。现代舞，是20世纪舞蹈的最高成就。20世纪，是人类觉醒的世纪，在这个世纪里，出现了许许多多的新事物，科学技术得到了迅猛的发展。所以，20世纪以来，现代舞真正的大家都是思想家。他们不是像我这样，通过说舞和写舞，来表达观念和思想，探索舞蹈的未来走向，而是通过编舞和跳舞，来诠释和表达各自对时代、对社会的看法。

现代舞的第二大特点是要跳"时代"。意思是说，无论你要表现什么题材，古代的也好，现代的也好，未来的，科幻的也好，都必须要站在这个时代的立场上，成为这个时代的代言人。

第三大特点是跳"个性"。每一门艺术，甚至每一门科学，无疑都要追求个性，但是对现代舞来说，个性则是它的生命线。作为现代舞蹈家，最重要的，是要做出他自己来，活出它自己来，跳出它自己来。

第四大特点是跳"原创"。什么是"原创"？就是你不仅是第一个想到的，而且还是第一个做出来的！不过，近年来，国际上，搞艺术的人们经常会说，这个世界上，剩下的，可以让你去"原创"的东西已经是所剩无几了，该做的前人都做过了。我们今天就面对着这样一种现状！关于这一点，我以为，在前人这么丰厚的遗产中，哪怕能往前迈出一小步，就是贡献了。

总而言之，古典芭蕾的四大特点是"条件、能力、技术、流畅或者形象"，现代舞的四大特点是"观念、时代、个性、原创"，如果我们把两大舞种各自的四大特点完美地融合在一起，就会产生一个新名词，叫做"当代"，这里面包括了当代芭蕾和当代舞，当代芭蕾可举我们刚才看到的《烟》为例；另外还有当代舞。两者间的主要区别就在于，当代芭蕾更加芭蕾，特别是舞者动作的用力方向会更多地向上提，身体的重心、呼吸的气口。都会放在胸腔上；而当代舞，则有更多的现代舞特点，比如动作的用力方向喜欢向下沉，身体的重心、呼吸的气口大多放下丹田处。此外，我们判断

两者的区别,还会关注编导和演员的出身,看他们是从事芭蕾的,还是从事现代舞的……(观众掌声)

学生三:很荣幸,我们南昌大学能邀请欧教授加盟。我想请教您的问题是:在将来,您将采用何种独特的方式,来促进南昌大学舞蹈事业的发展?

欧建平:你是哪个系的?

学生三:我是新闻系的。

欧建平:新闻系的学生能够关心舞蹈系的发展,真是太好了,拥有跨学科的胸怀,很难得。事实上,今天是我来到南昌大学前湖校区的第三天,这几天,我给舞蹈系的师生做了三个半天的讲座,昨天晚上还和老师们讲了如何作科研项目,聊到快十一点。

坦白说,我走过很多国内外大学的舞蹈系,让我十分吃惊的是:南昌大学舞蹈系成立的时间虽不长,但老师们的敬业态度却让我震惊。老师们上的每堂课,都既有整个学期的教学大纲,还有每堂课的进度表。教案包括教什么以及怎么教,对学生的反馈该怎么处理,内容非常之细,让我非常、非常的感动。他们教学的系统化、科学化,让我非常的吃惊。学生们的热情之高,也是出乎我的意料。

因为综合性大学的特殊要求,在座的各位都是以非常高的高考分数才能进入昌大这所"211工程"大学的。但这就使得身体条件好、形象也好,但高考分数不够的同学进不来了。这是一件很矛盾的事情。我们前面讲了,舞蹈首先是身体的,首先跳的是先天的条件、能力,然后才可能经过科学的训练,形成规范的技术和流畅,但如果你高考的分数不够,则很难进入这样一所重点高校。那么,究竟应该怎么更好地教授这些高分进来,但舞蹈条件不够专业的大学新生呢?昨天晚上,我和老师们从7、8点一直讨论到11点多钟。老师们必须面对的挑战是,如何才能把他们培养成对社会有用的人。

照搬现有的模式,比如以北京舞蹈学院为代表的那种"高、精、尖"的教育教育,显然是行不通的。我们怎样才能找到一条属于自己的,能够帮助广大学生成才、就业,并在未来有所发展的道路?我们要做出一个方案来,规划以后的发展,现在一切都还在讨论中。谢谢你的问题。(掌声)

老师一:非常感谢欧教授来到我们学校,给我们这个交流的机会。我是艺术设计学院工业设计系的一个普通老师,今天我本来是要带工科班的学生上素描课的,但是我把课停了下来,让他们来听您的讲座。因为在

10月22日下午,我曾简要地听过您给舞蹈系讲座前面的一部分。我听到了您对时间、空间、力度、关系、对比、流畅度,还有对结构的阐释,您还提到了宏观和微观的空间概念。今天我又听你说到"视、听、嗅、味、触、动"这六种感觉,这也是我在跟学生上设计课时提到的,希望学生在画素描、搞创作时,能把自己的感官全部地调动起来。

我现在想提三个问题。

第一个比较具体,刚才在舞蹈《烟》当中,有一个场景给我的印象非常深刻:男主角嵌着女主角的身体,从头到脚,有一股烟冒了出来。我个人的理解是,这样的场景是为了后面更好地诠释和表达人与人之间的关系。这种表意的创作手法,可能因为我们不是这个专业的人,不是特别清楚,但我想知道,这种创作手法能不能像设计一样没有局限性,不拘一格,什么都可以表达?

第二个问题就是,我考虑的不是跳舞者的技巧有多么的高超,而是我认为,有一个好的剧本和编导,才有这么多的舞台呈现,我想知道他们的创作来源。

第三个问题是,我想知道,现在这种美育教育对于其他学科,尤其是工科的学生,它的影响具体在哪里?可能工科的学生相对于文科的学生,在这个感性的理解上相对较差,您能不能给工科学生提一些具体的建议,如何通过包括舞蹈欣赏在内的手段,来培养他们的感性认识?谢谢。(观众掌声)

欧建平:无论是舞蹈设计,还是工业设计,它们都有共通之处。所谓"共通之处",就是说,他们都是既有规则,又没有规则的。学生学习规则,最终是为了超越这些规则的,两者不可偏废。我们都要上大学,接受高等教育,是因为"玉不琢,不成器",但人终究不是个一成不变的"器"物,而是个瞬息万变的活物,而创造就更是个不能简单重复的变数,所以,我们学了这些规则后,又决不能简单地生搬硬套。

在创作上,最终的结果是个什么样子,这里面包括了很多因素。我们搞艺术的,会经常讲到所谓的"天分"问题,实际上,这是个比较虚的说法。我觉得,更重要的是,一个人和一个作品的成功,是由各种不同的因素,阴差阳错造成的,而没有什么一定之规可言。在他人身上成功的做法,不见得能在我身上成功。

具体到《烟》,我知道的背景是,它首先是那个法国大明星西尔维·吉扬,特邀瑞典编导家马茨·埃克,专门为她量身定做的,而"烟"这个主题则是随后才确定下来的。此外,它在 1995 年刚问世时,是以"录像舞蹈"或称"电视舞蹈"的形式出现的,它把镜头和舞台这两种语言结合在了一起。所以,刚才你讲的那股烟,从那个男人和那个女人之间窜出来,那个镜头是无法在舞台上做出来的,而是通过镜头的特殊语言,给我们造成的一种特殊的视觉效果和想象空间。到目前为止,《烟》这部电视舞蹈依然是独一无二的——没有在舞台上重现过,因为很多镜头中的细节,是没法在舞台上实现的。这是舞台的局限和遗憾所在,但也是舞台的独特和优势所在,舞者血肉之躯那种多维的、鲜活的动觉刺激,是平面的镜头语言无法企及的。

大家是否记得,我在前面介绍芭蕾的来龙去脉时,曾提到过它的编导家马茨·埃克,他对舞蹈中每个细节的处理,都与他的家庭背景有着某种潜移默化的关系——他的父亲是位戏剧家,这使他能在剧场中出生并长大,使他对剧场中的每个细节都很熟悉,以至于他编的东西总是很戏剧化的。与此同时,他的母亲则是从事文学出身的舞蹈编导家,这种文学背景也直接地影响了他,以至于他编的每个动作都很强调背后的意味。

我在前面,曾讲过古典芭蕾和现代舞各自在美学上的四大特点。现在,大家看了《烟》,我还想以此为例,具体解释这两者在舞蹈语言的层面上是个什么关系,尤其是在像西尔维·吉扬这样优秀的当代芭蕾演员身上,它们的关系是个什么样子。

具体地说,优秀的当代芭蕾演员,他们长期接受的古典芭蕾和现代舞训练,会"沉淀"为一种身体的能力,而不是将两者的动作直接照搬进新的作品。换句话说,他们身体的各个部位,特别是芭蕾擅长的腿脚和现代舞擅长的躯干,在经过这两种舞蹈的科学开发之后,已经融合成了一种随心所欲、随心所舞的境界,可以想怎么表现就怎么表现了。这种特点体现在西尔维·吉扬的身上,就形成了没有尚未开发过的角落,你要她做什么动作,她都可以易如反掌地胜任,即使你要她从日常生活中提取动作,比如让她走路、跌倒、戴帽、脱衣、咳嗽、尖叫、擤鼻涕、照镜子、打电话……她都能做得既自然又有美感,令人连声叫绝,而不用照搬课堂上的组合经典中的片段了。现代舞中,我们有一种方式叫做"即兴编舞",编导家会给你一些主题和指令,让你去根据自己的感觉,发掘新鲜别致的动作,然后由编导家来筛选、组合,最后发展成比较完整的作品。

接下来,我来回答这位老师的第二个问题。其实,在编导这个行当中,至少有两类,一类是舞蹈的编导,可从音乐、美术、文学、戏剧名著,甚至社会问题、生活琐事中提取灵感,编导出短小精悍、不带故事情节的作品来,其中既有表达思想感情的,也有表现纯动作的;另外一类则是舞剧的编导,他们首先需要有个文字写成、分幕分场的剧本,通常会从文学名著改编而来,比如大家熟悉的莎翁名剧《罗密欧和朱丽叶》,就有许多不同版本的舞剧。

需要强调的是,舞剧因为不能说话,所以必须对情节删繁就简,找到一条,顶多两条人物情节和情感的主线,而其中的矛盾和冲突,也只能沿着这一条主线和一条辅线发展,否则就说不清楚了。最后,他们还要根据既定的剧情,设计全剧的结构和矛盾的冲突,并且将这些冲突安排在合适的地方。

随后,他们还得有个经过细化了的编舞脚本,就是每一幕、每一场,需要有多少个舞段?需要什么情绪的舞段?需要用什么样的场面来表现什么样的情节?烘托什么样的情绪?这些舞段分别需要什么样的演员来担任?编舞的脚本就像电影的分镜头剧本那样具体,需要具有可操作性。接下来,就该请作曲家、舞美设计家,按照这两个本子的要求去作曲,去设计服装、道具和灯光了。

最后一道程序,其实也是最麻烦的,就是要把这个编舞的脚本身体化、动作化。这个过程中也有两种情况,通常有很多舞剧的编导是身体力行的,即全部动作都由他自己先编出来,然后搬到舞者们的身上。但是,现在越来越多的,尤其是功成名就的大编导家们,因为自己的年龄关系,喜欢调动演员的积极性来参与创作,他们会用特别鲜活的语言去刺激演员,尝试各种新鲜的动作。直到最后,在公演到来之前,全部的舞段编导、排练完毕,音乐、舞美都也完成,编导家会指挥最后的整体合成……这是一部舞剧诞生的大致过程。《烟》这部作品虽然让我们叹为观止,但它只有两个演员和20多分钟的长度,所以,我觉得,可以称它为舞蹈,或者小型的舞剧。不过,据我所知,这个舞蹈是没有脚本的,它的人物关系完全是编导和两位演员之间互动出来的,也正因为如此,它不太强调戏剧线索的完整性。我们所看到的,都是点到为止的生活细节,与高超技术的完美融合。

关于舞蹈编导,国际上还有一个趋势可以介绍给大家:20世纪初,现代舞出现之后,有很多舞蹈,甚至舞剧,都不再是先用"文字"写出剧本再来编舞了,因为归根结底,能用"文字"写出来的东西,是根本无法用"非文字"的动作编出来的,行话叫做"两张皮"。事实上,按照中国古代《毛诗·

序》"情动于中而形于言,言之不足故嗟叹之,嗟叹之不足故咏歌之,咏歌之不足,故不知手之舞之足之蹈之也"的说法,如果人类的始祖当年能用文字充分表达内心激荡的话,那么,舞蹈压根儿就没必要产生了!

我要特别感谢这位老师的是,你在那股从男女两人间窜出的"烟"中,居然悟到了"人与人之间的关系",这正是编导家的说法!但更有趣的是,他的这种自我定义是在作品问世后,不断被媒体追问时,逐渐找到的说法。这个事实恰好足以说明,舞蹈这种重感觉、重体悟的艺术,是不能先写出个什么东西,再来编舞的。

第三个问题也是个很大的问题,但很具体。坦白地说,在我进入舞蹈这个以身体为本、以感性为主,然后才兼及理性的圈子27年来,没有一秒钟是"烦"的,也没时间去"烦"——每天有太多有意思的事情,去刺激我不停地来做了,我一直是沉浸在这种感性的欢乐之中的。艺术,经过那些漫无边际的伪理论的忽悠,常常让我们误以为它是虚无缥缈的,是看不见、摸不着的,但好的艺术,尤其是舞蹈这种以身体为本、从感觉切入的艺术,还有那些能说到点儿上的艺术理论,却能给你切中要害的良性刺激,能把你的心情调整得非常兴奋、非常快乐。

我少年时代曾学过舞蹈,但没吃"专业饭"。在进入舞蹈研究专业之前,我曾做过一些其他的事情,但都在艺术的范畴之内:我的第一个工作是搞玉雕,因为原材料昂贵,搞玉雕,必须既创作出玲珑剔透、巧夺天工、让人过目难忘、爱不释手的感性形式,又要绞尽脑汁、动用理性,以便做到物尽其用、因材施艺,其中的快乐,尤其是在经过数月的精心设计与屏气打磨而完工时的那种快乐,真是达到了人生的巅峰!

然后,恢复高考的第一年,我进了武汉的华中师范学院,学的是外语专业。可能让你们觉得不可思议的是,77级高考前,书店里居然没一本复习书卖,我只能把珍藏起来的中学课本都拿出来看。让我意想不到的是,三年多没动它们,全部的英文课文都能背诵,甚至能默写。我由此得出了这样一个结论:无论做什么事,不做则已,要做,就要把它做到自己的最好。但我更明白,我的与众不同就在于,总能把枯燥的事情变成游戏来自娱自乐。

我很幸运,当年在武汉读的是省重点——武昌水果湖中学,尽管"文革"动乱,但我的学校却没有停过一天课!我很幸运,即使在那个动乱的年代,依然可以一面安心地读书,做全班、全年级,甚至全校中品学兼优的学生,一面在业余时间,去武汉歌舞剧院跳舞,去武汉音乐学院拉琴,每天

沉浸在专注的学习状态和激昂的艺术情绪中,远离社会上的动乱,成为全班、全年级,甚至全校中最忙碌,也是最快乐的学生。可以说,中学时代在文化知识和艺术修养上的奠基,促成了我日后在艺术道路上的有所作为与更大快乐!

大学期间,我专攻的是外语,是外语把我引入了一个崭新的世界,让我在那个刚刚"改革开放"的中国,成为能接受高等教育的幸运儿,以及日后走向世界、连接中外的桥梁。或许是那个动乱的年代,激励了我求生存、求发展的本能,使我能在艰苦的环境下,把学英语时枯燥的死记硬背变成非常感性、自娱自乐的游戏,比如在日复一日的英语学习中,我能把别人不屑一顾,或者觉得枯燥难忍的听录音、背句型、模仿外教语音语调等练习,拿来当作游戏玩,没完没了地练,不练到一模一样绝不罢休。与此同时,我还用心体会老师的"金口玉言",从每个音素的规定长度和发音位置、每个单词的标准读音和正确拼写,每个句子的特定内涵和相关表情入手,无休无止地训练自己用英文去思维、去行为的习惯,直到进入做梦都在想英文、说英语的地步。这些做法,可供诸位参考。而这种从感性的方法入手,提高学习兴趣和效率的做法,则一直延续到了我随后的研究工作之中,让我受益匪浅。

大学毕业时,我得到了留校任教的殊荣,但我想用外语做工具,回到艺术这个重视感性的行当上来。那时候,我谁也不认识,甚至没有去过北京,更不知道那里有个中国艺术研究院舞蹈研究所。因此,我就给武汉和北京两地的六家可能招收研究生的艺术院校和研究所寄了六封挂号信,而最后是这六封信改变了我的一生。那时当然没电脑,我是一笔一画、工工整整地写的六封信,相信仅是我的钢笔字就能让对方回信。结果是,六封信都有了回音!最后,我决定报考舞蹈研究所,是因为它要招收全国首批硕士生,而导师则是中国舞蹈泰斗吴晓邦先生;此外,还因为舞研所的老师们对我这个有舞蹈、音乐和工艺美术背景,懂英法两门外语的本科生特别热情。就这样,我再一次成了幸运儿——此前25年的孜孜不倦,一下子终成正果:像四年前的高考一样,我经过一轮笔试和口试,当然还现场跳了一段中国古典舞《满江红》,并根据《帕格尼尼的钢琴狂想曲》即兴编了舞,就进了北京,三年毕业后,进了舞蹈研究所,开始了职业的研究生涯。从1982年到现在,27年来的快乐和成功,让我一次又一次地认识到:艺术,特别是以此为生的舞蹈,真的很能陶冶人,甚至能改变人的性情。我觉得,这方面,自己是个挺好的例子。事实上,我们每个人都有很多面,没有一个人是单面的。你的性格可以是外向的,开朗的,或者是内向的,忧郁的,也可能是两者兼而有之的,随时变化的……而且,每个人在每一天的不同时段,都有可能处在不同的状态。我自己就是这样的,至少有开朗和忧郁这两个面,但全因 25 岁开始专业从事了舞蹈工作,每天的阅读、翻译、写作、教学、观摩、咨询对象,都是这个必须从自己身体感觉出发的舞蹈,因此,每天都能找到活着的感觉,每天都能因为舞蹈,变得更加开朗、快乐,忧郁的那一面则失去了露脸的机会。也因为如此,我的身体一直很不错,精力一直很充沛,27 年来没生过病、没吃过药、更没住过院。这可能就是舞蹈带给我的,从身到心的一种健康状态。

这位老师,你要我给你的工科学生提建议,我想,最好的建议,应该就是让他们能够最大限度地沉浸在艺术的氛围之中,让千姿百态的艺术打开他们的感性之门、想象之门、创造之门! 见多才能识广。或许,我从中学开始大量接触艺术的经历,就是一个例子。

还有一点想法,我想和诸位学子们交流一下。现在,我听说你们这些能考进重点大学的天之骄子们感到很压抑,我有些不理解! 其实,有饭吃,有书读,就是天下最大的幸福,而我一直笃信,"书到用时方恨少"的道理,因此,趁年轻,多读书,就像多储蓄一样,老了才能不受穷,何况读书本身又是个充电的过程,可以让自己活得既很感性,又很理性,而且能够体验到,求知本身超越实用需求的那种纯粹快感。至于你们说的压力,那是肯定会有的,每个人、每代人,都会有自己的压力。作为当年的大学生,我至今依然受益于当年积极努力、乐观向上的大学生活。我的建议是,到什么阶段,做什么事情,才是最聪明的选择! 读大学的这段时间千万不可荒废,不可去做其他事情! 老天爷给了我们这段精力旺盛的时间,就是让我们来读书,给未来奠基的。如果你错过了这个黄金时段,将来一定追悔莫及,一生都补不起来的。事实上,如果你在这个阶段做到了自己的最好,就等于是为下个阶段铺好了路,而无需背负着太多的远虑。事实上,回首 50 多年来的人生道路,我觉得自己之所以能够一帆风顺,根本原因就在于,我在每个阶段都没有走过弯路! 对每一件很细致、很琐碎的小事,无论是一次课外作业,还是一次打扫卫生,我都做到了自己的最好。也正是在这些繁琐小事上的不懈努力,才让我在做每件大事前,都能诚实而平静地对自己说:"I've done my best!"(我已竭尽全力! 言外之意则是:我没有什么遗憾,如果不行,从头再来!)或许,这些做法,这种心态,你们需要慢慢体会。但本科四年,转眼即逝,千万不要荒废,希望大家好好读书,同时好好保护自己,不要轻易受到社会不良风气的干扰,为自己的未来打好基础——就是我的建议。

关于读书,我想,南昌大学是"211工程"的院校,因此,你们的图书馆一定是包罗万象的。刚才有同学问我上哪儿去找资源,我相信,首先就是要充分利用好学校的图书馆。我不知道,今天在座的同学中,有多少人知道你们的图书馆里,究竟有多少藏书?你们的专业中,还有包括舞蹈在内的各个艺术门类中,有多少藏书?有多少相关的影像资料?但是一句话,你们既然是学生,在没有毕业,没有工作,家人不会给你们钱购买所有书的情况下,应该充分利用好你们的图书馆!这可能就是我给大家的,最重要的一个建议!

谢谢大家!

精彩评论

走近芭蕾,品读人生

宁雅丽(法语09)

(一)舞·幻

夜,漆黑的夜,如此静谧安祥……

忽而,一个白色精灵闪现了……

旋舞,跳跃,飞翔……

雪白的羽裳,婀娜的身姿,轻盈的舞步,圣洁的玉立……

清泉般的音乐从耳边缓缓淌过,一切的一切,宛如仙境……

艺术,是生活的再现,是心灵的独白,是精神的升华!

它带领我们进入另一种境界。在这里,我们远离尘世的喧嚣,没有烦恼,无所谓羁绊;在这里,我们放飞自由的灵魂,在心灵的旷野上奔驰、独舞……

唯有,音乐,这来自大自然的声音,在天空中荡漾,呢喃起涟漪无数……

(二)悟·感

艺术,这大自然的精灵,这让人用一生也品读不完的天地杰作,叫我如何,如何不爱你呢?热爱艺术的人,是热爱生活的人!是你,让我看到了生活的美,让我懂得用心去体味自然,品读人生!

当美丽的天鹅公主们在舞台上翩翩起舞时,当她们被所有人关注、羡慕、钦佩、赞美时,谁又看到那些背后的故事,那一双双畸形的甚至滴着血的舞者的脚,那些艰苦的日日夜夜,那些无数的汗水与泪水……

鲜花与荆棘总是相伴相生的!

尽管前面是险滩,但为了到达理想的彼岸,我依然会乘风破浪,勇往直前;尽管峭壁千尺,但为了攀上人生高峰,我依然要执著坚毅,拼搏到底!

我知道,生活不会是一帆风顺的!但一路坎坷,一路拼搏,这样的人生岂不更意趣盎然?!

你这不凡的精灵啊!我更热爱你了,也更热爱生命、热爱生活了,我热爱生命赋予我的一切!

踮起脚尖,我看到了你,看到了生命的真谛!

网站留言精选

南风岛:这是一次完完整整的艺术洗礼。欧教授的精彩讲解和一段段绝美的视频都触动了我们内心最柔软的地方。短短的两个小时,却似乎道尽了艺术的悠远绵长。我们就这样安静在缥缈的时空一隅,继续感受这非语言艺术的震撼和美好。

(主持人 高艳阳 录音整理 肖亚琴 高雅 摄影 程志坚)

"前湖之风"周末讲坛第六十三期
主题:《用文字勾勒生活——与大学生谈文学创作》
主讲人:李晓君
时间:2009 年 10 月 31 日(周六)上午 9 时
地点:南昌大学前湖校区法学楼报告厅
嘉宾寄语:"以诚挚之心,感知自我、他人以及社会。"

　　李晓君,男,1972 年 6 月生于江西莲花县,现为江西省作协驻会副主席,中国作协会员。曾经写诗,现主要从事散文创作。迄今在《人民文学》、《诗刊》、《钟山》、《大家》、《天涯》、《散文》等几十种文学刊物发表作品一百多万字。著有散文集《时光镜像》(百花文艺出版社)、《昼与夜的边缘》(中国文联出版社)、《寻梦婺源》(海潮摄影艺术出版社)等。

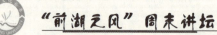

QIANHUZHIFENGZHOUMOJIANGTAN

校园文化丛书

236

　　文学是反映社会生活、表达思想感情的一门艺术。文字于笔端下幻化出无数绮丽的曲线，勾勒着一幅幅别致的人世风景，从而衍生了文学世界的无数可能。人生的曲折与平坦，人性的光明与黑暗，人格的坚强与脆弱，都是文学世界中永不颓败的景致。作为一名文学创作者，如何去表达不同风格作品中的文字之美？在文学创作中有着怎样的经历与感受？现代文学又有着哪些表现方法？本期讲坛，主讲人将引领大家走进文学的世界，结合自己的阅历与我们一同体会文字背后的智慧与唯美。

用文字勾勒生活——与大学生谈文学创作

◎李晓君

很高兴今天有机会在这里和年轻的朋友们一起谈论文学！今天讲座的主要内容是谈文学创作。我将从三个方面开展讲座：第一方面，文学是人类永恒的话题；第二方面，现今文学所面对的文化语境与时代背景；第三方面，如何分析和阅读文学作品。现在就让我们一起走进文学！

一、文学是人类永恒的话题

从我们读书识字的那一天起，就开始和文学打交道，一直延续到今天。每年 10 月的某一天，全世界的人们都在关注文学，因为那是诺贝尔文学奖颁奖的日子。2009 年的诺贝尔文学奖于今年 10 月 8 日颁发给德国女作家赫塔·米勒（Herta · Müller）。瑞典文学院评价她的作品"以诗的专注和散文的真诚描绘了被放逐者（亦说翻译成被剥夺者更准确）的景观"。由此，她获此殊荣，成为第 12 位获得诺贝尔文学奖的女性。

然而，获奖者听闻这个消息后却感到非常震惊，意想不到自己会获得这个奖项。其实，就连德国最著名的评论家也认为她的获奖是个意外。因为许多人都不曾听闻这位作家。在中国，许多人对她的名字感到陌生更是不足为奇。可以说，今年的诺贝尔文学奖又爆出一个大冷门。

无独有偶，今年 10 月份，整个中国文坛都在关注着一件事情：众所周知，中国今年作为主宾国在法兰克福举行了一个书展。中国作家协会主席铁凝带领 100 多位作家到德国出席书展——这是中国有史以来最大规模的一次中国作家对外交流活动。这100多位作家中,有像贾平凹、铁凝等主流大作家,也有一些在网络上崛起的当红作家如安妮宝贝,他们全方位地展示了中国作家的整体形象。

(一)文学创作的产生

说起文学,大家都不陌生。但是真正谈及文学,谈到文学的定义,大家却莫衷一是,难以说清。我曾读到过一段对文学比较煽情的描述:"文学对于我来说,就像一座坐落在大运河侧的古老房子,具有难以抵挡的诱惑力。我爱这座房子中散发出来的线装旧书的淡淡幽香,也为其中青花瓷器在烛光下映出的奇幻光晕所沉醉,更爱那断壁颓垣上开出的无名野花。我愿意终生关闭在这样一座房子里,如寂寞的守灵人,听潺潺远去的江声,遐想人生的神秘。"这是一位文学评论家在其新书封面上写的一段话,以此表达他的文学态度。同学们不难在这段优美的文字中看出作者对文学的热爱,这也反映出上个世纪80年代的文学爱好者或文学评论家对于文学的诚挚态度。

说到这里,我不禁联想到自己的经历。当处在同学们现在的年龄阶段时,我已经参加工作,在赣西一个无名乡镇的中学任教。当时我与大家年龄相仿,大约也是怀着类似的心情,对文学怀着宗教般的无限赤诚。早期我喜欢写诗,记得我的处女作是1992年发表在《星星诗刊》上的一组诗,稿酬是140元。当我拿到稿费时非常激动,作品的成功发表给予我这初出茅庐的文学青年莫大的鼓励。

为什么有那么多作家进行文学创作呢?我想引用秘鲁作家略萨的话,"作家从内心深处感到写作是他经历和可能经历的最美好的事情,因为对作家来说,写作意味着最好的生活方式……"每一个人都有选择最好生活方式的权利。古今中外,许多人喜欢写作的原因,大概是在他们看来,写作是最好的生活方式。

对于作家来说,写作是他所认为的最好的生活方式,是他的内心需要。但是对于普通大众,对于读者来说,为什么对文学的热爱也是如此强烈?阅读文学作品的热情如此之高呢?这是因为:文学给予了我们一个虚构的世界。人们无法忍受现实的狭窄,希望知道更多的事物,于是想象力就要飞翔,情感就会膨胀。人们需要一个虚构的世界来扩展自己的现实,虽然虚构的世界是建立在别人的经历和情感之上,然而对照和共鸣会让人们感同身受。

(二)文学的超越性和继承性

文学具有超越性，它可以超越时间、空间，跨越地域，具有直抵人心的力量。唐诗宋词，历经千百年，如今我们读起来仍具有新鲜感，仍然能够产生共鸣。那些优秀的外国文学作品，我们读起来也像是没有国界、疆域的阻隔，反而觉得亲切感人。不论国籍、不论民族，人们对人生经历的感知与体验是大同小异的。所谓的差异是指文化、生活习惯上的差别，但实际上，人们对善恶的辨别，对人性的判断，对普遍真理和道德标准的认识，都是一致的。优秀的文学作品不仅具有穿越性，而且具有传递性。在文学领域，一位作家受另一位作家的影响是常有之事。很多作家的创作在某种程度上，都有着对前人的模仿，并在前人的基础上继续前进。

　　在这里不得不谈到一位作家——马尔克斯。他所创作的著名长篇小说《百年孤独》曾获得 1982 年诺贝尔文学奖。他曾经写过一篇感人肺腑的文章——《回忆胡安·鲁尔福》。胡安·鲁尔福也是位作家，他深刻影响了马尔克斯《百年孤独》的创作。马尔克斯在文章中写道："对于胡安·鲁尔福作品的深入了解，终于使我找到了为继续写我的书而需要寻找的道路……他的作品不过三百页，但是它几乎和我们所知道的索福克勒斯（著名希腊剧作家）的作品一样浩瀚，我相信他的作品将同样经久不衰。"在这里，马尔克斯不惜越过莎士比亚，直接赞扬鲁尔福作品与索福克勒斯的作品一样浩瀚。可见，马尔克斯受胡安·鲁尔福影响之深。

　　一位作家对于另一位作家意味着什么？这应该是文学领域最为奇妙的经历之一。余华（当代知名作家，著作《活着》、《许三观卖血记》）曾经在一篇文章中讲过这样一个故事：1961 年 7 月 2 日，32 岁的加西亚·马尔克斯漂泊来到墨西哥，居住下来。在此之前，他在巴黎苦苦熬过了三个年头，又在纽约游荡了八个月，然后他的生命把他带入了三十二岁，妻子梅塞德斯陪伴着他，孩子正年幼。他在墨西哥找到一份工作。当时，马尔克斯自认为对拉美文学非常了解，然而，他却从未听说过胡安·鲁尔福。他在墨西哥的同事和朋友都非常熟悉胡安·鲁尔福的作品，却没有人告诉他。当时的加西亚·马尔克斯已经出版了《枯枝败叶》，而另外三本书《没有人给他写信的上校》、《恶时辰》和《格兰德大妈的葬礼》也快要出版，他的天分已初露端倪，一颗文学之星冉冉升起。但是马尔克斯知道，自己正在经历一段黑暗的时光。因为他的创作已经进入了死胡同，他找不到可以钻出去的裂缝。就在这时，他的朋友阿尔瓦罗·穆蒂斯提着一捆书来了，并从中抽出了最薄的那一本递给他——《佩德罗·巴拉莫》。在那个不眠之夜，加西亚·马尔克斯和胡安·鲁尔福相遇了。

余华说:"这可能是文学里最为动人的相遇了。"文学上有个词叫做"照亮",当一位作家被另一位作家的作品所触动时,就称为照亮。《圣经》说:上帝说要有光,于是就有光了。我相信,当时的马尔克斯一定有被一束光照亮的感觉。这样的例子有许多,比如保罗·萨特在巴黎的公园的椅子上读到了卡夫卡;博尔赫斯读到了奥斯卡·王尔德;阿尔贝·加缪读到了威廉·福克纳;波德莱尔读到了爱伦·坡;尤金·奥尼尔读到了斯特林堡;毛姆读到了陀思妥耶夫斯基……卡夫卡名字的古怪拼写曾经使让保罗·萨特发出一阵讥笑,可是当他读完卡夫卡的作品以后,他就只能讥笑自己了。

当这些作家遇见了知音,就会觉得那就是自己的翻版。文学就在如此奇妙的相遇中也获得了继承。一个法国人和一个奥地利人,或者一个英国人和一个德国人,或者一个中国人和一个俄罗斯人,尽管他们所处的时间、空间都不一样,使用不同的语言和喜爱不同的服装,也有各自的生活和爱情,各自拥有属于他们自己的命运,但是有时候,文学可以使两个截然不同的人成为一个人,这种奇妙的语言能使他们相遇。跨越时间和空间,跨越死亡和偏见,他们在对方的脸上看到了自己的形象,在对方的胸口听到了自己的心跳,明确了自己所肩负的文学价值。《佩德罗·巴拉莫》这本书就像一道亮光照亮了马尔克斯,正是这道亮光使马尔克斯创作出震惊世界的长篇小说《百年孤独》,使得《百年孤独》成为拉美文学爆炸时期魔幻现实主义的代表作。

这一时期,拉美也诞生了许多杰出的文学家,如略萨、马尔克斯、鲁尔福、墨西哥诗人帕斯、著名诗人聂鲁达,他们相互影响相互照亮。那么,为什么一位作家会被另一位作家所照亮?作家柯尔律治认为,阅读存在着四类方式:第一类是"海绵"式的阅读,轻而易举地将所读内容吸入体内,却同样可以轻而易举地排出;第二类是"沙漏计时器",他们一本接一本地阅读,只是为了在计时器里"漏"一遍;第三类是"过滤器",广泛的阅读只是为了在记忆里留下一鳞半爪;第四类才是柯尔律治所希望看到的阅读的方式,他们的阅读不仅是为了使自己获益,更是为了将来别人有可能运用他们的知识而储备。就像马尔克斯阅读了鲁尔福的《佩德罗·巴拉莫》,能够达到倒背如流的境界,甚至任意翻阅书的一页,他都能清楚地知道里面所说的内容。这样的读者在柯尔律治眼中,是"犹如绚丽的钻石一般既贵重又稀有的人"。

所以,好的文学作品一定也具有开放性,体现着创作永不结束的性质。当然，余华本人也曾深受这些作家的影响，由此才能写出有别于上世纪80年代其他作家的先锋派作品。

二、我们如何认识现今文学所面对的文化语境和时代背景

语言总是处在不断更新的进程中。而今我们已步入了现代社会，哲学家马尔库塞认为：现代人基本上是单向度的平面人。单向度的人，即指现代人囿于自己身处的领域，却不了解其他领域，知识结构是片面的，既没有整体地把握世界，也没有整体把握自己的能力。这句话在今天尤其引人深思。

（一）经济全球化和时空观的变化

如今的时空观跟以前相比发生了很大的变化。在古代，同学们从家乡来到南昌可能要走上很多天甚至更久的时间，而现在几个小时就可以到达；从中国乘坐飞机去美国也很便捷，整个地球就像是一个村庄，正如现在"地球村"的概念一样。

不仅如此，信息交流也非常发达。可以说现今是个信息空前爆炸的时代。人们好像都处在一种"好像无事不知、却又事事皆不知"的悖论状态中。世界上正在发生的事情，谈起来大家都津津乐道，可是就某一个问题进行探究时，大家却都无话可说。

并且，随着物质社会的迅猛发展，人们的感情逐渐变得迟钝麻木，人与人的关系也发生了很大变化。我记得曾经读过林语堂的《苏东坡传》，心里非常感动。同学们应该都还记得苏东坡的《水调歌头》：

"明月几时有？把酒问青天。不知天上宫阙，今夕是何年？我欲乘风归去，又恐琼楼玉宇，高处不胜寒。起舞弄清影，何似在人间。

转朱阁，低绮户，照无眠。不应有恨，何事长向别时圆？人有悲欢离合，月有阴晴圆缺，此事古难全。但愿人长久，千里共婵娟。"

这是苏东坡写给其弟苏子由的词（东坡字子瞻，其弟苏辙字子由）。当时，苏东坡与苏辙分别在两地任职，他们想见上一面非常困难。也许当时苏辙是专程来看望他，在东坡那住了几个月，等他起身要走时，苏东坡去送他。这一送就是近一个月的时间，他是怎么送的呢？当时苏东坡贬职湖北黄州，在送苏辙离开黄州的路上可能需要十来天的时间，然后送到分别的地方时，两人又一同住下十多天，依依惜别。古人为什么如此送别呢？那是因为在当时科技相当落后、交通极不发达的情况下，他们知道，

很可能这次见面之后,再是此去经年、后会无期。因此,人们的感情特别的绵长。

同学们在看戏曲的时候,舞台上男女演员们咿咿呀呀地唱着,惜别尤其缠绵悱恻。在今天这个时候,缠绵可能会被斥为煽情。然而反观现在有很多的年轻男女,恋爱速度非常快,分手也非常快,感情转换过程令人咋舌。这种"快速",直接导致许多人在恋爱过程中,忽略了对爱情的细细品味,直接奔目的结果而去。这就解释了现代人普遍的情感麻木。

其实,我们的人生是一个旅程,终点相同,都是由出生奔向死亡。上帝给我们这几十年时光,是让我们自己去把握、品味和思考人生,体验人生的美丽,体验人生的苦难,体验人生的种种滋味,从而形成对人生的思考,完满人生的意义。

古人在交通极不发达的条件下,更有益于其情感的抒发表达。而在今天,我想见一个北京的朋友,坐一晚上的火车就可以到达北京。旅途的煎熬、思念的感觉已经失去了。所以,我认为现代人的情商不如古人高。

(二)人的异化

现今社会,尤其是我八岁女儿这一代,只知道伸手索取,却从来不懂得怎样给予。她的生活概念中没有付出,只有索取。这就是马尔库塞所说的,单向度的平面人,只知道单向的自私索取。

现代人在发生异化,部分地失去爱的能力,甚至是恨的能力。不仅如此,他们还缺失想象力和创造力,失去辨别是非、善恶的能力。在当今物质丰盛发达的时代,人们生活在一个非常功利化的社会中。当然,这样的社会使人积极进取,促进时代的发展。然而,过度地追逐欲望追逐功利,却是一种价值观的错乱。

人生中,我们要懂得进退。只知道前进却不懂得后退的人不是明智的人。人生有取有舍,有进有退,有快乐,有悲伤,有成功,有失败。古人已经把这个道理阐释得非常透彻明白。古代道家的太极八卦图,黑白结合,如鱼一般咬合在一起,体现着世界的普遍真理:这世界有男有女,有阴有阳,有天有地,有白昼有黑夜,有盛极有衰败,我们需要用辩证的思维看待世界。我今天给大家做讲座,同学们都怀着一种虔诚的心情来听。其实我像大家这般大年纪的时候,正在一个县城的乡村中学里当老师,可以说是处在人生中的低谷时期。所以大家是需要这样一种辩证思维:事物是不断变化发展的。

在今天这个人们普遍追逐利益的社会,还能看到这么多同学来听文学讲座,我心怀感动。在物欲横流的社会中,我们更加需要文学。文学有什么作用呢? 文学可以感化人心,可以陶冶情操,可以使人心神愉悦。我们所进入的新时代,是个什么样的时代呢? 新媒体时代——图像影视非常发达,媒体业蓬勃发展。我们经历了从读文时代到读图时代的巨大转变。

举个例子,上世纪 80 年代,作家是如何出名的? 一篇小说发表在《人民文学》,一夜之间,举国上下都知道了这个作家。刘索拉,发表一篇小说——《你别无选择》,一夜成名;湖北作家熊召政的一首诗——《请举起森林般的手制止》,也是举国皆知,当时他的知名度,可以说能与今日电影明星相媲美,所到之处,人们竞相追逐。为什么? 在那个物质极度匮乏的时代,文学可能是唯一的大众消费渠道——没有电影、文学期刊、网络和卡拉 OK,没有其他的渠道。并且在那个时代,人们对知识的渴望非常强烈。当时的作家博学多才,实际上起到了文化代言人、思想启蒙者的作用。

(三)新媒体时代:媒体话语催生作家

今天,我们所熟知的作家大概分为两种。一种是郭敬明、韩寒这类,另一种是余秋雨、于丹、易中天等。可以说,这些作家都是新媒体时代催生出来的。郭敬明、韩寒一流是经过出版社的包装,余秋雨与出版商亦有着稳定的合作,于丹和易中天则是通过电视节目《百家讲坛》声名鹊起。

电视媒体的传播作用是惊人的。也许很多人没有真正看过文学作品,但是几乎没有人不知道电视。十三亿中国人,基本上已经普及电视,电视影响无孔不入。看多了电视,据说有很大的恶果:使人变得迟钝愚笨。为什么? 我们阅读文学作品,通过文字与作者进行思想交流,有着自己的感知过程。然而电视呢,类似的简单故事情节,观看者完全是被动地全盘接收,不加思考,全无思想交流。看久了,人的思维钝化,就会逐渐丧失说话、交流的能力。

新媒体时代,文学、期刊、杂志的地位受到很大的冲击。现在同学们见到的文学杂志数量,与我年轻时相比,急剧减少,发行量也相差很多。因为时代的发展,中短篇小说的地位相对削弱,而长篇小说却因为出版商的需要仍具有某种支配性——每年中国发行的长篇小说数量,都不下于一千本。这种现象,引人深思。

(四)作家职业化转型

当今作家的身份也在转变,许多作家逐渐从专业化转向职业化,成为职业作家。我们经常被问,作家是不是职业的?以前没有这个概念,而现在有着种种迹象表明作家的职业化转型。职业作家,是指他的写作行为,已经职业化地面向市场。职业作家分为两种,一种是一线作家,知名度最高的作家,大概有十到二十个,例如贾平凹、王安忆、余华、莫言、苏童等等。大概一年半左右的时间他们就能出版一本书,发行量亦很可观。这些作家与出版社已经构成一种非常稳定的合作关系。大家知道中国的作家大概有多少呢?定义"作家"的身份,我假定其是中国作家协会的会员——目前中国已有一万多位作家。然而在这一万多位作家中,每年出版商推出的新书,真正畅销的却只有十到二十位,绝大部分的书并不畅销甚至利益亏损。这些作家,都是我所说的走高端路线的作家,他们的写作,文学性、艺术性比较强。

还有一类作家,就是刚才提到的郭敬明、安意如等。他们是通俗化、大众化的青年作家。这些作家或者说新生写手,与前面的高端作家是有区别的。通常也有十到二十位作家的书非常畅销,甚至销量比前述作家还要好。作家财富排行榜上,排在第一位的是谁呢?郭敬明。他的书最为畅销,并且他本人也已成为一位非常商业化的人物。同学们或多或少可能都接触过他的一些作品,也曾听闻过他的一些事情。

我们要读就读真正经典的文学作品。真正经典的书是指什么呢?经过几百年甚至几千年的时光,这本书仍然没有淘汰,仍然在被阅读,那它就是经典的书。如历经百年历史经久不衰的《红楼梦》,更早的例如老庄孔孟的书。这些书都关乎人类的灵魂建设。因此,我建议同学们读经典的书。

有一句话叫做:"取法为上,得乎其中。"取法为上,是指你定下高端的目标。可能你最终达不到期望目标,但也可能实现中等的目标。若取法为中,达不到中等的目标,那你起码也可以达到基本的目标。所以大家阅读的定位应该是经典文学作品,经典的作品经得起时间的考验。

(五)80后作家的一些特质

前些年大家普遍对这些80后青年作家有很多的说法。我认为,"80后"这个概念描述得不准确。因为都出生在80年代后期,那么这些人的个性、文学趣味就会是一样的吗?这些青年作家,他们各自都有着显著的文学风格和特点。

文学事业是属于年轻人的事业,文学的火炬总是在更年轻的人身上得到传递与继承。为什么呢?因为文学是最具传统,又是最具创新的一种精神文化活动。如果没有年轻人探索文学革新之路,寻找新的文学主题、新的文学表达方式以反映人们对社会、对人生的思考,那么文学只能停滞不前。我相信,那些更为年轻的人身上总是有着更大的活力、更大的激情。他们的文学不是空中楼阁,他们是站在前人的肩膀上,在充分吸收前人文学营养的基础上,他们就会在开拓创新中超越前人。

80后作家的文学作品也有其特点。文化特征上,他们的作品,表现自我的想象力要重于表现社会生活。他们更倾向于表现自己与现实生活风马牛不相及的想象力,比如说虚构的青春自我探索、玄化、盗墓、神话、武侠。前段时间,我收到一位80后女孩子写的一本书,叫《宫斗》。她出过很多本书,想加入省作家协会。《宫斗》写的是古代宫廷中,君王妃嫔们钩心斗角的故事。这些都是出于她自己的想象,这是很不错的。我们要鼓励作家想象,鼓励作家虚构。想象和虚构是文学的翅膀,离开了这双翅膀,文学将飞不起来。没有想象力的人是成不了作家的。

前辈作家们的作品,却更倾向于反映现实社会生活,无论描述的社会生活是沉重或是幸福。然而现在的80后作家,总是更乐于表现自己的想象力。他们的想象力似乎比前人更加丰富,更为明显。

经济方面,他们重视财富的分配而非财富的积累。社会方面,他们更加重视人类的普遍性而不是中国的现实特殊性。老一辈的作家,更多时候是从中国的实际情况出发,有着特殊的文化特征和文化情怀。而年轻一代的作家,环保意识更为强烈,对普遍人类的价值实现热情更高。他们具有关注普遍人类的情怀,表达的感情是全人类可以广泛接受的。但是,他们可能对小狗小猫关怀备至,可能非常关心整个世界的生态环保,而对他们的爷爷奶奶却极有可能不闻不问。

三、我们如何阅读文学作品

如果说,前面叙述的关于如何认识文学所面对的文化语境和时代背景是属于文学外部的话题,那么现在我讲讲文学内部的话题。文学作品浩如烟海,如果我们想成为有一定专业水准的阅读者,那么在以后阅读文学作品时,我建议大家从视角、审美、叙述这几个角度来展开阅读欣赏。

但是同时大家也要记住,文学不是绝对的,它具有开放性。我们可能在小学、初中、高中做惯了标准答案,一篇课文的阅读习题,老师只给我们一个标准答案,我个人认为这样的教育是值得商榷,甚至是错误的。今天在讲座之前,我听同学们讲了一件有趣的事情:某位作家的一篇文章,被选入考试试卷里作为试题,然后这位作家按照老师给定的问题去答题,结果十五分的阅读题,他却只得了一分。这反映,文学作品具有一种"仁者见仁,智者见智"的特征。制定绝对的标准是不可能的,因为文学具有一种发散思维的性质。这并不是说我们在阅读的时候找不到定式,其实定式不是唯一、绝对的。我们始终要培养一种相对主义态度去认识世界,就好比你的同桌,因为他身上有很多缺点使你很讨厌他,但你也需要承认他也有很多优点。假如能拥有这种心态,踏进社会以后,你便会在为人处世方面游刃有余。因此,除了接下来我将要提到的,我们还应该以开放的心态接受其他不同的阅读方式。

(一)文学的主题视角

1.政治视角

在改革开放以前,我们有大量的文学作品是跟政治相关的,如小说《金光大道》、《艳阳天》以及诗歌《回延安》等作品。当然,这些作品强调为政治服务,可能具有局限性。

表现政治以及社会意识形态的小说。但如果我们能把握政治这个主题,我认为好的政治小说要比一般的社会和人生小说更深刻。捷克有个家喻户晓的大作家叫米兰·昆德拉,他写了很多有名的作品,如小说《生命不能承受之轻》、《笑忘录》、《生活在别处》等。其中,他的政治小说《生命不能承受之轻》写得很精彩,它描述的是前苏联侵略捷克事件给人们生活造成的破坏。这部小说后来被改编成非常经典的电影,叫《布拉格之春》。

2.社会视角

很多文学作品是反映社会的,比如著名作家陆天明的反腐败小说《大雪无痕》。人生活在社会当中,现实中有很多事情都可以去写。还有我省的著名作家陈世旭,1979年他在《十月》杂志发表了一部小说《小镇上的将军》,获得当年的全国优秀短篇小说奖。当时,他下放在九江的一个沙洲上,这部小说改变了他的人生命运。后来他还写了许多其他的优秀作品,如前几年的《救灾记》。小说描述的是省文化部门的几个干部,下放到一个镇上,帮助当地人一起抗灾。本书从这几个救灾干部的视角,反映了底层人民生活的艰辛以及老百姓和当地官员的冲突等。

3.道德视角

道德的冲突经常反映在文学作品中,因为道德始终贯穿人的一生,人一辈子都会被道德这个话题所困扰。美国有一本非常畅销的长篇小说叫《廊桥遗梦》。故事内容是：美国《国家地理》杂志的一位摄影记者，有一天来到廊桥拍摄，偶遇当地一位家庭妇女。这位家庭妇女受过良好教育，却嫁给了当地的一个农民。这位农民是非常忠诚、勤劳的好男人，他们拥有美满的家庭。摄影师的人生经历却非常复杂，而且离过婚。这次偶遇点燃了摄影师与这位家庭妇女心中的激情，他们相互倾慕。但是这种相爱是要受到道德谴责的，他们同时被爱情与道德观所折磨，最后两人选择分手，服从了道德的压力。小说采取倒叙的方式，通过一个老年的家庭妇女跟儿子的交谈，展开故事情节。老人说，从此这个男人一辈子都刻进了她的心里，那是真正发自内心的爱。类似这样探讨道德的小说还有很多，比如俄国的文学沙皇托尔斯泰的中篇小说《克莱采奏鸣曲》，慕容雪村的《原谅我红尘颠倒》等。

4. 人性、人情层面

人性、人情是文学中最为复杂的内容。作为一位具有强烈忧患意识的南方作家，威廉·斯泰伦在《索菲的选择》中，将历史与现实紧密联系，通过审视二战给人类带来肉体和精神上的巨大创伤，以及长期存在的种族、宗教信仰等困扰现代人生存的问题，展现了现代人救赎与自救的幻灭。作者本人的救世之策同样是虚幻无力的。这类作品还有卡夫卡的《变形记》、加缪的《鼠疫》等。

5. 生命意识层面

海明威的小说《老人与海》，杰克·伦敦的《热爱生命》等，这些都是生命意识层面的小说。其中还有表现人生命运意识的小说，如肖洛霍夫的《静静的顿河》，陈忠实的《白鹿原》等；有些表现生存状态的小说如刘震云的《单位》、《一地鸡毛》，我省作家傅太平的《小村》系列小说，熊正良的红土地系列小说，等等。

6. 文化层面

文化涵盖人类，比生命意识更具有特殊的历史内涵。如马尔克斯的《百年孤独》、钱钟书的《围城》等。

7. 多层面、深浅交织

北京女作家徐坤的中篇小说《午夜广场最后的探戈》就是多层面、深浅交织的。午夜广场突然出现了一对跳探戈的男女，在他们俩浓烈的表演中，故事开场。小说其实安排了两条线索：一是围观者的感受，一是舞者自身的遭际。对于"这么一对妖艳男女"，围观者起先是埋怨："有什么必要穿得那么正规风骚？那叫个什么玩意儿？"；渐渐的，"暗自佩服，不再疏离"；最终是"一圈圈里三层外三层跟着移动、旋转"。很明显，这是一个逐渐认同的过程。而两位舞者自身，从"双双堕入美妙的晕眩"，到意兴阑珊的敷衍，到告别舞中男配角的主动失误。围观者的感受和被观者的遭际总是不断错位，圆满及裂缝的生成与彼此消解——这其中已然能够抽象出对生活困境的某种体察。

徐坤描述的这场午夜探戈，或许就是广场上的一幕浮世绘，或许在风流韵事的曲折中暗藏性别意识的寓言，或许广场上的独舞、围观、合作与消解，就是作家对人生舞台的一种认识。在轻哂而游移的叙述中，给予读者智性的诡谲，然而在这样的诡谲中，其实可以挖掘出种种生活面相。作家通过作品教会读者认识生活。

（二）文学的审美

传统的文学强调"载道"的比较多，然而在现实的文学书写里面，追求功利的比较多，缺乏文学的审美。好的文学作品应该超越功利主义，超越现实。美感不是快感，不是生理性、物理性的，是精神上、心灵上的。如同酒徒喝酒，开始是快感，口感很好，等喝到一定量上就是美感，一种物我两忘的境界。文学的美感可以从自然之美、情感之美、人性之美、细节之美、思想之美、语言之美、哲学之美等方面去把握。

1. 自然之美

鲁迅先生曾经说痛恨自己对自然之美不敏感，而沈从文、张承志恰恰对自然之美非常敏感。比如，沈从文的小说《边城》及散文集《湘行散记》，张承志的早期小说《黑骏马》等。自然之美是美的最高境界，老子说：地法天，天法道，道法自然。好的小说在表现出自然之美的时候，不是那种很炫目、巴洛克风格的华丽，而是让人舍不得一下子读完，让人读着读着会走神，物我两忘，不知身在何处、今夕何夕。大自然具有超越尘世、超越现实的神性和美感，美得让人灵魂出窍。

2. 情感之美

情感之美是美学中心，美学也必须探讨情感，情感也是作家写作的动力。作家往往是在非常冲动的情况下，写出来的作品非常感人。一部作品有没有打动人心的力量，情感很重要。宋代的一些文学家，是很有情感氛围的。如宋诗"万物静观皆自得，四时佳兴与人同"以及"顿觉眼前生意满，须知世上苦人多"，"生意满"表现的是一种欣喜之情，一片生机勃勃。"苦人多"又流露出一种同情。作家要具有悲天悯人的情怀，给人以恻隐之心。一位作家只有对他笔下的人物充满温爱和同情,怀有一种人道主义的情怀,达到"随风潜入夜,润物细无声"的效果,才能有益于世道人心、滋润情感,让人觉得生活是美好的、有诗意的。

我有个好朋友,是位打工作家,不过他的作品不仅仅局限于打工题材。他最近写了部小说,写的是中国改革开放三十年以来,无数无名的打工者在城市里默默地奉献着自己的青春。从未有人记载过这些打工者,他们处在社会的边缘,他们的命运无人知晓,他们的生命犹如无字之碑。这位作家本身就是位打工者,他用自己的笔,真实地记录着打工者的现实生活与社会命运,记录着他们在这个时代里的悲欢离合。在创作过程中,他不知道曾经哭过多少回,写着写着,便被自己笔下的人物所打动。这部小说在《中国作家》发表之后又被《长篇小说选刊》选载,编辑对他的评价很高,很多读者读到其中的动人之处都不禁落泪。好的文学作品,始终都有着一种同情之心、悲悯之心,有益于世道人心的净化。

3.人性之美

《三字经》说:人之初,性本善。荀子却说:人之初,性本恶。人性善恶我们暂且不去讨论,但是从哲学家的争论中,我们可以看到人性具有无限的丰富性,这种丰富性给作家提供了非常大的表达空间。文学作品不仅可以表现一种自由忘我的境界,亦可以表现出人性张扬怒放的精神状态。表现人性之美的作品有很多:海明威的《老人与海》,表现不屈不挠的人性精神;庄子的《逍遥游》,表现人性自由超脱的精神;鲁迅的《一件小事》,表现出普通人身上不平凡的精神,等等。

4.细节之美

细节对于文学创作来说非常重要。我们有些同学为什么写不出好文章?就是因为粗线条太多,模糊的东西太多,描述不具体、不精到。试想,如果世界被抽取了细节,那这个世界就等于空洞无物。生活中充满了细节,文学作品中也充满着感人至深的细节。作家的写作描述,就如同给一个光膀子的人穿衣服,等到一件件衣服和首饰都穿着搭配上,人物就会显得充实丰满。例如托尔斯泰的《安娜·卡列尼娜》,女主人公的形象就是通过一个个细节的装点和叠加不断充实起来的。

5.思想之美

思想之美也很重要。生活本身就隐含着思想,一个人的生活中隐含着他的价值观,一个民族的生活也隐含着一个民族的价值观。作家们作品中对生活的反映,一定会携带着他们对生活的看法,包括观念、逻辑、思考和判断。他们的作品中所整理表述的生活,也一定体现着对现实生活的独特见识。这种见识,换一个说法,就是文学的"思想"。鲁迅先生就非常善于展现思想之美,他是一位具有深刻洞察力的伟大作家。小说不应说理,不能说教,而应通过形象、情节来展开描述,倘若这些形象和情节需要完整地呈现作家的意图,就必须有想法、有思路。好的小说,在故事中寄予深刻的人生体察和认识,能引导人们从此岸到达彼岸。

6.语言之美

语言对于作家来说就像设计师手上的面料、建筑师手中的材料,语言不仅表现出作家的气质,也包含着作家的独特个性。汪曾祺非常重视语言,他甚至把语言的重要性推向了极致。他说:"我认为语言不只是形式,其本身便是内容。语言和思想是同时存在,不可剥夺的。语言不仅是所谓的'载体',更是作品的'本体'。作品中的每一句话,都浸透了作者的思想感情。我曾经说过:写小说就是写语言。"

语言是一种文化现象。古人说:"无一字无来历。"我们的语言都是有来历的,都是从前人的语言里继承而来,经过脱胎、翻改而形成的。语言的背后都有文化的深层积淀。一个人的文化修养越高,他的语言所能传达的信息就会越多。

语言要有暗示性。就是说,要使读者感受到字面上所没有展现出来的东西,即所谓"言外之意,弦外之音"。朱庆馀的诗《近试上张水部》,写的是一个新嫁娘:"洞房昨夜停红烛,待晓堂前拜舅姑,妆罢低声问夫婿,画眉深浅入时无?"诗里并未写新嫁娘外貌如何,但是诗人的语言却暗示出,这一定是位绝色的美女。当然,这首诗还有另外的解释,在这里我就不扩展来讲。

语言是流动的。语言不仅具有暗示性、联想性,还应具有流动之美。有人说,汪曾祺的作品语言很怪,拆开来,字字句句平淡无奇,可是"放"在一起,却极有味道。语言就应如此,恰当精妙的组合,就能使平凡之字,显现和谐的绝美。书法家包世臣评论王羲之《兰亭集序》也说,一个字、一个字拆开看,并不觉得怎么美,甚至很不平整,但是字与字之间连动着,"如老翁携带幼孙,顾盼有情,痛痒相关。"文学语言就应如此这般流动美妙,词与词、句与句之间,要互相映带、"顾盼有情"。语言绝不能像砌墙一样,一块砖、一块砖垒叠在一起,而是该如同树一样,枝干之间,汁液流转,一枝动,百枝摇。

7.诗性之美

虽然不是所有的文学样式都是诗,但都需要有诗性。如果一部文学作品具有诗歌之美,那将是一种极高的文学境界。什么是诗性?美国诗人罗伯特·勃莱曾说:"没有意识、理性和逻辑介入的天真,乃是诗性。"意指诗性是非理性、逻辑所能解释的,而是与通感、直觉和潜意识直接相联系的。德国诗人席勒,更是强调潜意识在诗歌中的作用,他说:"诗人在潜意识中获得唯一的出发点。"

　　顾城有这样的诗句:"肥胖的钟声","甜的太阳",这些都运用了通感,进行了感觉如"听觉向视觉"或者"视觉向味觉"的转换。还有前苏联诗人马雅可夫斯基著名的"穿裤子的云"——把人比作是穿着裤子的自由的云。另外还有普吕多姆的"吹灭你的眼睛",帕斯捷尔纳克的"四月,墨水足够用来痛哭"。这些诗句都是那么的新奇美妙,要么是生命物化,要么是物质的生命化,闪耀着一种奇异的诗性之美。假如你有着这样一种天赋,头脑中总是闪现出如此灵动新奇的诗句,那你生而为诗人。

　　8.哲学之美

　　如果一部文学作品具有哲学韵味的话,那就非常深刻了。在这方面,昆德拉是一个代表。他有一个雄心,就是要把小说和哲学结合起来。这种小说家的哲学思考,其实是代表了 20 世纪以来现代小说发展的一个潮流。像这些作家里面,比如卡夫卡、萨特、加缪、西蒙·波伏娃、黑塞、博尔赫斯、帕斯捷尔纳克等,都是这方面的代表。

　　(三)文学作品中的叙述

　　我们从叙述这个角度来了解文学作品。叙述在文学作品里面非常重要。一位作家的风格往往是通过他的叙述风格来体现的。有时他的叙述风格是散漫的,有时却是非常严谨的。不管作家怎样写作,我们总能找到他的叙述方式。大家可能看过一些作品,一看就会知道是出自谁人笔下。一位作家的叙述就像一个人的说话习惯一样,如同某个人讲话的方言一样。赣南同学带着赣南的方言,萍乡的同学带着萍乡的方言。

　　海明威曾经提出过著名的"冰山理论",人们所能看到的和所能计算的体积,只是露出海面的冰山一角,加上隐藏在海水深处的部分才真正是冰山的全部,而这部分只能通过感受、猜测和想象才得以看到。很多小说在阅读时我们能看到的只是"冰山一角",很大部分需要我们想象、猜测。海明威有部著名的小说叫做《白象似的群山》,就是一个典型例子。故事讲的是在西班牙境内行驶的快车上,一对男女的交谈。他们的话题大家都能够看得清楚明白。他们一边喝着茴香酒一边看着像白象似的山,讲的都是一些很简单的话题,比如"天气热得很","我们喝杯啤酒吧"。就是这样喝着讲着这本小说就结束了。实际上他们在交谈当中透露出强烈的不安和隐私。似乎他们是从一个关于堕胎的话题展开的,但是这个话题隐藏在谈话之中的。就像海面上的冰山一样,那么大的冰山其实要靠想象和猜测。

还有法国新小说领军人物罗伯·格里耶的《嫉妒》,也是通过这样的暗示来表现。"嫉妒"这个词在法语里面实际上跟"百叶窗"是一个意思。他写的是主人公认为妻子可能跟某个邻居有染,于是就在百叶窗后面窥视着自己的妻子。但是小说里面没有交代清楚,只有不断移动的光线、墙壁、走廊等,就像照相机一样的场景。而他构建的这种强烈的情绪,只能靠读者自己去展开、去想象。如果说海明威的叙述像晴空一样明朗,有着奏鸣曲般跳跃的节奏,那么罗伯·格里耶的叙述则要暗淡的多,如同昼夜之交的黄昏,他的叙述像阳光下的阴影一样缓慢地移动着。现代小说的叙述非常注重这种不把想说的话讲出来的手法。阿根廷作家博尔赫斯更是一个叙述的高手,他的小说《乌尔里卡》只有一页那么长。这个故事非常单纯,就是一个男人和一个女人出去散步,两个人通过交谈之后可能互相喜欢了。文章中他们从雪中散步回来,最后叙述以躺在床上结束。但是结尾是这样写的:"天老地荒的爱情在幽暗中荡漾,我第一次也是最后一次占有了乌尔里卡肉体的形象。"这句话一下子就把现实取消了,本来我是占有了这个女子,可是最后用了个"形象"又把这个"占有"给虚拟了。他的小说充满了这种迷宫般的神韵。

他还写了《博尔赫斯和我》,一个属于生活的博尔赫斯如何对那个获得很多荣誉的博尔赫斯心怀不满,因为那个荣誉的博尔赫斯让生活中的博尔赫斯感到自己不像自己了,就像老虎不像老虎,石头不像石头那样,他抱怨道:"与他的书籍相比,我在许多别的书里,在一把吉他累人的演奏之中,更能认出我自己。"最后,博尔赫斯又写了一句话:"我不知道我俩之中是谁写下了这一页。"他这样写又把前面的话取消了。他还有一个著名的比喻,写一个人在人群当中消失"仿佛水消失在水中"。我们本来比喻一个姑娘像一朵花一样,有明确的本体和喻体。而他的本体和喻体就是本身,这个比喻很是新鲜。

在他的另一个故事《永生》里,他说:"我一连好几天没有找到水,毒辣的太阳、干渴和对干渴的恐惧使日子长得难以忍受。"我们可能就写到干渴,而他加了个"对干渴的恐惧"。还有一个,他在《秘密奇迹》的最后这样写："行刑队用四倍的子弹，将他打倒。"他这里只写出倍数，而不知道基数是多少，这就是他的叙述风格。所以好的叙述能引领、提升文学的美感，使作家的作品具有更多的想象空间。我的讲座就到这里，谢谢大家。（掌声）

现场互动

学生一：李老师，您好！刚才您提到郭敬明等80后作家，我不由自主想到了韩寒。对于韩寒，社会上一直存在着不同的声音，有反对他的，也有支持他的。几年前发生的"韩白之争"，在文坛上的影响很大。对于文学，我还是比较喜欢韩寒那种批判性作品，并且经常看他的博客。我认为很多文学作品都带有批判色彩，比如说刚才提到的钱钟书和鲁迅。我想请问李老师对韩寒的作品有什么看法？

李晓君：我觉得韩寒跟郭敬明还是不同的。你刚才说韩寒身上具有批判精神，我认同，这是难能可贵的。鲁迅二三十岁的时候，其实也是个愤青，对这个社会、这个时代有很多他自己的批判看法。所以我觉得，还是回到我刚才说的话，我们对事情的看法不要绝对，而是要抱着一种相对的态度去看待。至于白烨和韩寒的争论，我觉得其实也很正常。文坛如果没有争论就会死气沉沉。韩寒的作品肯定有其价值，但是韩寒肯定不是完美的人，他也有缺陷。这些缺陷就构成了两代人甚至不只两代人理解和看法上的不同。

学生二：李老师，我想请问一个有关文学艺术上的困境。我觉得以独立探索作为精神内核的文学创作，是一个孤独求索的过程，很多时候也是作者一厢情愿的结果。被灵感灼伤的作者眼前只有他所独造的世界，没有读者，没有市场，甚至没有他自己，虽然都极富天分却陷入一种不被理解的困境。即使人们在赞颂他的文学形式开拓了广阔的创作天空时，他依然困在一口深不可测的枯井里，评论家评论得越多，这口井也就越小，离本质也越来越远。于是，这种作家也越来越少，而最诚挚的感动也越来越少，充斥着信息丰富的创作炒作。我的问题是：如何抓住瞬时的灵感，找到沟通读者的形式，既忠实于自己又忠实于读者，突出写作的困境？我们是以流星的化学原理孕育自己，还是用流星的光辉照亮观众？谢谢！（掌声）

李晓君：这个问题很有深度，你问到：我们的作品如何具有灵感、方法，并以良好的表达形式感动读者？其实，不仅对于文学初学者，就连对于有很多年文学修炼的作家来讲,这始终是一个令人困扰的话题。我觉得,有时候一位作家的作品能否被读者选择,不是作家自己所能把握的。一位作家创作出了好的作品,有的时候都不见得是自己努力所能做成的。有的作家说"我好像是被上帝推着我的手在写诗",这就是所谓的灵感。一位作家在他漫长的创作过程当中,有时可能一辈子都在等待着灵感的召唤,以写出他心目中能够与他能力相称的作品。但是,有的作家很不走运,可能一辈子都写不出来。也就是说,被流传下来的作品总是偶然的,而被湮没的作品却浩如烟海。

但我始终觉得,文学作品首先是私密的,然后才是大众的!因为文学其实还是表达个体对世界看法的一种形式:对世界的批判、歌颂、怀疑、赞美、感动或者申控。就像画家通过画笔、音乐家通过音乐来表达他们对世界对人生的理解一样。首先,文学作品流淌出来的是自己的声音。但是,好的作品流淌出来的文字不仅仅局限于个人的感受,作家的感受与经验可能会唤起很多人的共鸣。比如,为什么当代的知青小说那么受欢迎?因为这类小说中描写的岁月也唤起了很多知青感同身受的痛。所以,一旦一个作家的作品创作完成了,那这个作品在某种程度上就已经不属于他自己了,他的声音就飘在了空中,而好的作品就会被人听到并受到感动。所以,一个作家的作品首先要立足于感动自己,然后再去感动别人。

你刚才提到文学的内容和形式如何做到完美和谐。其实这对任何一位作家来讲都是艰苦卓绝的锤炼,你始终得保持一种广博的阅读兴趣,你在相信自己的真理存在的同时也要相信别人的手中也掌握着一种真理,所以不能心胸狭窄,对事物要怀着一种多角度的认识,同时也要有一种敢于创新的精神,要勇于表达,这样随着时间的积累就会有好的效果,谢谢!(掌声)

学生三:李老师,您好。其实我也挺同意您的看法,我也不太喜欢有些80后的作家过于追求商业性的某些行为。您认为我们应该多读哪些优秀作家的作品,从而来丰富自己内涵,使自己的思想得到提高呢?(掌声)

李晓君:其实,我认为:优秀的作品,不一定都得读。能让自己引起共鸣的书,就是于我而言的好书。就像人的气质有很多种,你读那些跟你的气质极相似的作品,比如马尔克斯读鲁尔福一样,一读完他的作品后,就发现他是自己所喜欢的作家。我不知道大家有没有练毛笔字,练毛笔字的人,一开始,有很多字帖可供选择,楷书里面有柳公权、颜真卿、褚遂良这几位不同风格和气质的大师,有的人喜欢颜真卿丰腴饱满的字,有的人却喜欢欧阳询挺拔瘦劲的字。

作家的气质,有时候表现得很奇妙。有的作家,尽管他是优秀的作家,但我就是不喜欢。有很多的古典作家,或者一些现代作家,他们的作品写得很好,是公认的大师,可无论怎么读,我都不会有共鸣。但是在读另外一些作家的作品时,我就很有共鸣。这就是:物以类聚,人以群分!人的气质类型其实还是源自于内的,因此,你应该找那种与你的气质一样或相似的作家的作品来读,虽然你无法看到他的气质,但是在你读这位作家的作品时,你就会发现自己越读越喜欢。

在西湖旁边,有两座堤,一座叫白堤,一座叫苏堤。白堤,是白居易当刺史的时候修的;苏堤,是苏东坡在任职时修的。当时苏东坡感觉,自己就是白居易的轮回转世。一位作家和一位作家的相遇,甚至是一位读者与一位气质类似的作家相遇,就叫轮回转世——这是多么美妙的比喻!那种感觉仿佛是从这位作家身上,看到了前世的自己。所以我建议,寻找最能让你感到亲切,最能够打动你,好像那是自己的轮回转世的作品去读!谢谢!(掌声)

学生四:老师您好!您刚才谈到韩寒、郭敬明这类的作家是用通俗化、大众化的手法来写文章。我比较喜欢当年明月的《明朝那些事儿》,他也是用比较通俗化的手法写的,请问您对这本书有什么看法?谢谢!

李晓君:虽然我没有看那本书,但我知道它很畅销。它是由北京的磨铁文化公司(中国最大的文化类民营投资企业,其总裁盛浩博,是一位诗人,也是一位具有经营天赋的奇才)制作的,发行量非常大。我觉得我们应该走出这样一个误区,最流行的不一定是最好的,市场占有份额最大的也未必是最好的。

学生四:我赞同"市场占有额最大的未必是最好的"这一观点,但是,《明朝那些事儿》很贴近我们的生活,而且写得很幽默。它写的是历史,很多时候,可能历史给人的印象是古板的,但他那种幽默的手法使大家更容易接受。

李晓君:假如你到了我这个年纪,你可能就不满足了。你可能会觉得,自己除了要看轻松的、用易中天式语气写的明朝,但同时为了了解历史严肃的真相,你可能还会看黄仁宇的《万历十五年》。生活当中,我们除了要有游戏精神、娱乐精神,还是要有在浅层基础上深化、升华的精神。(掌声)

学生五:李老师您好!我想请教您一个问题:大家都知道灵感对于作

家来说是非常重要的,失去了灵感就等于失去了写作的动力。我们看到,像海子、顾城、三毛,他们都是极优秀的作家,也写了很多很好的作品,可是为什么他们后来都选择了自杀呢?他们的作品都鼓励大家要好好地生活,而为什么他们自己没有好好地生活下去呢?(掌声)

李晓君:这个问题很尖锐,它不仅困扰我,也困扰很多哲学家。有位作家叫加缪,他写了著名的小说《鼠疫》《局外人》,是存在主义作家的代表。他曾经说过:"人类最严肃的问题就是自杀。"其实,作家的内心越挣扎、越矛盾、越痛苦,他们的作品所迸发出来的感情效果可能就越浓烈。

我想自杀这个问题,不仅仅发生在作家身上,很多普通人也有着生命的挣扎。而且艺术家自杀的也很多,比如梵高就是自杀。越是从事这种精神创作的人,他对精神的需求也越高、越苛刻,他对自己精神生活不满的程度也越高。某种程度上来讲,作家、艺术家等,是牺牲自己、照亮别人的。当然,我不赞成自杀这种方式。但是,尤其是进入现代社会以来,现代伦理发生了极大的变化,虽然物质社会越来越发达,人们的精神却没有出路,没有信仰,精神上没有爱,灵魂上被光怪陆离的诱惑所晕眩。寻找不到精神寄托与解脱,人们的精神世界就更加容易出现问题。我的回答就是这样,谢谢!(掌声)

精彩评论

守望灯塔——我的文学感言

熊烨(公关事业管理 071)

和很多热爱文学的朋友一样,我也有一个文学梦,渴望在挪威的森林建一座阁楼,点一盏孤灯,描绘自己的幻想国度:那里有世界上最纯净的美,有真实的渴望也有熄灭的心。而在我们生活的时代,很多的东西都在以不可抑制的速度生长和破碎,社会像一间大工厂,生产着她的主流文化,人们的精神也如树的形状一样可以塑造,我不知道还有什么永远不变的真理。虔诚地递送出去的情书要被人拿去检验证明是否抄袭复制,浪漫感全无。行为艺术被诠释为哗众取宠,围绕的是不屑和嘲讽。

在这个个性有罪、浪漫不在的年代,人们都在考虑住房与工作,或忙碌于寂寞中的爱情。犹如上足了发条的机器,按照轨迹奔向没有终点的黑洞,世界狭窄又冷酷。诗人在湖边徘徊,小说家在香烟纸上涂鸦排遣内心的孤寂,哲学家看黑暗的天花板看到天明——还有多少人在文学这块领域做着艰苦的精神跋涉？文学梦想仿佛是一个遥远的童话。而在这片沙尘地上，在喧嚣的人群中，我感到了神的召唤，它给予了我所有的信仰和独立精神个体的全部尊严，于是我开始了不可停止的一意孤行。主流价值观告诉人们要忠于自己的父母、朋友、上司，但是，我要忠实于自己的灵魂。

我不看四书五经，不听秦腔，也不能被现代的主流文化折服——没有归属感是新时代深刻反思着的灵魂的宿命，所以我们一直在寻找，寻找一种表达，一种属于我们自己的精神内核。我仰慕那些在孤独痛苦中求索的大师们——顾城、海子、张炜、余华……他们中，有一些人选择了死亡，但死亡不是他们所要的答案。在他们死亡的姿态里有着他们全部的尊严与高贵，他们是无数为了生命最初的感动而毕生志于精神跋涉的文学信徒们心中的丰碑，他们血性的思想，将使一切俗媚的产品和人生暗淡无光。

每一次神赐予我灵感，我都感觉到我与大师们的灵魂是那么亲近。这种灵魂的温暖，将带领我们走出不被理解的困境，走向更为广阔自由的天空。那些隔世的光芒终将穿过所有的废墟，照亮黑暗孤独中的枯井。

让我们一起寂静，一起思考，一起守望。一直有那么一座灯塔，存在于我们的世界中。

网站留言精选

今夕：用文字勾勒生活，这一期的主题不错。文学不仅仅是文科学生的专属，她对学理、学工、学医、学农的人来说，也是一种无形的财富。作为一个工科生，经常待在实验室，和导师及兄妹们一起做实验、搞研究，就连上课也是推理、证明、计算，极度缺乏文学的滋润。所以我每当关注到有文学方面的讲座，总是欣然前往，感受大家的风范，感受文字的美、生活的美。我认为文学不妨走两端线：一是深度文学，或称为专业文学也好，应该让那些有资历、有深度文学功底的人来创作；二是大众文学，针对入门级的人，因为这些人只是想感受文学的乐趣，并不想深究或挖空心思探索作者的深层喻义，就像我。本人愚见，呵呵。

文学之美：李老师讲得很不错，提出了许多非常新颖的观点。

（主持人　汤蓓　录音整理　高雅　陶洪霞　肖梦瑶　摄影　程志坚）

第六篇　解读大家

主　题:《"义宁陈氏"——一个可以把"江西"二字写大的文化世家》
主讲人:刘经富
时　间:2009 年 11 月 26 日(周四)下午 2 点半
　　　　2009 年 12 月 03 日(周四)下午 2 点半
　　　　2009 年 12 月 10 日(周四)下午 2 点半
　　　　2010 年 5 月 22 日(周六)上午 9 点
地　点:南昌大学前湖校区图书馆附楼二楼电视台演播厅
嘉宾寄语:"脸上有文,肚里有史;文史彬彬,然后君子。"
　"前湖之风,学术之光;崇开讲席,大雅登场;科技人文,智珠琳琅;宏论说议,思想激扬;继江右之学统,传薪火于门墙。"
　"小事情把它做到极致,就能成就大事业。"
　"大学之道,在明明德,在新民,在止于至善。"

　　刘经富,男,1955 年阴历 12 月 25 日出生于江西修水县义宁镇。初中学历。1971 年 3 月参加工作,当过多年船体装配工。后任修水县政协办公室副主任、修水县文化局副局长。2002 年 8 月,经季羡林先生书面推荐,破格调入南昌大学哲学系任教,现为南昌大学校聘副教授。主要从事陈寅恪家族文献资料和江西乡土文献资料的搜集、整理、研究,现已出版研陈专著两部,主编《义宁陈氏文献史料丛书》。在《文史》、《文史知识》、《文献》、《读书》、《中国文化》、《东方文化》、《南昌大学学报》等刊物发表研陈论文十篇。发表书评、书话、学术随笔 70 余篇。

　　中国近代历史上名门望族、显第世家颇多,江西"义宁陈氏"即是其中一个在文化学术史上写下灿烂一笔的文化世家。清末维新派代表人物、湖南巡抚陈宝箴,"同光体"诗派领袖陈三立,近代著名画家陈衡恪,一代国学大师陈寅恪……"义宁陈氏"人才辈出,声名远播。我国现代著名学者吴宓先生称其为"文化贵族"。"义宁陈氏"这一文化世家衍生着怎样的书香渊源?陈氏俊杰在中国近现代历史上产生了什么样的深远影响?接连三期的讲坛,主讲人将通过系列讲座引领我们走进"义宁先生",品阅"义宁文化",解读"义宁学问",感受"义宁精神",体味"义宁陈氏"在中国文化史上举足轻重的遗风流响。

"义宁陈氏"
——一个可以把"江西"二字写大的文化世家

◎刘经富

一、前言:迷人的"文化世家"现象

中国近代不乏书香门第、文化世家,如曾国藩、李鸿章、翁同和、张之洞、汪荣宝家族,而"义宁陈氏"为其中之一。义宁即今江西修水县,清代名为义宁州,本称宁州,因嘉庆年间当地一次动乱的平息而得嘉庆赐"义"字。修水在赣西北,从地图上看显得有点偏僻,是大山区,1000米以上的山峰有70多座,以前从修水到省府南昌要花上几天的时间。修水这个地方的人文气息比较深厚,它会在蓦然间崛起一个大名人让你刮目相看,宋代有黄山谷,近代有陈寅恪。多少人一提陈寅恪的名字就肃然起敬,其实陈寅恪背后还站着一个显赫的家族。清同治初年(1862),陈寅恪祖父陈宝箴以举人身份入曾国藩、席宝田戎幕,立下战功,从此踏上仕途,累擢至湖南巡抚,领导了湖南新政,是晚清有魄力、有建树的封疆大吏,《清史稿·列传》立《陈宝箴传》(第251传)。陈宝箴长子陈三立——"维新四公子"之一,"同光体"诗派的代表人物。陈三立长子陈衡恪,著名书画家;次子陈隆恪、四子陈方恪为著名诗人;三子陈寅恪,现代史学大师;五子陈登恪,武汉大学外文系和中文系教授,文学院代院长。陈衡恪次子陈封怀,著名植物学家,我国植物园事业创始人之一。与其他著名家族相比,"义宁陈氏"不以权势、豪富名世,只有书香一脉,绵延不绝。1943年,吴宓在一篇文章中赞扬义宁陈氏:"一家三世,为中国近世模范人家。父子秉清纯之门风,学问识解,惟取其上,所谓文化

贵族……故义宁陈氏一门,实握世运之机轴,含时代之消息,而为中国文化与学术德教所托命者也。"评价之高,解识之深,至今难出其右。

"世家"这个词一般有三种解释:

1.《史记》中用以记载侯王家世的一种传记,《史记》有《世家》三十篇。因王侯开国,子孙世代承袭,故称世家。

2.世禄之家,泛指世代显贵的家族。

3.指以某种专业世代相承的家族。

按照古人"三代承风,方为世家"的说法,一个家族必须三代薪火相传、每代都崛起了有影响的人物,才称得上"世家"。"义宁陈氏"从陈宝箴、陈三立到陈寅恪,恰好符合这个条件。1979 年,修订本新《辞海》为"陈宝箴、陈三立、陈衡恪、陈寅恪"分立条目。由于《辞海》的权威性,一家三代四人上《辞海》成为美谈,开了《中国大百科全书》、《世界名人词典》为他们分立条目的先河。目前一个家族有四人上《辞海》的只有"义宁陈氏"一个特例。在世界范围内,像陈家祖孙三代四人同上《世界名人词典》的现象也属罕见。可谓一门儒素,几代清华。

中国向来有用地望、籍贯来代称名人的风俗习惯,一直延续到近代。人们称康有为为"南海",梁启超为"新会",谭嗣同为"浏阳",翁同和为"常熟"。20 世纪 80 年代以来,随着"陈寅恪热"的兴起,"义宁"的声名在山外响起。人们称陈寅恪为"义宁先生",称他的学术为"义宁学问",称他的人格、品行为"义宁精神"。"义宁"因为有了陈寅恪的存在,从一个地名演绎成一个具有丰富内涵的文化符号,嵌入千万读书人的心里。

1925 年,还在德国留学的陈寅恪被清华学校国学研究院聘为导师,之后分别在清华大学、西南联大、香港大学、广西大学、燕京大学、岭南大学历史系任教。1939 年,英国牛津大学聘请陈寅恪为汉学教授,并授予英国皇家学会研究员职称,因战乱和眼疾未能赴任。1948 年,陈寅恪当选为中央研究院院士。1949 年后,任中山大学教授,中央文史馆副馆长,中科院哲学社会科学部学部委员。1969 年 10 月 7 日在中山大学被造反派迫害去世。去世之前,陈寅恪写下了凄切千古的预挽夫人的对联:"涕泣对牛衣,册载都成肠断史;废残难豹隐,九泉稍待眼枯人。"陈寅恪去世仅一个半月,陈夫人亦逝。30 多年后,魂兮归来,夫妇骨灰安葬在庐山植物园。

我们现在看到的图片是修水县五杰广场,为"陈氏五杰"——陈宝箴、陈三立、陈衡恪、陈寅恪、陈封怀而立。广场于 2000 年开始筹建,我有幸作为发起者之一,撰写了五座碑柱上的碑文与记文。碑柱的外形为爵的样式,陈宝箴的碑柱居于其中,高度以及碑文字数从陈宝箴至陈封怀依次递减。目前全国为一个家族修建广场的事例,似只有陈氏一例。

上世纪八九十年代,出现了持续甚久的"陈寅恪热",成为一种独特的文化现象。陈寅恪的生平经历、渊博学问,引起知识分子的强烈兴趣,关于陈寅恪的掌故逸闻曾广为流传。他的人格思想不仅为学术界、文化界大多数人所认可赞颂,而且由书斋走向大众。

经富虽生长于义宁,说来惭愧,80年代初才知道这位乡贤的大名。1997年才有志于做陈寅恪家族史资料的搜集、研究。十余年来,略有收获。今天借"前湖之风"这个学术平台,将一个义宁后学的一得之见贡献给诸位。不详之处,请予补充;抛砖之诚,高明寔鉴。

二、"陈寅恪"名字及"恪"字辈的由来

"义宁陈氏"为客家人。修水、铜鼓一带乡民称其客家人为"怀远人",这一称谓独一无二、极具特色。清雍正末年,陈寅恪的六世祖陈鲲池,自福建上杭县来苏乡中都村迁至南昌府义宁州(1913年分为修水、铜鼓两县)泰乡七都竹塅村。百年后,迁入义宁州的怀远人开始联宗建祠修谱。咸丰元年(1851年)恩科乡试,陈文凤与陈宝箴(陈寅恪的祖父)中举。怀远陈姓欢欣鼓舞,借此喜庆,敦促陈文凤、陈宝箴编纂"合修宗谱"(通谱),因受太平军战事影响,延宕至同治二年秋季将通谱修成。同治年间的第三次通谱,理清了过去百年来各支自定的混乱世次,在义宁州怀远陈姓族史上具有重大意义。在此基础上,陈文凤、陈宝箴制定了"三恪封虞后,良家重海邦。凤飞占远耀,振彩复西江"的行辈派号。规定自开基祖下延到二十一世,一律按通谱派号取名,废止先前各支自定的私派。

"三恪封虞后",典出我国古代周朝礼制。古代新王朝为巩固统治,对前朝贵胄后裔赐予封地,以示尊礼。周武王得天下后,封舜帝之后妫(guī)满于河南东部、安徽西部一带,建立陈国,其子孙遂以国为姓,此则为陈姓之由来。故"三恪封虞后"概括了陈姓受姓的尊荣与陈姓的史源,蕴含着"恪"字的音、形、义。明焦竑杂记《焦氏笔乘·古字有通用假借》条:"'以备三恪',恪当读如客,恪、客古通用。"清吴大澂(窓斋)《古籀汇编》卷十,据周朝的窓鼎考证:"窓(恪)"为"客"字异文,三恪即三客,即以客礼相待夏、商、周三代子孙之意。

光绪十六年庚寅(1890年)五月十七日寅时(凌晨三至五点),陈宝箴六孙于长沙诞生。因生于寅年(虎年)寅时,故名其为寅恪。"寅"字有恭敬之义,长辈按名与字对文互义的习俗,取字彦恭(未用)。陈宝箴膝下八孙(据修水怀远陈姓民国九年五修谱):长孙衡恪(师曾)、二孙殇、三孙同亮殇、四孙覃恪(陟夫)、五孙隆恪(彦和)、六孙寅恪(彦恭)、七孙方恪(彦通)、八孙登恪(彦上)。

修水县怀远陈姓,自通谱派号颁行之后,著录在宗谱上的恪字辈960余人(如添计铜鼓县孙辈,远不止此数),其中陈宝箴家族的恪字辈有60人。在此近千人的恪字辈中,曾有六位"陈寅恪"(据修水县怀远陈姓民国三十二年六修谱)。现今,恪字辈生者尚有百余人。

"文革"后,民间已不兴按谱派取名。陈文凤、陈宝箴制定的二十辈派号至"良"字辈后已基本歇绝。因此,"三恪封虞后"五辈派号的通行,便成为怀远陈家宗族由几十支分散家族凝聚为一支大族、望族的历史记忆。陈寅恪兄弟作为"恪"字辈的翘楚,已成为这一宗族重要的文化遗产。其名字的读音,也与宗族所在地有着地域文化上的渊源关系。客家话比较完整地保留了古入声,"恪"字古音为入声铎韵,故修水客家话读"恪"字为入声ko,字音由喉部发出,要用力"挤"出来,类似于普通话"贺"、"貉"字的发音。

"恪"之正字为"愙",从宋《广韵》到清《康熙字典》都只有一个反切("克各切"),宕摄开口一等字,转换成现代语音即kè音。但自民国后,北方语系受"腭化"的影响,"恪"字在字典中增加què的读音。约从明末开始,北方语系中舌根音g、k、h的细音(韵母为i、ü的音节)向舌面音j、q、x转变,也即是说,古音本没有舌面音j、q、x,今音中一部分读j、q、x声母的字是从古音g、k、h声母中分化而出,语言学界称这种发声部位的改变为"腭化"。如"卡"字既读kǎ,又读qiǎ;北京话中"客"字有kè、qiě两读。"客"为"愙"的本字,"客"有两读,由它孳乳而生的"愙"自然也有两读。

早在陈寅恪北平执教期间(他曾在清华大学任教十余载),学术界受北平"恪"字念què风气的影响,皆将陈寅恪名中"恪"字念成què音,但陈寅恪本人却并不认同。今已查证到他自青年至老年所填十二次签名中,十次标音入声ko,两次标音去声kè;他也曾与同事和弟子说过,他名字中的"恪"要念乡音。陈寅恪是江西人的骄傲,是江西省的历史文化人物,作为有责任弘扬江西历史文化遗产的学者文人、政府官员,于情于理都应尊重姓名拥有者本人的意愿,在正式场合中使用规范读音kè称呼陈寅恪及其兄弟的名讳，以此向乡贤致敬。

在座的各位同学应该都知道，南昌大学前湖校园内有六条以赣籍院士命名的道路，这是我校一项很有文化意蕴的举措。其中一条最长的道路称"寅恪路"，路牌的标音正是 Chen Yin ke。但曾有人向学校领导反映，说标音闹了笑话，把国学大师的名字读音标错了，应该改成 Chen Yin que，有关部门询问我的时候，我便以上述考证说明为什么不能标成 Yin que，如若标成 Yin que，反倒是闹了笑话。

三、陈寅恪留学列国佳话

中国近代文化学术，出现一个新情况、新要求，读书人在掌握中华传统国学的基础知识之上，还要学习西方先进的学问知识，不仅要学习，还要融会贯通。清末，千年流传的科举旧制被废除，传统的耕读模式、私塾书院教育制度在欧风美雨的冲击下，渐渐边缘残破。所幸，自耕读之家走出的最后一批士大夫子弟未立即割断脐带。上世纪二三十年代，洋学堂虽已纷至沓来，但仍有许多已进城定居的"旧家"世族，为让子弟在入"洋学堂"之前坚实"旧学"的根柢，仍然重视私塾授业、家学秉承，正是如此，使得陈寅恪自少小便接受到严格的品德、国学教育。待根基已立，再将其送至新学堂，进之则留洋海外。籍此，年轻一代士大夫之眼界得以开拓，思维由此更新，传统国学与现代学理、方法相结合，群贤辈出，"大师成群地来"。此是近代人才成长、学术转型的一条规律。

在这一股"中西贯通、新旧兼容"的学术潮流中，陈寅恪得风气之先，以"预流"之胸襟，挟家学之渊源，赴日、法、美、德等各国深造十三载，为我国近世留学史上一段佳话。

（一）留学海外十三载

1902 年，年仅十三的陈寅恪即随长兄陈衡恪赴日留学，先入"新文学院中学"，后于东京巢鸭弘文学院高中部学习，留日两年半；1909 年秋至1911 年秋，在德国柏林大学学习语言文学两年；1911 年秋留学瑞士苏黎世大学，学习语言文学半载；其后 1913 年秋至 1914 年秋，留学法国巴黎高等政治学校（名虽非大学或学院，但颇有成就，至今仍未改名），学习社会经济部课程一年；1918 年 11 月至 1921 年 8 月，转赴美国哈佛大学，学习梵文、巴利文、希腊文等近三年；1921 年 9 月至 1925 年 5 月间，转至柏林大学研究院，学习梵文及其他东方古语文三年半；1925 年春，受聘为清华学校国学研究院教授（导师），自德归国。

这样，陈寅恪从13岁至36岁，其中除去国内读书、任职、筹措留学经费、养病的时间，负笈海外十八个年份，实足十三年。这在留学生中可谓经验丰富，他是不是留学时间最长者暂存疑，但绝对是留学时间最长者之一。

此中有一处值得注意：他十三年的留学生涯是在经费极其困难的情况之下完成的陈氏家境并不富裕，父亲陈三立在戊戌变法之后被革职，没有官职俸禄，润笔是其重要经济来源。按说一年下来润笔收入并不低。但陈三立是名士，不会理财也不能理财，名士要有名士的做派。陈氏家族人口众多，门面维持不易，时常捉襟见肘。幸而陈三立夫人有两个兄弟饶有家财，时常接济。自1902年，陈家接连有子弟留学，经费压力极大。陈寅恪的留学经费是一半自费、一半公费，1909年赴德留学两年，经费皆由舅父提供。1911年秋留学瑞士苏黎世大学因无学费一学期便回国筹措经费。第二次留德虽是官费，但时停时寄，没有保障，所以生活颇苦。陈寅恪每日一早买少量便宜面包，在图书馆读书整日，常常不能正常进餐。又因德国人不喜食动物内脏（用以喂宠物），价格特别便宜，陈寅恪为省钱，每次在饭馆吃饭总点最便宜的腰花。曾有一次他与俞大维同请赵元任、杨步伟夫妇看歌剧，二人送夫妇俩到剧园门口后转身便走因囊中羞涩，陈寅恪只为赵氏夫妇买了两张票。二十四载中，留学——回国工作以筹措经费——再留学，同辈人皆已娶妻生子，陈父也多次施以压力，但陈寅恪仍旧无意于婚事，直至在清华大学任教期间，与同在北京从事教研工作的唐筼相识相知，才于三十九岁与唐筼结为连理。寅恪先生追求知识、献身学术的精神，真是常人所不及。

（二）中西贯通，"全中国最博学之人"

陈寅恪多年求学国外，对西方近现代学术文化自有相当广博的了解，所谓"中西贯通"。在瑞士曾读过《资本论》，他可能是最早读《资本论》的中国人。西学中，最使陈寅恪着迷的学问则是西洋东方学中的汉学和历史语文考证学。自1918年冬至1925年冬，整整七载，寅恪先生追随着西洋东方学学者，深入学习研究东方学的先进工具与方法，接受西洋东方学考据治学的训练。这是陈寅恪先生留洋生涯中的一项重要内容，对其后的学术研究工作影响颇大，特别是他在清华国学研究院任教期间所开展的"塞外之史，殊族之文"专题学术研究，与此七年留学经历有着直接联系。

六岁即入私塾念诵四书五经，陈寅恪本身具有相当深厚的国学素养，而又留洋十三载，掌握西方先进科学方法、通晓古今语言，以其渊博的学识而闻名。吴宓曾赞叹："始宓于民国八年，在美国哈佛得识寅恪。当时既惊其博学，而服其卓识，驰书国内诸友，谓合中西新旧各种学问而统论之，吾必以寅恪为全中国最博学之人。今时越十五六载，行历三洲，广交当世之士，吾仍坚持此言，且喜众人之同于吾言。寅恪虽系吾友，而实为吾师。"因此陈寅恪的学问，比乾嘉学者更上一层。

（三）辗转欧美，苦研"西洋东方学"

陈寅恪在留学生涯中的最后七年，是以各种东方语文尤其古语文为主攻对象。他先于美国哈佛大学跟随查尔斯·兰曼教授学习梵文、巴利文、希腊文等三载，后转入柏林大学研究院学习约四年，其间除了师从路德施教授学习梵文、巴利文等东方古文字外，还向缪勒教授学习中亚古文字，向黑尼士教授学习蒙古语。熟练地运用各种东方语言，以深入研究东方历史与文化，是陈寅恪先生最为向往的西洋东方学之学术境界。

德国的东方学研究已有百年传统，成就举世公认。西方近代史学无一不受德国历史语文考证学派的影响。此学派对学者语言水平要求极高，标准主要有两点，第一，最为上乘者，除古代语言（拉丁文、希腊文）外，学者至少能随时互译现代几门世界通行语言（如英文、法文、意大利文），阅读并能翻译以此类语言所著历史文献；第二，须通达研究范围内有关的各类语言，能熟练运用语言做史料研究的补助，以此解决与自己研究领域相关的问题。此即陈寅恪先生两度赴柏林大学深入学习的原因。

留学德国时，陈寅恪曾做过大量详实的学习笔记，保存至今的仍有六十四本之多，可见一斑。经其门生季羡林先生的整理，这些笔记为我们考察陈寅恪先生留学德国的学习情况提供了极为珍贵的资料。由笔记推断，陈寅恪当时已掌握及学习中的语言文字包括英文、德文、法文、俄文、日文、朝鲜文、梵文、巴利文、印度古代俗语、藏文、蒙文、西夏文、满文、新疆现代语言、新疆古代语言、伊朗古代语言、古希伯来语、印地语、尼泊尔语等，其种类之多，令人惊叹不已！在近代中国学术界，他为从事学术研究所作的艰苦准备，可以说是无与伦比的。这种对学术的庄严虔诚态度，表明他决心把学术研究作为自己生命的终极托付。

（四）心系国运，"以史为鉴"寻解答

寅恪先生深入钻研西洋东方学，并非与国学毫不相干。作为深受中国传统文化熏陶的知识分子，他深入研究西洋东方学正是出于对中华文化前途的关心。钱穆曾说："东西文化孰得孰失,孰优孰劣,此一问题围困住近一百年来之全中国人。"面对西方文化的强大冲击力,中国文化应如何调整自身才能重新焕发活力?这是陈寅恪先生那一辈人无法回避的重大问题。处在这一激荡的百年背景之下,内感民族文化之衰颓,外受世界思潮之激荡的陈寅恪选择了以史学为专业来回应这一危机。以史为鉴,我们深入探寻这一问题的答案。历史上,对我国影响最为深厚的外来文化是佛教。佛教发源于印度,东传至中国的过程中,中亚地区起到了重要的媒介作用。因此,要准确把握"两千年吾民族与他民族思想接触史之所昭示者",我们就需要掌握西洋东方学的专门知识。西洋东方学不仅要求研究者透彻地了解本民族的文化,而且要求其具有直接研究外来文化本原的能力,所谓"研究本原,首在通达其言语",此即为陈寅恪先生在留学最后七年内,孜孜不倦,苦学梵文、巴利文及其他东方语文的最深层用意。陈寅恪先生所接受的是西洋东方学的训练,研究的是汉族的文化本原,心中思索的则是中华文化的历史命运。

(五)没有学位而成为清华"四大导师"之一

有意思的是,寅恪先生留学十余载,辗转欧美名校,竟未取得位。这在近代留学史上,恐怕没有第二人。他曾说考博士并非难事,但两三年内被具体专题所缚,恐无时间另涉他域。故陈寅恪的留学档案资料极少,因其不求学分,总是选课旁听、做笔记,颇似中国传统的游学之风。

而就是这样一个既无博士头衔,当时又没有什么著述的"白丁",清华国学研究院竟然肯发给他一纸导师聘书,与王国维、梁启超、赵元任一起被称为"四大导师"。他们都是中国现代学术的泰斗,大名鼎鼎,为清华大学创造了巨大的无形资产(清华大学校长办公室至今挂着六个人的肖像,两边墙上,一边是梁启超、王国维,一边是陈寅恪、赵元任。正面墙上,闻一多、朱自清)。当时的清华国学研究院是非常有名的高级学术机构,培养了不少著名学者。进入研究院的都是高材生,入学考试的题目叙述得很简单:一百个古地名,一百个古人名,一百部古书名。乍看似简单,其实并不容易。以古人名为例,准确写出一百位古人的名、字、号,若无精确的记忆,实为难事。清华国学研究院将中国传统的书院山长制与西方名校的导师制相结合,师弟相得,如沐春风。有一天,陈寅恪写了一副对联给学生——"南海圣人,再传弟子;大清皇帝,同学少年",解释说:梁启超的老师是南海圣人康有为,你们不就是南海圣人的再传弟子吗?王国维老师是溥仪的老师,南书房行走,你们与皇上溥仪不就是同学吗?弟子们一听高兴得不得了。

四、"义宁之学"的整体风貌与治学方法

二十余年来,关于义宁先生的研究已蔚为大观,有"显学"之称(中国文化的"显学",有"龙学"、"红学"、"鲁学"等七、八门,80年代后,"陈学"亦上升为"显学")。曾有人做网上统计得知,陈寅恪在互联网上出现的频率以及点击率,在中国文化名人中仅次于鲁迅。举凡陈寅恪生平及学术道路,与同时代学者关系,"义宁之学"(魏晋隋唐史、诗文证史、佛学、敦煌学、藏学、近代史等)的治学特色,陈寅恪史观、文化观及诗作等,皆有众多已成系统的研究文章。限于篇幅,难于缕述。

今仅就"义宁之学"的整体风貌与治学方法作概括式介绍。

(一)整体风貌

"义宁之学"的整体风貌是"注重通解通识,力求打通文、史、哲学科之界限",这是"义宁之学"的创新之处。以宏观的角度分析,要点有三:一曰通识。陈寅恪虽专攻中古断代史,眼光、思想却是通识。他以文化史观治史,是为学术新理念。二曰预流。观乎陈氏一生学术,以域外语文预"敦煌学"、"藏学"、"蒙古史"等新学术潮流,均具开创价值。三曰中体西用。陈寅恪先生虽以西方科学理念研究中国问题,却始终主张"中国学人虽取资西方,仍须坚持以民族文化为本位,毋失民族文化之核心价值。"

(二)治学方法

再从微观角度,分析陈寅恪治学的具体方法。可归纳为:

第一,用史料说话。通过归纳、类比精选的众多材料,准确提出自己的见解。重视全面广博地占有史料,强调史源意识,主张"无史料即无史学,不做空头史学家"。陈寅恪治学旁征博引,正史实录之外,敦煌遗书、明清档案、梵夹道藏、笔记小说、碑石墓志、家谱方志、异族故书、域外文献,无不信手拈来,为"考兴亡之陈迹,求学术之新知"之材料。抉隐发覆,独辟史料利用的蹊径,显示驾驭史料超乎寻常的能力。上世纪50年代,北大历史系曾有学生撰写一篇批判陈寅恪先生的文章,郭沫若借题发挥,说:"我们别的方面不论,至少要在资料占有上超过陈寅恪。"仅此一句,足以反衬寅恪先生掌握史料之丰富。

第二,文史互证,化诗词为史料。从史学的角度考证诗文中的时间、地点、人物,尤其是找出诗文所含与当时历史事实相关的"今典"成分(他

曾说"古典"好考证,"今典"考证更困难),并与史籍相互参证,从而更全面地把握历史真相。学术界对陈寅恪先生的"文史互证法"评价极高,认为他继章学诚"六经皆史"之后,开辟了新的史学途径,在方法论上有贡献。

陈寅恪认为唐诗的史料价值最高,因为唐诗作者多达二千余人,反映各级阶层的社会生活与思想,具有广泛的代表性。例如《旧唐书》所载唐代官吏俸料制度极不完备,陈寅恪选择元稹、白居易诗作中关于俸料的内容,与《旧唐书》对比,发现元稹、白居易的诗中所涉中央政府官吏俸料,与史籍所载数额无不相合,而地方官吏的俸料,与正史所载数额大有出入,于是他推断:"中晚唐以后,地方官吏除法定俸料之外,其他不载于法令,而可以认为正当收入者,为数远在中央官吏之上。"(这相当于我们现在所说的"灰色收入"或"小金库"。)此推论为深入研究中晚唐的学者提供了重要线索。又如,从《琵琶行》结语"江州司马青衫湿"一句,论证唐代官品服颜色,对唐代官制有烛照幽微之效。陈寅恪名著《元白诗笺注稿》中,此类考证胜义迭出,使得《元白诗笺注稿》成为他学术生涯的一座里程碑。

第三,小处着手,大处着眼;以小见大,尺幅千里。即以解决一个小问题为起点,进而解决一个方面的问题,乃至解剖一个历史时期。陈寅恪先生常常通过对某个字词的解读,深刻揭示出人们常认为寻常普遍而不加以注意的社会现象,达到"解释一个字既是做一部社会文化史"的高度。训诂学与文化史的统一,是"义宁之学"的高标准之一。显著之例,如通过考证元稹小说《会真记》(又名《莺莺传》)中的"真"字,推论中唐的礼法风俗、门第观念,得出令人信服的分析与论断。首先,他从道家著述中求得"真"字与"仙"字同义,"会真"即为遇仙或游仙之意。在唐代,"仙"字多为妖艳妇人或风流放荡的女道士甚至娼妓代称。之后,他指出《会真记》中张生、崔莺莺的爱情悲剧,是唐代士子浮浪习气的一个缩影,而张生(元稹自寓)对崔莺莺"始乱之,终弃之"的社会根源,是当时社会极看重士子婚姻与官职名望之风气——凡"婚不娶名家女,仕不由清望官",俱为世人所不齿。因此,张生舍弃寒女另攀高门,为当时社会公认的正当行为,并不被世人所非难;而崔莺莺却成门第婚姻的牺牲品。由此揭示元氏"巧婚"、"巧宦"的劣迹。最后,陈寅恪按照"从史实中求史识"的高标准,郑重地写出一段著名的论断:"综观史乘,凡士大夫阶级之转移升降,往往与道德标准及社会风习之变迁有关。当其新旧蜕嬗之际,常呈一纷纭综错之情态,即新道德标准与旧道德标准,新社会风习与旧社会风习并存杂用,各是其是、非其非也。值此道德标准及社会风习纷乱变易之时,此转移升降之士大夫阶级之人,有贤不肖拙巧之分别,而其贤者拙者,常感受痛苦,终于消灭而后已。其不肖者巧者,则多享受欢乐,往往富贵荣显,身泰名遂。其故何也?善利用此两种以上不同标准及习俗,以应付此环境而已。"寅恪先生所说的"新旧蜕嬗之际",相当于当下语境中的"转型时期",注重"转型时期"士大夫的表现,有着发人深省的意义。但凡新旧交替之时,总有人占便宜,也总有人吃大亏。那些乖巧的小人,"往往富贵荣显,身泰名遂";而那些刻板的君子,则常"感受苦痛,终于消灭而后已"。为什么呢?就因为这期间新旧道德标准和新旧社会风气"并存杂用",有的人善于利用形势适应环境,而有的人则无此"乖巧"而已。

(三)治学范围

关于陈寅恪的治学范围,有"不中不西"和"不古不今"之说,"不中不西"系指西北史地之学,"不古不今"即魏晋隋唐史。陈寅恪本有意于研究西北史地之学,所谓"塞外之史,殊族之文"。受聘回国初期,从事"佛教义理,天竺影响"的研究,立志创立中国的东方学,不料到研究院后,大异所期,曾发"课蒙不足,养老有余"的感叹。后来研究院解散,转入历史系,故技更难发挥,乃缩小范围,把目光投向了魏晋南北朝和隋唐史,也就是学术界通常说的中古史,这是陈寅恪学术研究的第一次转向。抗战期间他写出了唐代三稿:《隋唐制度渊源略论稿》、《唐代政治史述论稿》和《元白诗笺证稿》。《隋唐制度渊源略论稿》、《唐代政治史述论稿》是两部不朽的中古史名著,虽然称之为"稿",但却是两本可以藏之名山,传之后世的著作。《剑桥中国史》在国际汉学界具有广泛影响力,书中在提到陈寅恪的中古史研究时给予了异乎寻常的褒奖,说这一时期的政治制度史,是伟大的中国史学家陈寅恪做出来的。他提出的关于唐代政治制度的观点,远比以往发表的任何观点扎实、严谨和令人信服。陈寅恪晚年因目盲脚膑,其研究更缩小到清初文学,这是他的第二次学术转向。卞僧慧改《老子》的"为学日益,为道日损"为"为学日损,为道日易"来概括陈寅恪中年以后学术、思想的演变递嬗轨迹。陈寅恪用了十年光阴,写成了一部85万字的《柳如是别传》,全书以明清之际著名文人钱谦益与江南名妓柳如是之婚宦爱情为主线,考释述评了明末清初之重大事件,诸如复社事迹、钱谦益降清之背景与心态、柳如是之才气气节性格等。"左丘失明,厥有国语;孙子膑足,世传《兵法》。"这是中国历史上代代相传的佳话。陈寅恪兼有这两位古人的遭遇,也是在失明膑足的情况下,完成自己最后著作的,完成时已75岁。就在这段艰难的著述岁月里,出现了一位女性,自愿给陈寅恪当助教,她叫黄萱。黄萱每天准时来到陈寅恪的住处,为看不见的陈寅恪查找书籍,朗读材料,誊录书稿。14年始终如一,直到"文革"开始她被赶走。晚年陈寅恪的著作,都是由黄萱一字一句记录完成的,她见证了这位大师在学术之路上踽踽独行的每一个细节。正如黄萱所说:"寅师以失明的晚年,不惮辛苦,经之营之,钩稽沉隐,以成此稿,其坚毅之精神,真有惊天地、泣鬼神的气概。"

值得注意的是,寅恪先生终其一生都坚持文言写作。文言文的不足即是与国人口语差别太大。中国许多先进知识分子都把语言改造作为变中华民族积贫积弱之势的先决条件,唯独陈寅恪先生对民族传统语文体充满自信,关注汉语的文化特征与世界地位。50年代后,陈寅恪的学问,已不为主流学术所接纳,但陈寅恪先生仍沉浸于他所构筑的纯粹学术世界中,依然坚持以繁体字竖排出版著作,依然强调文责自负。60年代初他出版中古史论文集《金明馆丛稿初编》,出版社曾要求他修改其中一个词"黄巾米贼",但他坚决不同意。为此,这本书竟没能在当时出版。直至1982年,该书才由上海古籍出版社出版。

此外,陈寅恪先生对传统的楹联情有独钟。他本人对联写得很好,也希望学生们能掌握好这一传统文学形式。1932年,陈寅恪应清华大学中文系主任刘文典(叔雅)之请求,代拟当年夏季入学考试国文试题,其中有测试对对子的题目:一年级为"孙行者"、"少小离家老大回";二、三年级及转学者为"莫等闲白了少年头"。此事一时引起了人们议论,因出题者为一向被视为保守的陈寅恪,令人想到陈寅恪是否想以此来向新文化挑战。陈寅恪为阐述自己的用意,即在《清华暑期周刊》第6期上发表《答记者问》,后又撰专文详述,这就是有名的《与刘叔雅论国文试题书》。三十多年后的1965年,陈寅恪又撰"附记",再次阐述其观点,仍与当年相同。因此这可视为陈寅恪关于语言研究和汉语特点的宣言,其中暗寓对"五四"以来之白话文运动的异议与批评。

"孙行者"答案是"胡适之",若对"祖冲之""王引之"也行。很多考生都没有对上,据说只有三人得满分。现已知周祖谟(后为北大教授)、张政烺(后为著名历史学家)对的是"胡适之"。有学者考证此事,认为陈寅恪"故作狡狯"巧设上联,实则有不满新文化运动胡适等人力主废除文言而倡导白话文之意。

五、陈寅恪的文化观

（一）"中国文化本位论"

在近现代有影响的史学家中,陈寅恪先生最为关注中国文化问题。文化之于寅恪先生,既是生命和信仰,又是终极关怀。由于家学渊源,陈寅恪六岁便开始读私塾,自幼便谙熟中国传统文化,奠定了国学的根基,使得传统文化融入其生命。近代以来,欧风美雨的侵袭,时局世风的剧变,都不能摇撼他对传统文化的信仰。他自命为"文化遗民"、"文化托命者",体现了强烈的人文关怀意识。

陈寅恪跟别的学者还有不同。由于他负笈海外多年,因此他不仅熟悉中国传统文化,而且对西方世界文明也有深刻的体察和了解,中西贯通。所以他对外来文化既不排斥,也不盲目崇拜,始终保持着一种"取人之长,补己之短"的宽广胸怀。陈寅恪先生对文化作用的高度重视,以及对文化发展过程的深入阐发,已构成他学术体系的一个核心。陈寅恪先生的知己吴宓教授把这个核心概括为"中国文化本位论",此理论已经得到学界的认可,并经常被引用。其"中国文化本位论"的中心意思是传统儒家文化不能一成不变,但也不能极快地大面积地加以破坏和抛弃。中国本位文化可以也应该接受外来文化,但外来文化不能取代中国本位文化,必须"一方面吸收外来之学说,一方面不忘本来民族之地位",从而创造出适应时代的本民族新文化。这是陈寅恪文化观的基石和出发点。

近代以来,在西方文化的冲击下,中国传统文化确实面临着总体危机,在多个层面,如器物、制度、观念、价值等层面,均受到世界上占主导地位的西方文化体系的影响。当中西方文化大碰撞之时,一部分深爱中国传统文化又"喝"过洋墨水的知识分子便陷入了两难困境:一方面,出于对自己民族文化的挚爱,不愿看到它式微和消亡,不愿让西方文化取代中国文化;另一方面,作为时代的清醒者,他们也发现传统文化确实存在弱点,看到其走向衰落的趋势。换句话说,他们既不愿做全面继承传统文化的"国粹派",也不愿做全面抛弃传统文化的"全盘西化派"。于是,他们便选择了第三条道路:既要维护中国传统文化的内核和民族性,又要实现其蜕变与飞跃,以适应现代社会需要的文化重建。为此,学衡派提出"昌明国粹,融化新知"的口号。

这种文化视角与那些"要彻底摧毁、清算旧世界"者或"抱残守缺"者,

275

有着本质的区别。比起"要彻底摧毁、清算旧世界"者,它多了一种文化意义上的宽容,比起"抱残守缺"者,又多了一种放眼看世界的视野。陈寅恪先生的文化观,就是学衡派第三条路线的经典表述。

(二)"中西文化交流观"

"五四"以后,关于中国新文化的建设问题,基本上是"全盘西化论"和激进主义观点占主导,这些"全盘西化论"和激进主义观点持有者突出中西文化之"异",抑中扬西,以激烈的变革来实现以"西"为主的文化体系。这是对外来文化基本上不加识别地全盘接受,几乎所有外来文化的拥护者都是以外来文化的价值设定来重新审视评估中国传统文化和社会问题的。当知识界的主流人物纷纷将中国传统文化视为万恶之源,齐声呼唤万众一心,以摧枯拉朽之势彻底毁灭传统文化时,陈寅恪却与这种"新潮流"保持着距离,他有自己的思考和路径,他与"全盘西化论"不同,他关注中西文化之"同"。

在陈寅恪看来,每个民族文化的产生都因他们的历史、自然以及风俗等条件不同,从而导致他们的民族文化有他们各自的个性。不同性质的文化可以互相吸收和改造,但决不能简单地彼此互换。一方面,中国传统文化固然有缺陷,但西方文化也不是十全十美,若要输入不可不慎重。中国文化历经几千年的发展,自有其独立的价值,早已和无数代中国人的生活融为一体,不能为了吸收外来文化的优点而抛弃本民族文化的主体。一个真正具有中国色彩的人,与中国的传统文化是分不开的。另一方面,外来文化以强力入侵之后,使得中国传统文化早已发生重大变化,今后也不得不继续在变中求生存、求发展,但无论怎样变,中国文化的主体终究不能抛弃。否则,民族与国家都将失去独立与尊严,而"变"也就显得毫无意义。

陈寅恪的"中西文化交流观"的形成,受到"佛教中国化"和希腊、罗马文化融合基督教文化的启发。佛教初入中土时,由于中国文化已发展至相当程度,儒家思想在中国已经占据正统地位。故佛教为求立足,极力谋求用儒家学说阐释内典,证明二者相通相同乃至可以相互补充,以适应中国社会的特性。对此,陈寅恪给予高度评价:"释迦之教义无父无君,与吾国传统之学说、存在之制度无一不相冲突,输入之后,若久不变易,则绝难保持。是以佛教学说能于吾国思想史上发生重大久远之影响者,皆经国人吸收改造之过程",做到"中华为体,天竺为用"。陈寅恪先生认为外来文化的输入好比输血,使趋向衰落的中国文化"立时增长元气",形成了宋明新儒学。而近代盛极一时的西方文化,其实是希腊、罗马文化和基督教文化两种异质文化碰撞融合、相反相成的结果。由此陈寅恪先生断言:中国今后即使能忠实输入北美实用主义或东欧马克思主义,若不经国人的吸收改造,结局也将如玄奘唯识之学音沉响绝。他提出的"必须一方面吸收输入外来之学说,一方面不忘本来民族之地位",实在是一条处理对外文化交流的准则。

(三)"旧酒装新瓶"说

在外来文化的引进问题中,如何"取其精华,去其糟粕",以及怎样将外来文化和本民族文化相融合,陈寅恪先生也提出了极有价值的具体方法和方式。上世纪 30 年代,"新儒家"提出"旧瓶装新酒"说,陈寅恪借用此提法,提出自己的"旧酒装新瓶"说。

所谓瓶与酒,实质上是指内容与形式的关系。30 年代一些文化保守主义者认为中国文化正如一只古老的酒瓶,既可装旧酒,也可装新酒。如果说过去是"天不变道亦不变",那么在西方文化大举进入时则可以"以不变应万变",这"不变"就是张之洞的所谓"中学为体",倘若不得不变时,也要"以渐变代速变,以少变代多变",这是文化保守主义者的基本立场。

而陈寅恪的"旧酒装新瓶"之说认为在新形势下,有必要为旧酒制造新瓶。例如中国固有的制度风俗、道德人伦等是旧酒,而宋明儒学吸收佛教后形成的新义理系统是新瓶。陈寅恪认为这一新瓶做得不错,使儒家文化得以成功地延续数百年。

(四)"避名取实,取珠还椟"说

陈寅恪还提出接受外来文化的另一个形象说法,即"避名取实,取珠还椟",这一提法与"旧酒装新瓶"说相互呼应、补充。"取珠还椟"显然也是指内容与形式的关系,不过只是专指外来文化。这也是对张之洞"中体西用"说的引申与发展,强调吸收外来文化中的精华,而拒绝那些华而不实、不符合中国国情的成分。如果我们将"取珠还椟"和"新瓶旧酒"结合起来看,就会理解陈寅恪先生文化观的深刻所在。他不为潮流所动,认为半个世纪以来中国社会的空前混乱与灾难,实与进化论的引进和盲目信仰有关。

早在上世纪初他留学美国哈佛大学之时,他与好友吴宓教授就对严复引进"进化论"心怀隐忧。他们认为中国文化本来就偏重实用,加之"启蒙救亡"的现实要求,这就更容易助长实用主义倾向的泛滥。到"五四"时期,更是把进化论当作最先进的思想进行介绍,一大批中国的顶尖人物深受进化论的影响。从张之洞到孙中山,虽然也讲"开启民智",但逻辑依然是"物质贫困→物质富足",这与陈寅恪先生和吴宓教授的逻辑("物质→精神")相去甚远。陈寅恪先生关注精神世界的危机,而前辈张之洞与后来的激进派们关注的则是物质世界的危机。张之洞等人认为中国技不如人,所以要"师夷长技以制夷"。但在20年以后,吴宓感叹:年轻人的国学功底已经非常逊色了,精神世界的危机有愈演愈烈之势,并一直持续到今天。

(五)"中体西用"说

陈寅恪在阐述自己"中西文化交流观"时,多次采用"中学为体,西学为用"的原有提法,这与他的家世背景有关。受家风的影响,在传统与变革、中体西用、新知旧学等时代课题面前,陈寅恪继承的是父祖稳健而开明的基本思路。

他在《冯友兰〈中国哲学史〉下册审查报告》中说自己"思想囿于咸丰同治之世,议论近乎曾湘乡张南皮之间",即"中学为体,西学为用"。但其内涵与前人不同,即坚持中国文化本位的立场,不拒绝吸收外来文化,而且认为只有用外来文化不断地为中国文化输血并刺激本体恢复造血功能,中国文化才可继续保持生命力。这种引进与吸收已无"体用"之分,只要有益于建设现代中国文化,均可被纳入输入行列。

而张之洞等早期"中体西用"论者认为"中学为体"这一点不可改变,西学只有实用价值,所以西学只能进入物质,进入船坚炮利,而不能进入中学主体内部。而陈寅恪的"中学为体,西学为用",是在吸收外来文化时坚持以我为主。所谓"体"即有主体、基础、主干之义,而"用"即指实际用途(实用性)。陈寅恪采用这一提法,有两个理由:第一,他不满于"五四"以后,主流的文化学术界以西学为坐标而非参照系;第二,他认为"中体西用"说虽容易产生误解,但在无更好的术语之前,仍不失为解释中外文化交流原则的一个较好的概括归纳,因为这个提法名气大、流传广。

这里须特别提到王元化(著名文学理论家,评论家,现代作家,著名学者)对陈寅恪坚持"中学为体,西学为用"的论述,他指出陈寅恪所说的"中体西用"并非重复张之洞纲常名教之说,只不过主张保持中国文化本色而已。曾国藩、张之洞、李鸿章等面临西方船坚炮利,面临三千年未有之变局而刺激出来的"中体西用"观念,有其特殊的时代背景,它不能涵盖后来思想家所提出的问题。

陈寅恪的时代已不同于曾、张、李的时代,所以他所面临的问题和曾、张、李在他们那个时代所认识到并企图加以解决的问题,已经很不相同了。陈寅恪坚持"中学为体,西学为用"的表述,可能更多是针对当时成为主流的以西学为坐标的观点。他一再强调的"独立之精神,自由之思想",以及"不自由,毋宁死耳",固然也可以说含有中国传统人士的某些精神因素(例如"宁为玉碎,不为瓦全"、"舍生取义"等),但更基本的精神是来自西方的自由思想资源(例如个性张扬、思想独立)。这是王元化不同意用"中体西用"去简单概括陈寅恪、杜亚泉这一批人物的原因。

(六)热爱中华文化

陈家子弟因祖辈在戊戌变法中的挫折,从不问政。陈寅恪在学术研究中始终恪守着与现实政治保持距离的原则,但处在民族危亡、文化破坏的历史关头,出于对国家民族的责任感,他在学术研究中对种族和文化问题给予特别的关注,拳拳爱国之心溢于言表。他对中华文化的忠贞不二,可与世上最虔诚的宗教徒相媲美。他不遗余力地阐述弘扬民族精神,呼唤大师巨匠勇于担当德化政教、学统兴废。他曾忠告"救国经世,尤必以精神之学问为根基",主张"中国自今日以后……必须一方面吸收输入外来之学说,一方面不忘本来民族之地位",即一方面要开放,一方面又要吸收改造,特别要警觉"贩运文化中之不良部分",担心将来中国若"专谋以功利机械之事输入,而不图精神之救药,势必至人欲横流,道义沦丧",可见其呵护祖国文化的一片真情。

我们不得不佩服陈寅恪的远见卓识,他90年前的担心,今天在某些方面已经变成了现实。现在道德沦丧问题日趋凸显,药物出现造假;挖人家祖坟寻财宝;做好事反被对方告上法庭,如南京被救老太太反诬施救者的事件。我们过去总是抨击嘲笑别人的污泥浊水,但我们现在却有过之而无不及,所以陈寅恪先生认为人伦纲纪、道德秩序是不能乱动的,一旦破坏了,整个民族都将深受其害。陈寅恪的这一观点源于他父亲散原老人的一句发人深省的话:"不变其所当变与变其不当变,其害皆不可胜言。"

在1999年中山大学第三次纪念陈寅恪的国际学术讨论会上,陈寅恪的弟子季羡林先生特别提到陈寅恪的爱国主义。他说爱国主义有广义和狭义之分,狭义的如血战沙场的民族英雄岳飞、戚继光;而陈寅恪这样的高级知识分子,大爱于中华民族和中华文化,大关切于在中西方文化的碰撞中怎么保留中华文化之本位,从更高的层面上讲这也是一种爱国主义,而且是更高境界的爱国主义。

六、"义宁精神"的内涵

陈寅恪作为一位大学者、一位史学家,之所以能从象牙塔式的学术殿堂走近千万读书人的心里,很大程度上是因为他巨大的人格力量。与同时代的知识分子相比,陈寅恪人格的最大特征是具有独立不倚的精神。他始终清醒地认识到作为一个知识分子必须具有独立的人格,终其一生都自觉地贯彻了这一精神。人们将这种精神誉为"义宁精神",其内涵为:1.坚持"独立之精神,自由之思想";2."为学不作媚时语"、"读书不肯为人忙";3.贬斥势力,尊崇气节。陈寅恪有三篇文章,集中体现了"义宁精神":《王观堂先生纪念碑碑铭》、《对科学院的答复》、《广州赠蒋秉南序》。

(一)坚持"独立之精神,自由之思想"

1927年,国学大师王国维(号观堂)自沉颐和园,在遗书中委托陈寅恪整理他的藏书,把中国知识分子的价值命运、知识分子在社会动荡时期如何安身立命等重大问题,最直接地呈现在陈寅恪面前。促使他加深了对中国知识分子问题的思考,明确地提出了知识分子的独立人格和思想自由这一命题,并以自己不平凡的一生坚持和捍卫了这一理念。他在《王观堂先生纪念碑碑铭》中说道:

士之读书治学,盖将以脱心志于俗谛之桎梏,真理因得以发扬。思想而不自由,毋宁死耳。斯古今仁圣所同殉之精义,夫岂庸鄙之敢望。先生以一死见其独立自由之意志,非所论于一人之恩怨,一姓之兴亡。呜呼!来世不可知者也,先生之著述,或有时而不章。先生之学说,或有时而可商。唯此独立之精神,自由之思想,历千万祀,与天壤而同久,共三光而永光。

这是一首热烈褒扬独立精神的颂歌,是知识分子人格自觉的宣言书,文中的每一个字均掷地有声,充满浩然之气!

时过24年,1953年,中国科学院成立,中央请陈寅恪到北京任中科院的历史第二所(即中古所)所长,郭沫若还特别写了邀请信,但他拒绝了。后来又派他的学生汪篯去请他,陈寅恪依旧拒绝了。师徒二人长谈两天,汪篯把老师的谈话记录下来,题目是《对科学院的答复》。文中可见陈寅恪先生对于独立精神、自由思想始终不渝的坚守。

《对科学院的答复》同时也是在新形势下将《王观堂先生纪念碑碑铭》的思想作了新的阐释与发挥。

（二）"读书不肯为人忙"

1964 年 5 月，陈寅恪早年的弟子蒋天枢（字秉南）到广州谒师，陈寅恪向蒋天枢作了一生事业的托付，将自己著作出版事宜全权授予蒋天枢，并按古人送行赠言的传统，郑重地写了一篇《赠蒋秉南序》。在这篇文章中，陈寅恪简洁地回顾了自己的一生，阐述自己的文化观和操守志节，点明当时的社会政治背景。研究者谓此序有如陶渊明自祭文，是他一生志业著述的最后总结，所以文章字数虽不多，但寄托深微曲折。

这篇只有 460 字的文章，讲了三层意思：

1."默念平生固未尝侮食自矜，曲学阿世，似可告慰友朋"，成为陈寅恪的一句名言。在"改男造女态全新"、"文章唯是颂陶唐"，既没有说话的自由，也没有不说话的自由，知识分子普遍丧失独立人格的年代，陈寅恪能始终坚持独立人格，坚持其学说思想而不曲学阿世，确实值得自豪。这里用了两个典故。"侮食"是"海蛤"二字因隶书字形相似而误，"海蛤"是海中腥膻的食物，后成为远方蛮夷的代称，指不开化的部落。"侮食自矜"暗指当时知识分子以遵从外来的意识形态为荣。"曲学阿世"一词出自《史记·儒林传》："务正学以为言，无曲学以阿世。""曲学阿世"即以不正道的学问迎合世俗、阿谀当朝。这个词还有一个今典，20 年代北大的老师黄季刚（黄侃）常骂一班新派老师附和蔡元培为"曲学阿世"，后来北大的老师便给蔡元培取了个绰号叫做"世"。如去校长室，就自嘲去"阿世"。鲁迅书信中有一个人名"世"，很多人注解不出，其实是蔡元培的隐语。

2."欧阳永叔少学韩昌黎之文，晚撰五代史记，作义儿冯道诸传，贬斥势利，尊崇气节，遂一匡五代之浇漓，返之淳正。"五代十国，是中国历史上人文精神非常堕落的一个时期。在短短的五十三年间，中原就有五个朝代急剧更替，换了八姓十三君，亡国被弑者就有八人。大家学过欧阳修的《伶官传序》，其中的庄宗李存勖就是被伶官所杀。士大夫苟全于这样的乱世，鲜有气节可言。像冯道此人，历仕四朝十君，都自鸣得意，号称"长乐老"，就是士风沦丧的典型。继五代而起的北宋朝廷在巩固南北统一的政治局面的同时，也就面临着道德伦理重建的时代课题。有鉴于此，庆历之际的先进人物以道德重建的使命感，开始著书立说，代表人物是范仲淹、欧阳修。比如范仲淹《岳阳楼记》中的名句："先天下之忧而忧，后天下之乐而乐。"欧阳修注意到薛居正的《五代史》对五代时期的士大夫颇多恕辞，甚至赞誉卖国变节行为，于是重撰《五代史》并在其所撰《五代史》中强烈地谴责了变节行为，在《冯道传》中斥冯道为寡廉鲜耻。他在各传的序言及论赞部分尤其高扬起道德这面旗帜,表现了强烈的道德主义倾向。陈寅恪非常看重《新五代史》,赞赏欧阳修的史学观点。他曾对学生说:"我要你们注意《新五代史》,不是在《新五代史》本身,而是要你们揣摩欧阳修为什么要重修《五代史》,怎样写《五代史》。"这就是陈寅恪发上述感慨的背景。

3.陈寅恪先生平生向往易堂讲学、河汾著书。"易堂讲学"是明末清初,在江西宁都县翠微峰,魏禧三兄弟与易堂诸子隐居于陡峭险峻的翠微峰讲学。"河汾著书"是隋末大儒王通(文中子)隐居汾水讲学,杨素遣使劝仕,王曰:"疏属之南,汾水之曲,有先人之弊庐在,可以避风雨,有田可以具饘粥,弹琴著书,讲道劝义,自乐也。"追踪易堂,续命河汾,文化理想超脱政治权力,远离庙堂,乃中国近世学人的企盼怀想。陈寅恪先生将自己几十年的身世之感,现实之概,兴亡之叹,都浓缩在这篇短文中,足以概括他一生的心事、品格。

陈寅恪一生不仅始终坚持学术独立、思想自由的原则,并以此为准绳对历史和现实中的知识分子进行评价。他对好友杨树达先生的潜心治学极为赞赏:

百年以来,洞庭衡岳之区,其才智之士多以功名著闻于世。先生少日即已肄业于时务学堂,后复游学外国,其同时辈流,颇有遭际世变,以功名显者,独先生讲授于南北诸学校,寂寞勤苦,逾三十年,不少间辍。持短笔,照孤灯,先后著书数尺,传诵于海内外学术之林,始终未尝一藉时会毫末之助,自致于立言不朽之域。与彼假手功名,因得表见者,肥瘠荣悴,固不相同,而孰难孰易,天下后世当有能辨之者。

(三)贬斥势力,尊崇气节

其实陈寅恪自己也正是如此。百年来的家国兴亡之痛,使他深深感受到,中国知识分子从政固然有时可以名利双收,但为此付出丧失个人独立人格的代价,却是非常可悲的,而专心致志地搞文学创作,似乎可以无关乎政治,但在一个政治独裁与文化专制的社会中不会允许真正的创造自由。相比之下,也就只有治学可以视为文人最后的归宿,虽然这一点事实上也无法保证。不过在陈寅恪看来,无论怎样的寂寞与贫穷,一个学者只要他愿意,就可以在治学中坚持自己的人格独立与精神自由。

陈寅恪还认为,知识分子要坚持其独立精神,关键还在于个人的情操修养。他曾以唐代牛李二党之争时李商隐与柳仲郢的不同命运作比较,说明"士之自处,虽外来之世变纵极纷歧,而内行之修谨不可或阙也"。李商隐处于牛李二党之争的夹缝中,一生多遭变故,自然令人同情,但造成其如此状况之原因,实与其个人品行有关。李商隐本出自新兴阶级,按理应属于牛党,才算合乎当时的社会道德,但他却与李党之王氏结婚以图仕进。结果不仅被牛党视为忘恩负义,李党也认为此人轻薄无操。牛李二党均视其为重利轻义之小人,李商隐又怎能不沦为二党之争的牺牲品呢?相形之下,同时代的柳仲郢虽然也是处于牛李二党之间,却能获得二党的共同尊重,原因是柳氏出身虽非名门望族,却家风修整,言行品格颇受人们尊重,因此得到牛僧孺的褒奖与重用,自然算作牛党,又因其家门及其本身品行端正,终于得到一向尊尚门风家学之李党的谅解,所以他能置身牛李恩怨之外,终致显达。在此,陈寅恪虽然是以历史人物为例分析,但其现实针对性不言而喻。综观20世纪的中国知识分子,李商隐式的悲剧人物并不少见。(李商隐事,见胡文辉《陈寅恪诗笺释》850页)

任何品行高洁之知识分子,均得到陈寅恪的敬佩;而对那些有才学但品行有污点者,陈寅恪虽肯定其才华,但仍直言不讳地批评其品行,如对元稹、李商隐等。至于那些品行不端、曲学阿世甚至卖身求荣者,陈寅恪则给予毫不留情地揭露与批判,斥为"插标卖首,盛服目眩……假爱国利群、急公好义之美名,以行贪图倾轧之实,而遂功名利禄之私"。

这段话有两层意思:首先,他认为无论何时,知识分子都应恪守传统的"穷则独善其身,达则兼济天下"的基本信条,这是最起码的人生准则。如果不能在乱世之中济世救人,洁身自好则是每个知识分子都应做到的。其次,假如愿意投身于救国救民之事业,则不可带任何私心杂念,倘若欲借此机会捞取个人名利,则已等同于高等流氓,贻害邦家。如此,倒不如放弃自己的所谓知识分子身份,去经商养家糊口好了。因此,陈寅恪坚持认为,一个真正的知识分子,倘若良知尚在,就应毫不犹豫地拒绝庸俗,坚持自己的立场,作为真正的学者,应该甘于寂寞,潜心学术,不为名缰利锁所羁绊。

陈寅恪如此看重知识分子的良知、节操、人品,是由于他充分认识到其在继承传统文化、引进外来文化以重建中国新文化过程中的重要的、不可替代的作用。特别是在动荡不安的时代,知识分子如果不能坚持自己的立场而随波逐流、推波助澜,企求成为所谓潮流中的人物,则有悖于知识分子的伟大使命。他认为社会急剧变革时期,伦理道德、教化风气最容易发生变化,知识分子有责任维护名教,转移风气。这就是他特别看重《新五代史》的原因。在社会转型时期,知识分子是社会道德价值系统的最后一道防线,政界人物腐败,商人重利轻义,但读书人、知识分子作为民族文化的载体,他们的操守气节如果被金钱腐蚀,那么社会的最后一道底线就垮了,这个社会就非常危险!顾炎武说过:"士大夫无耻,是谓国耻。"陈寅恪与顾炎武一样非常看重知识分子的社会表率作用。

(四)"义宁精神"总结

陈寅恪晚年的高标峻格,最可贵之处,在于他的言行一致,表里如一,既不辱人,亦不自辱,真正做到了"脱心志于俗谛之桎梏",使他成为中国现代知识分子的人格偶像和价值追求。"独立之精神,自由之思想"这样的表述,在二三十年代的学术界是常识,复旦大学的校歌就有"思想自由"这句话。胡适也曾声称二十年不问政治而专心于学术,陈独秀也以《学术独立》为题,指出"中国学术不发达之最大原因,莫如学者自身不知学术独立之神圣"。可惜他们都仅限于说辞,在行动上依然深深卷入政治斗争漩涡。"不曲学阿世"的表白很多学者都有过。陈寅恪的过人之处,是别人都不说了,只有他还在说。别人说了未必能做到,而他是说到做到,他没有自食其言。

从1929年为王国维撰写碑文,到1964年完成《柳如是别传》,几十年中不懈地提倡"独立之精神,自由之思想",为史学家的人格尊严定位,并以残病之身,教书育人、笔耕不辍,用艰苦卓绝的毕生实践,指示了一条追求心灵自由、摆脱御用学者卑微的传统角色,实现自我价值之路。在50年代以后的中国现代学人当中,没有第二个人,能够像他那样把"独立之精神,自由之思想"保持到这种强度和纯度。

爱因斯坦在悼念居里夫人时曾说:"伟大人物对时代和历史的影响,其人格的力量有时比单纯的才智成就方面要大得多。""义宁人格"是陈寅恪留给我们的一笔具有特殊价值的精神资源。我们正处在如李鸿章所说的"三千年未有之大变局"的社会转型期,三十多年前,我们还在为衣食温饱奔走,那是一个物质匮乏、精神过剩的年代,全党、全民争谈理想,儿郎虎豹,气冲霄汉。三十多年后,像翻烧饼似的变成精神匮乏、物欲过剩,人心世态为之一变。宣传陈寅恪先生的"不降志,不辱身"的气节操守,使"贪者廉,懦者立"就不是毫无意义、多此一举。

七、学术界对陈寅恪的评价与定位

史学家走出同行的圈子,其业绩与声誉的回响向来是落寞的,但纯史

学的圈子已经容纳不了陈寅恪的深广内涵。在"陈寅恪热"中,可以看到这样一种现象:史学界惊羡陈寅恪的通识尤其是考据工夫,思想界则更注重陈寅恪学术背后的东西,文化界看重的是陈寅恪的人格精神及其感召力。所以,概括起来,学术界对陈寅恪的界定主要有"史学大师"、"国学大师"、"思想家"这样几种称谓。

(一)名家之评价与定位

全国政协一位叫何新的学者提出这样两种说法:中国近现代"三大国学大师"(章太炎、王国维、陈寅恪)说和"对现代思想学术影响最大的六人"(章太炎、王国维、梁启超、陈寅恪、胡适、郭沫若)说。北大的刘浦江归纳二十世纪五位第一流史学家是:王国维、陈寅恪、陈垣、钱穆、顾颉刚。

蔡尚思(陈寅恪的一位学生)则认为陈寅恪不是国学大师而是史学大师,还是语言文字大师。他通晓十六七种文字,这比所谓"国学大师"更难能可贵,更值得尊重。

周勋初(南京大学教授,陈寅恪再传弟子)着眼于"寅恪先生是植根于中国深厚的儒家文化的传统之中,坚持自己的信念,身体力行,为维护'中国文化本位论'而毕生奋斗的一位大师",认为"他是继司马光、顾炎武而起的一位杰出人物"。

余英时(美国华裔著名学者)对他有这样的评价:"陈寅恪是本世纪中国最重要的史学家之一……在中国学术界中,王国维以后便很少有人像陈先生那样受到人们普遍的崇敬与仰慕。"

汪荣祖赞颂:"陈先生是一个通儒,通儒有别于专家学者。今日环顾中外,专家学者比比皆是,而通儒绝鲜。"虽然 1942 年胡先骕先生早有此论,但当时影响不大。所以汪说仍有其新意和价值。

王永兴(陈寅恪弟子)以陈寅恪的史学渊源与宋贤史学为出发点,认为陈寅恪的文章德业可上接四文公(韩愈、欧阳修、司马光、朱熹),是一代通儒。通儒有别于某个方面的专家学者,他们思考、维护的是道统文脉,追求学术文化对政治德教的作用。寅恪先生生前最为向往的是"续命河汾"。隋末大儒王通(文中子)在黄河、汾水之间设馆教学,远近来此求学者达一千余人。房玄龄、杜如晦、魏征等都是他的弟子,时称"河汾门下"。王通隐居河汾讲学,以他的人格和学问为国家、为民族培育了一代贞观名臣,贞观朝的文治武功与王通的国身通一、开启来学有直接的关系,这是读书人的最高价值追求。陈寅恪先生曾在纪念王国维的《王观堂先生遗书序》中钦仰道:"自昔大师巨子,其关系于民族盛衰学术兴废者,不仅在能承续先哲将坠之业,为其托命之人,而尤在能开拓学术之区域,补前修所未逮。故其著作可以转移一时之风气,而示来者以轨则也",即其学问和主张被采纳,影响了一个国家的政策和文教大业。这也可以移来作为陈寅恪先生自己的写照。

随着研究的深入,有学者提出陈寅恪还是杰出的思想家。这个观点由华东师范大学的胡晓明教授最先提出,而后就是王元化先生。王元化对陈寅恪与曾国藩、张之洞思想的承继关系的分析,对陈寅恪关于中国文化的有关思想的阐释都是十分深刻的,但他并没有用专门的文章进行阐述,而是分散在他的一些作品中,比如《清华日记》、《九十年代日记》等;另外一位就是李慎之先生,李慎之虽然不是专门的陈寅恪研究者,但他的《守死善道,强哉矫——读〈吴宓与陈寅恪〉》、《独立之精神、自由之思想——论作为思想家的陈寅恪》等,却是不可不读的重要文章,其中对陈寅恪思想、人格与学术的高度评价以及所涉及的对二十世纪中国知识分子命运的评价,堪称厚重精彩。

(二)对陈寅恪的价值与地位的总结归纳

1. 对陈寅恪学术地位最准确的表述,是"史学大师"。陈寅恪虽然没有留下关于史学理论的专论,他本人也没有刻意要创建一种史学理论体系,但其学问渊博,深悉中西政治、社会之内幕,有机会接触古今中外各种史学流派,所以他对史学的追求、史学的效用、史学的魅力、史学的局限、史家所需的才识胆略等诸多史学理论的基本问题,均有深刻的认识。大师之所以伟大,不在于奉献什么具体的知识、具体的考证、具体的结果,而在于他是否开创了一个研究的范式,在于做学问的气象是否宏大,对历史有没有大识见、有没有深刻的问题意识。陈寅恪正是一个以问题为中心的史学家。

陈寅恪一生的数百万字论著,如今大都被奉为中国史学和国外汉学必读的经典著作。二十世纪前八十年,中国史学界总共出版了一万二千余种历史学著作,但到今天还有阅读价值的,却连一书架都装不满,而陈寅恪的某些著作,可能会被人们读上几百年,他的著作能够经得起时间的检验,在他用力最多的隋唐史领域尤其如此。一位隋唐史研究者说,他没有办法不对陈先生又敬又畏,"研读陈先生著作时所抱的心情,虽然有如到西方取经求法的唐僧,但拿起笔来希望发挥点私见的时候,却往往发现自己变了孙悟空,不容易跳出陈先生论学的五指山。"

2. 陈寅恪提出的"一方面输入外来之学说,一方面不忘本来民族之地位"这一处理中外文化交流关系的根本态度具有重大意义。近代中国主要有两大问题：其一是"失序"，人的精神世界失去了权威与价值标准；其二是"失语"，面对西方强势话语系统，中国思想文化界发不出本土的声音。陈寅恪的"中国文化本位论"可以解决这两个问题，"一方面输入外来之学说，一方面不忘本来民族之地位"的原则，既抗击了原有"中体西用"思潮必然导致的狭隘的中国文化本位，也抗击了"全盘西化"必然导向的西方文化本位，这是他对中国文化走向的一个贡献。

3. 陈寅恪的人格魅力即"义宁精神"将会越来越显示出其普世价值。荣格说"文化的最后成果是人格"。人们之所以崇仰陈寅恪并反复言说，他在学术上的成就固然是一个原因，而更主要的在于他以自己的人生与学术印证并捍卫了"独立精神，思想自由"的原则，彰显了人性的庄严与光辉。传统士大夫的坚贞不屈与现代知识分子的特立独行，在陈寅恪身上得到了高度的统一。李慎之先生说二十世纪是鲁迅的时代，二十一世纪是胡适的时代。但我认为二十一世纪也是陈寅恪的时代。"陈寅恪热"最近几年有点冷了，但是根据形势和时局的变化，我估计陈寅恪的"热"还会到来，"大潮"还在后面。鲁迅的价值和贡献是在二十世纪前五十年，陈寅恪的贡献是在二十世纪后五十年，所以二十一世纪无论是陈独秀、鲁迅，还是胡适、陈寅恪，他们都不会被人遗忘。称陈寅恪为"学人魂"是恰当的（鲁迅是"民族魂"）。他一生之最为看重者，不是金钱地位，甚至也不是知识学问，而是人品与气节。人品与气节是超学术、超时代的，不仅仅是对做学问的人有意义的。

今天我还带来了三本书。第一本是中山大学出版社 1989 年出版的《纪念陈寅恪教授国际学术讨论会文集》，这本书只印 500 本。非常幸运，我珍藏了一本，并有陈寅恪侄女的签名。第二本是 1989 年北京大学出版社出版的《纪念陈寅恪先生诞辰百年学术论文集》，只印 700 本。第三本是《纪念陈寅恪先生百年诞辰学术论文集》，此书收录 1990 年清华大学举办的"纪念陈寅恪先生百年诞辰座谈会"上提交的论文，只印 1000 册。这三本书都很有价值，是研究陈寅恪的重要资料。

八、对"陈寅恪热"现象的回顾与分析

"陈寅恪热"如果以 1971 年的海外兴起作为开端，已经近四十年；若以 1981 年国内的兴起作为开端，也将近三十载。从学科研究的角度来

说,现已可以进行学科的归纳、总结与分析。

上世纪五十年代后,陈寅恪被封为"旧史学的代表人物",渐渐淡出学术前沿。"文革"中陈寅恪被指为特号"反动学术权威",于 1969 年 10 月在中山大学受迫害致死。在当时的形势下,国内文化学术界绝不能举办纪念活动。

陈寅恪先生逝世后,他在美国、我国台湾的亲人与早年的朋友俞大维(表弟)、赵元任(同为清华"四大导师"之一)、毛子水(哈佛大学校友)以及学生杨联升、劳干、许世瑛、程靖宇、蓝文征、罗香林等人纷纷撰文悼念缅怀。1970 年 9 月,台湾传记文学出版社将这批文章结集出版,书名为《谈陈寅恪》。此后海外连篇累牍地发表陈寅恪学生亲友的纪念文字,这些文章于 1978 年结集为《陈寅恪传记资料汇编》,由台湾天一出版社出版,三厚册。这两本书是第一轮"陈寅恪热"的结晶。

七十年代,港台学界出现整理、出版陈寅恪著作的高潮,众多相关著作相继面世。1971 年 5 月,台湾"中央研究院史语所"出版《陈寅恪先生论集》;1972 年,香港文文出版社出版《陈寅恪先生文史论集》;1974 年 5月,台湾三人行出版社出版《陈寅恪先生论文集》;1974 年,由何广棪编辑,香港珠海书院文史研究所学会刊行《陈寅恪先生著作目录编年》;1977年 12 月,台北九思出版社出版《陈寅恪先生全集》;1979 年 12 月,台湾里仁书局出版《陈寅恪先生全集》。如此高密度地出版陈寅恪相关著作,反映了海外当时的学术风气。

而在大陆,1976 年 10 月,中国政坛"四人帮"集团覆灭,整整肆虐十年之久的"文化大革命"宣告结束。沉寂多年的史学界,冲破极"左"路线的束缚,开始重新审视、评价"旧史学的代表人物"、"资产阶级反动学术权威"——陈寅恪。1976 年至 1978 年间,相继有纪念文章及学术著作如出土文物般得以发表出版,凸显了陈寅恪高大峭拔的身影,从一个特殊的角度唤起全社会对中国传统文化的重新认识。

1977 年,上海古籍出版社以极大的勇气率先表达了同意出版陈寅恪文集的意向。陈寅恪早年弟子蒋天枢先生(江苏丰县人)开始公开整理陈寅恪的著作。1978 年至 1982 年,上海古籍出版社先后出版了蒋天枢编辑整理的《陈寅恪文集》和附录《陈寅恪先生编年事辑》(蒋天枢先生治学严谨,认为许多资料尚未完善充实,有些论断未得到证实,因而把原本是《年谱》的著作命名为《编年事辑》)。《陈寅恪文集》的出版发行来之不易、意义重大,不仅意味着陈寅恪的社会地位得到承认,而且为研究者提供了当时最严谨、最齐全的陈寅恪著作文本；既是陈寅恪研究开始起步的标志，也是国内第一波"陈寅恪热"的开端。蒋天枢先生的"师道尊严"、校勘考订功力以及出版社的学术眼光为学术界研究陈寅恪作出了巨大贡献。蒋天枢为老师陈寅恪贡献了晚年的大部分精力，以致许多自己的学术著作都无暇顾及、无缘付梓。"文革"结束后，他所做的第一件大事就是整理出版老师的遗著（当年为寻找先师的著作，蒋天枢曾经写信求助于"文革"前有"文艺沙皇"之称、"文革"后担任中宣部部长的周扬，也曾得到过王元化的帮助），因此他在陈门弟子中享有极高的声誉。而陈寅恪家人在追回"文革"中被查抄的陈寅恪著作时所经历的坎坷，蒋天枢为整理《文集》、撰写《事辑》所遇到的艰辛，很多年后人们才从朱浩熙的《蒋天枢传》和陈正宏的《蒋天枢先生与〈陈寅恪文集〉》、徐庆全的《追寻陈寅恪遗稿的故事》等文章著作中知晓。

八九十年代之交，中山大学、北京大学、清华大学三个学术重镇相继为陈寅恪逝世二十周年与陈寅恪百年诞辰开展了纪念活动。1988 年 5 月，中山大学举办首届"纪念陈寅恪教授国际学术讨论会"。海内外史学界知名学者、专家及陈氏亲属共七十余人出席参加了会议，提交论文 40 余篇。会后由中山大学出版社编辑出版了论文集《纪念陈寅恪教授国际学术学术讨论会文集》共 500 册。这本论文集的出版标志着"陈学"正式形成并走向世界。

1989 年底，由北京大学历史系中古史研究中心发起，邀请大陆和港台的三十多位专家撰文，编辑成《纪念陈寅恪先生诞辰百年学术论文集》，由北大出版社出版。1990 年 10 月，清华大学召开"纪念陈寅恪先生百年诞辰座谈会"，会后编辑《纪念陈寅恪先生百年诞辰论文集》，1994 年由江西教育出版社出版。这三本论文集，几乎囊括了陈寅恪在大陆的早年、晚年弟子和当时史学界的著名专家所撰论文，质量非常高。可惜三本论文集印数都很少（分别为五百、七百、一千册），从一个侧面反映出当时纯学术著作在民间影响有限的状况。

八十年代的第一波"陈寅恪热"，起点虽然很高，代表了当时"研陈"的最高水平，但由于所处的社会环境以及来自政治文化学术气候的制约，就纯学术而言，主要局限于高层的学者专家中，而一般知识分子兴趣最浓、印象最深的则是陈寅恪的掌故轶闻，如国学功底、求学经历、生平身世。八十年代，陈寅恪著作和关于他的学术研究尚未如九十年代那样广泛地受到重视，引起知识分子强烈兴趣的只是报刊上介绍性的文章。

如果说前十年的"陈寅恪热"可以用冯延巳的"风乍起,吹皱一池春水"来形容,那么,后十年的"陈寅恪热"用"如火如荼"一词来形容再合适不过。九十年代的"陈寅恪热"是与九十年代初的"国学热"联袂而至的。自1992年起,随着"国学热"的兴起,陈寅恪被多家出版社列入各种"丛书"、"书系"的选题。1992年,江西的百花洲文艺出版社引进了美籍华裔史学家汪荣祖的《史家陈寅恪传》,将其列入该社的"国学大师丛书"之中,改书名为《陈寅恪评传》。该书1976年由香港波文书局初版,仅7万字,1982年台北联经出版事业公司出第二版,1984年联经再出第三版,增为15万字。此书与《谈陈寅恪》一书同在海外产生广泛影响,然而在国内却难觅其踪,只有少数高层"研陈"学者才得珍藏赠书。而我有幸由陈寅恪侄女陈小从赠送一本。

《史家陈寅恪传》因百花洲文艺出版社的再版遇得一次普及的契机。列入"国学大师丛书"后该书扩充到20万字,挟丛书之气势,一时颇为畅销。1992年8月开印,至1996年12月曾三次印刷,印数达八千册。该书与同年出版的《吴宓与陈寅恪》及随后出版的《陈寅恪的最后二十年》,尽管存在着校对粗疏、误植颇多等不足之处,但对九十年代的第二波"陈寅恪热"起了极大的助推作用。有趣的是,这套"国学大师丛书"中其他各卷在旧书摊上随处可见,唯独《陈寅恪评传》很难见到。

1994年9月,中山大学在七十周年校庆系列纪念活动中,以"《柳如是别传》与国学研究"为题召开第二次陈寅恪学术研讨会,共有四十位学者与会,收到学术论文20多篇,会后结集为《〈柳如是别传〉与国学研究》,由浙江人民出版社1995年10月出版。

1996年迎来了90年代的第二波"陈寅恪热",一年之内就有三种"陈寅恪传记"流传,使得陈寅恪走出学术殿堂,进入"大众话题",被读书界称为"陈寅恪年"。出现了"相逢不谈陈寅恪,纵读诗书也枉然"的文化现象,昭示着"陈寅恪热"达到了顶点。1998年1月,《羊城晚报》刊登了由20位作家、评论家联合评选得出的"1997年中国文坛十件大事",排列第七位的便是"关于陈寅恪、顾准等人的传记、文集颇受关注"。这三种"陈寅恪传记"是:1995年12月三联书店出版的陆键东著《陈寅恪的最后二十年》,1996年2月重庆出版社出版的刘以焕著《国学大师陈寅恪》,以及1996年8月上海文艺出版社出版的吴定宇著《学人魂——陈寅恪传》。尤以《陈寅恪的最后二十年》影响巨大,一时洛阳纸贵。1996年3月下旬上海举办第11届文汇书展,三联书店带来几十册《陈寅恪的最后二十年》,上架几分钟内便被抢购一空。此书1996年5月、7月、11月三次重印,印数从初版的一万册增至六万册。这本以陈寅恪晚年人事关系为切入角度的传记,以人物为经、事件为纬,再现了传主晚年的悲欢休戚,凸显了传主陈寅恪先生毕生坚守的"不曲学阿世"的高标峻格,营造了一种"独为神州惜大儒"的情境气氛。最可贵的是,著者从众多禁止查阅的内部档案中,发掘出数量可观、不为外界所知的真实史料,基本上完整真实地展现了陈寅恪晚年的生活境况和心境情绪。他所做的,是当代任何一位作家和学者都想做但难以做成的事,故有石破天惊之效,为"陈寅恪热"添了把干柴,使人们惊叹陈寅恪的学问、敬佩陈寅恪的人格、同情陈寅恪的命运。由此,"陈寅恪热"也由学术圈推向了基层,由门里热到门外。这是陆键东为二十世纪学术史作出的一项重大功绩与贡献。该书面世后,海内外报刊书评不断,好评如潮。

　　然而,陆著在受到肯定的同时,也遭到学界的诟病,原因是作者在本应严谨肃穆的传记中过多地进行情绪渲染,用文学笔法书写英雄传奇,使人联想到罗曼·罗兰的《贝多芬传》。但对屡经挫折的中国当代知识分子而言,迫切需要一只腾空出世、遍体生辉的火之凤凰来振聋发聩。所以,这本似乎伤感煽情过分的传记,瑕不掩瑜,出版正逢其时。

　　《陈寅恪的最后二十年》与《谈陈寅恪》、《陈寅恪先生编年事辑》、《陈寅恪评传》是搜集陈寅恪生平事迹最丰富的四本书。有些专家认为《陈寅恪先生编年事辑》纯为史家之笔,言必有据,是研究陈寅恪生平、思想、著述的最可信的资料。于是,1997年6月,上海古籍出版社再版了蒋天枢的《陈寅恪编年事辑》,称为"增订本"。该书1981年9月初版时,因当时形势违碍删节了原稿的部分文字。"增订本"一方面据本社王勉(鲲西)过录、保存的原稿删节部分,恢复书稿旧貌,另一方面又依据章培恒提供的有蒋天枢亲笔增订文字的笔记,对原书进行了增改,但"增订本"其实并未全部恢复书稿的旧貌,"走向真实的每一步都是艰难的",我们还需要时间等待真实原稿的面世。

　　1999年是陈寅恪逝世三十周年。该年有关陈寅恪最重要的纪念活动是中山大学于11月底举办的第三次"纪念陈寅恪教授国际学术研讨会"。这次研讨会聚集了国内外从事陈寅恪研究的六十多位专家学者,提交论文46篇,近60万字。2000年12月,浙江人民出版社将这些论文结集出版,书名为《陈寅恪与二十世纪中国学术》。我曾参加这一次的研讨会,所写论文也得到与会学者的一致好评并被收录于该文集。书末所附述评(作者为中山大学历史系教授桑兵)提及本人论文时,赞扬说论文所举史料、立论真正地继承了陈寅恪先生"以材料说话"的严谨治学精神。我的论文材料,是从陈氏家族宗谱、手抄本、碑刻及田野调查得来的,因此能得到好评。

综观八十、九十年代的"陈寅恪热",其特点是:

1. 起点高。以1978年到1982年蒋天枢编辑整理的《陈寅恪文集》为开端,以北大、清华的两次纪念活动和中山大学举办的三次陈寅恪国际研讨会为主线,并以大量的著作和论文为辅翼(其中李玉梅《陈寅恪之史学》、王永兴《陈寅恪先生史学述略稿》、石泉《甲午战争前后之晚清政局》为重要成果),几乎囊括了陈寅恪在海内外的早年、晚年弟子及史学界著名专家在当时发表出版的所有文章评述,代表了当代"研陈"的最高水平。

2. 范围广。"陈寅恪热"不仅冲击了学术界的话语系统,而且在很大程度上影响了文学界的言说。譬如,在"学人随笔"、"学术随笔"极受出版界青睐的九十年代,陈寅恪其人其事成为作家们重点谈论的内容,鲜有作者不提及陈寅恪。"陈寅恪热"甚至波及小说界,例如著名作家铁凝(现任文联主席)的短篇小说《树下》中曾写到:中学教师老于参加同学聚会,重逢中学时代他曾暗恋过而如今成为当地副市长的项珠珠。久别重逢,他们像中学时代俩人惯常所做的那样,一个晚上尽谈文学。其间,老于在项珠珠面前炫耀说他最近在读陈寅恪的一本书。

前面提到,陈寅恪研究第一阶段是以上海古籍出版社整理出版《陈寅恪文集》为开端。二十年后三联书店出版的《陈寅恪集》揭开了陈寅恪研究第三阶段(延续至今)的序幕。2001年,三联书店在上海古籍出版社所版《陈寅恪文集》的基础上,增加《陈寅恪诗集》、《读书札记》(一、二、三集)、《陈寅恪书信》、《讲义及杂稿》13种14册,并附140多张珍贵照片。《陈寅恪文集》含专著、论文集、书信、诗作、读书札记、讲义、备课笔记及其他杂著,目前所能寻觅的陈寅恪著述尽收录其中,共计350万字。早在1996年,三联书店就已着手《陈寅恪全集》的编辑出版事宜,并发布《陈寅恪先生作品征集启事》,但《全集》的整理出版并非一帆风顺。除了陈寅恪著作难以搜集齐全这一原因外,还有其他的种种干扰,使得《全集》拖延六年之久才得以问世,书名也不得不改为《陈寅恪集》。翘首期盼的"全集"的出版,仍有待于各种干扰的解除,以及陈寅恪同事、弟子对所收珍藏资料的慷慨奉献。2001年初,《全集》中《柳如是别传》首先与读者见面。该书首印一万套(共上、中、下三册),竟然在短短几月内销售一空,不得不再次加印,印数增至二万二百套。这映出"陈寅恪热"虽然未有升温,但热度并未完全消退。

在九十年代"陈寅恪热"中,也出现过一些不良现象。出版了一些二三流作家根据二三手的材料抄袭、"组装"而成的谈陈寅恪的书籍。这一现象反映了某些出版商和文人在"陈寅恪热"中的迷失,同时也折射出"陈寅恪"三字背后巨大的商机。这些不良现象如果得不到及时有效的遏制与消除,将有可能使得陈寅恪的形象遭受歪曲破坏,影响陈寅恪人格思想的弘扬。

九十年代末,文化学术界对"陈寅恪热"的成因、利弊曾有过短暂的辩论,其间出现一些不和谐之音。有人说"陈寅恪热"是当代中国学人制造的学术神话,也有某些人借钱钟书对陈寅恪的一些议论扬钟抑陈。的确,钱钟书曾议论评说陈寅恪文章不好或者考证有误,言辞或许有些偏激或不敬。然而作为学界名人之间的批评论说,也无伤大雅,无可厚非。前几年有两位研究钱氏的学者,喜欢将陈寅恪与钱钟书作比较,褒钱贬陈,著《钱钟书与现代学人》一书,有失偏颇,惹得钱钟书恼羞成怒,严词责备作者,要求他们在报纸上公开道歉并彻底销毁该书,最后还是钱钟书的夫人杨绛来收场。钱钟书逝世后,杨绛在悼念文章中说:"钟书一生有五位敬佩的老师,如果他当年选修陈寅恪的课,他所尊敬的老师就不止五位了。"

1998年,王鹏令在《方法》杂志发表《冷说"陈寅恪热"》一文,认为"陈寅恪热"中有过多的"意识形态"因素。1999年10月止庵在《中华读书报》、《南方周末》发表的《作为话题的陈寅恪》《更谈陈寅恪》两文,以及中央党校教授沙建孙发表的《向陈寅恪先生学习什么》,认为陈寅恪已在广泛的关注中被象征化或符号化。针对王鹏令、止庵等的观点,陈友康撰《陈寅恪热在何处》、史末撰《谁的陈寅恪》和程巢父撰《人情人性总相通——就陈寅恪话题与止庵先生商榷》予以反驳,以程巢父一文最有说服力。他认为每个时代都有一个时代的"普遍情绪",而1996年以来形成的"陈寅恪热",并不是任何"炒作"行为的结果,实是一个时代人们"共同情绪"的反映。程巢父提出的"普遍情绪"说与张育仁(重庆师范大学教授)的"阅读现象"说有异曲同工之妙。在《解析吴宓》的书评《遭遇吴宓与抵抗遗忘》中,张育仁说:"最近一两年,早已'无心'读书的知识分子当中突然涌起了一股读书的热潮,读的对象又特别集中在陈寅恪、吴宓、顾准、胡风等身上,而读的结果是引发了知识分子新一轮灵魂的喧哗与骚动。这种情景几乎和二十几年前我们这些人读'伤痕文学'时的唏嘘与悲愤极为相似。这简直可以说是一种非常有意思的、中国知识分子特有的'阅读现象'。"

其实，"陈寅恪热"经久不衰，究其根本原因是，陈寅恪以其壁立千秋的独立人格和充满悲情的文化苦旅，为人们理解和追忆失落已久的中国传统人文精神，提供了一个具体鲜明、令人感佩的形象！中国传统的人文精神集中地表现为以下三个方面：一是对圣贤人格的追求，二是承传民族文化（主要指儒家学说），三是肩负天下兴亡的神圣使命感。而陈寅恪对于当代中国知识分子的意义就在于，他的身上，相当鲜明且比较完整地凝聚着中国传统的人文精神第一，按照中国传统的标准，陈寅恪无疑为当代中国知识分子展现了一种近乎"圣贤"的理想人格；第二，陈寅恪一贯视民族文化为生命的态度和对传统文化不计成败利钝的呵护，不仅为当代中国知识分子提供价值参照，而且为之具体地展示了一种近于"高贵"即不失尊严和斯文的生存方式。抑或说，由于在陈寅恪身上相当难得地保持和凝聚了中国传统的人文精神，使得模糊不清、无法捉摸的"人文精神"借助"陈寅恪"这一感性形象而具体化、鲜明化，而所谓的传统人文精神，正是如同陈寅恪那样，一以贯之地为关系天下兴亡的民族文化而忧乐。在这种意义上，"陈寅恪热"反映了国内知识界一种向传统人文精神回归，以重建自己精神家园的趋向。这是"陈寅恪热"兴起的主要原因，今后陈寅恪也会因此青史留名、流芳千古。

九、走出"陈寅恪掌故"时代

上世纪八九十年代以来的"国学热"中，被发掘而出的前辈学术人物很多，得分最高的当属陈寅恪。在中国学术界、文化界和思想界，"陈寅恪"恐怕是出现频率最高的人名。人们出于各种各样的动机和目的，大谈特谈陈寅恪。"陈寅恪"成为民间、非主流意识形态对抗官方、主流意识形态的一种符号与象征，也成为一些人附庸风雅，借以抬高自己身价的一件法宝。一时间，大有"相逢不谈陈寅恪"，就进入不了当代学术话语潮流之势。

对于这种学术文化现象，"横着走"的王朔在《美人赠我蒙汗药》文集第八篇《谁造就了文化恐龙》中的一番话说得非常到位："中青年学者都拿陈寅恪附庸风雅，似乎谁不赞美几句陈寅恪，谁就是没有学问。"虽说这番论断颇有些尖酸刻薄，但确实道出九十年代以来中国文化学术界的某些实情。

　　与上述现象配套的是,陈寅恪的掌故逸闻广为流传。其他学者也有掌故流行,如钱钟书被誉为"文化昆仑",机智回答外国女记者"你觉得鸡蛋好吃,何必要见下蛋的母鸡",但是没有陈寅恪的掌故这样多,陈寅恪的掌故甚至可以称之为"陈寅恪掌故系列"。

　　如梁启超推荐陈寅恪到清华大学任研究院导师,当时的清华校长曹云祥问梁:"陈寅恪有什么学位?""没有学位。""有什么著作?""没有著作。"曹又问:"那为什么推荐他?"梁说:"这个人现在德国留学,将来回来可是了不得的,我几部功成名就的书也抵不上他寥寥几百字的文章有价值。要讲学位,我梁启超也没什么学位。"因此,对外国文化很有了解的曹云祥破格聘用陈寅恪。其实,这纯属陈寅恪再传弟子的编造,子虚乌有,现已考证出陈寅恪被推举入国学院,事实上是吴宓的功劳。从前些年出版的《吴宓日记》中可以知道,吴宓为此事殚精竭虑,颇费周折。一方面,在清华校方,吴宓需要解释"无著作、无学位"推举陈寅恪的原因;另一方面,身在德国的陈寅恪年轻气盛,向吴宓提出许多回国任职的要求。在详实的日记中,我们可以看到吴宓流露出苦于周旋的心迹。梁启超与陈家交情不浅,有可能在某个场合附和并赞同吴宓的推荐,但是,梁启超与曹云祥关系不好,推荐尚未谋面的陈寅恪实为无稽之谈。

　　另有1949年底毛主席访问苏联时,斯大林向毛主席询问:陈寅恪先生现在在哪里?因为当时苏蒙边境出土了用突厥文书写的碑刻,蒙古人看不懂,苏联学者也无法解答,而陈寅恪却将碑文翻译出来(一说是斯大林著作《中国革命问题》中引用了陈寅恪著作中的一些材料)。出身清华国学研究院的蓝文征,据其学生回忆,在日本时曾与日本著名史学家白鸟库吉同席,白鸟问:"蓝君,你认不认得陈教授?"答:"是不是陈援庵先生?"曰:"不是,是陈寅恪先生。"答:"那是恩师。"白鸟一闻此言,马上隔桌趋前伸过手来。白鸟在日本史学界被热捧得如太阳,如何对陈寅恪先生如此佩服尊敬呢?白鸟说,他研究中亚问题时遇到困难,写信请教奥国学者,回信说向柏林大学某教授请教,而柏林的回信说应请教陈教授。但这一掌故不可信。因为蓝文征所有的著作、回忆录中,都不曾提及这一事,这极有可能是此学生意欲借助陈寅恪来抬高其师身价,进而抬高自己。而且,在日本的风俗文化中,绝无隔桌握手的礼节。

　　另外,一位叫艾天秩的清华大学学生在一篇回忆文章中提到,陈寅恪过年很有师道尊严气派。学生、同事到他家拜年,陈寅恪坐在铺了绸缎椅披的太师椅上,别人向他鞠躬行礼拜年,他只微微点头,礼毕,师母请客人吃一碗放了红枣的白粥。此亦是子虚乌有,其他的清华学生从未有过这样的拜年经历,另外,相传吴宓曾对清华大学校长罗家伦说:"当今文史方面的人才,在老一辈中要推陈寅恪先生,在年轻一辈中要推钱钟书,他们都是人中之龙,其余如你我,不过尔尔!"这被称为"龙之妙喻"。

另一类型的掌故逸闻,是关于陈寅恪与当代名人交往的趣味故事。五六十年代,一些北国政要到广州,都要求拜访"如雷贯耳"的陈寅恪,然而,陈寅恪常常拒绝访客,赋诗云:"闭户高眠辞贺客,任他嗤笑任他嗔。"

最早拜访陈寅恪的是陈毅。陈毅的高明之处在于,不和陈寅恪谈论政治时事,而是专"论文说史",尤谈《世说新语》,深得陈寅恪之心,得到"共产党里还有这样讲学问的人"的高度评价。

1959年3月,文化部部长周扬拜访陈寅恪。本来周扬要吃闭门羹,但因为顾及陈序经面子(校长陈序经与陈寅恪友好,1948年邀请他南下任教于中山大学),为不想让陈序经过于为难,陈寅恪勉强答应见周扬。可是周扬在中山大学东南区一号二楼上显然没吃到什么好果子。陈寅恪连问周扬,1958年新华社广播了新闻,说大学生教学比老师还好,只隔了半年,又说学生需向老师学习,为何前后矛盾如此?周扬回答说:"新事物要实验,总要实验几次,革命、社会主义也是实验。买双鞋,要实验那么几次……"陈寅恪不大满意,说实验是可以,但是尺寸不要差得太远。"陈寅恪的态度是挑战式的",而一向辩才无碍、有"文艺沙皇"之称的周扬则显得底气不足。尽管如此,回到招待所后,周扬仍掩饰不住自己的兴奋,因为他总算见到陈寅恪一面。当然,他对陈寅恪的感觉也和许多人一样:"有点怪"。其后回京,周扬仍极力赞扬陈寅恪之学问精深,号召学生们尊敬教师,"都要向老教授学习"。周扬甚至后悔说自己不应与大师辩解,惹得大师不高兴。

郭沫若的情况比较微妙(1961年3月、11月两次拜访陈寅恪)。毕竟,双方都是才高八斗、学富五车的学术大师,皆非等闲之辈。郭沫若为"新史学五大家(郭沫若、范文澜、翦伯赞、吕振羽、侯外庐)"之首,是"马列主义史学"的代表,而陈寅恪是"资产阶级史学"的"重镇",两者针锋相对、水火不容却又都风流儒雅、德高望重,也就只能是寒暄多于交流,而谈笑风生的背后仍是格格不入。郭对此也有清醒的认识,在第二次拜会中,当场作出一副"壬水庚金龙虎斗,郭聋陈瞽马牛风"的对联,虽是游戏之作,却有深意存焉。从字面上看,陈寅恪生于1890年(庚寅),属虎,按天干地支的五行归属,庚为金;郭沫若生于 1892 年(壬辰),属龙,按天干地支五行对应,壬为水,故谓"壬水庚金",而郭沫若晚年耳背,陈寅恪衰年目盲,故顺道又将两人的"生理缺陷"自嘲一番。更为巧妙的是"龙虎斗"和"马牛风",以巧合的属相,将两个"阵营"的学术代表喻为"龙虎斗",但你瞽我聋,所谓的"斗"根本就是不存在的"风马牛不相及"了。

1962 年 2 月,胡乔木以学生身份拜谒老师,陈老非常高兴。30 年代胡乔木就读于清华历史系,与"清华四剑客"(季羡林、林庚、吴组缃、李长之)相交甚好。交谈中,说到国家近年经济形势,陈寅恪问:"为何会出现那么多的失误?"胡乔木笑答:"这就好比在一个客厅里将沙发、柜子不断地搬来搬去,目的是想找一个好的位置,所以就免不了产生搬来搬去的震动。"陈寅恪笑说胡乔木的比喻妙于周扬。

最惨的是康生,他吃了闭门羹。1962 年 2 月,胡乔木离开之后,无论校方办公室人员如何动员,陈寅恪就是坚持不见康生。康生其实也应算是"读书人",读过很多书,文笔极好,书画俱佳,艺术品位亦很高,无论从政治地位还是文化修养上讲,他都应该见得着陈寅恪,却被拒之门外。这让中山大学很尴尬,于是就动员中山大学历史系的一个研究古文字的专家容庚去见康生。康生就在中山大学的宾馆接见了容庚,在接见的过程中两个人竟然争论起来,原因就是康生认为容庚的一本古字帖是赝品。康生说他在新中国成立之后看过这本字帖的真本,但是容庚说他在新中国成立前就看到这本字帖了,双方各执一词,于是,康生表示去容庚家中看看这本字帖。到了家里之后,两个人反而和好了,康生对容庚印象很好,就开始捧容庚而压制陈寅恪,以报一箭之仇。容庚有需要出版的著作,康生就欣然帮忙马上为他出版著作,但是陈寅恪的书《论再生缘》,在最后的审稿会上,被康生的两句话改变命运:"《再生缘》写到了征东,出版陈寅恪的这本书会影响与朝鲜的关系","陈寅恪的书里有几首旧体诗情调很不健康,这是作者不满现实、反对共产党反对社会主义的表现。"《论再生缘》这本书在陈寅恪在世的时候,一直没能出版,连他自己都不明原因。

这些类似于口传文学的陈寅恪逸闻趣事很多都经不起考证推敲,可以作为报刊的补白和文人们的谈资语助,但作为真正的学术材料或是真正的论文来使用却要慎重,如梁启超推荐陈寅恪,白鸟库吉崇拜陈寅恪等,实是小说家言,不可尽信。但八九十年代谈名人掌故是当时话题入流的一种标志。八十年代前期,知识分子都处在一个思想启蒙的亢奋状态,在拨乱反正的指导方针下,社会弥漫着一股回归传统、仰慕大师的"文化热",于是中国近现代"三大国学大师"(章太炎、王国维、陈寅恪)和"六大学问家"(章太炎、王国维、梁启超、陈寅恪、胡适、郭沫若)的提法也就应运而生。由于学术脉络的断裂、文化田野的荒蛮,知识青年主体醉心于文史基础知识的补课和获取文凭,阅读、交流的范围多是"伤痕文学",一时还无法深入学术的堂奥。附着在名人身上的传奇故事正好符合那个时代人们关闭太久的心理需求,如陈寅恪背着《皇清经解》留学列国,能流利背诵"十三经",并与吴宓、汤用彤并称"哈佛三杰",通晓十几国语言,是中国的读书种子,没有学位而被梁启超推荐任清华国学院导师,教授的教授,记忆力惊人,目盲著书,一家三代四人上《辞海》等。在当年政治气候"乍暖还寒"的时节,一个如此博学多才、通晓十几门外语的学界奇人、中国读书种子陈寅恪的形象在文化知识人心中的位置之高是可以想见的。我们都是过来人,非常清楚这些事情。我首先接触的是陈寅恪的父亲陈三立(散原老人)原因是我就读的中学是以他父亲的名字命名的,叫做"散原中学",1944年由江西省政府命名。第二个熟知的就是陈衡恪,因为八十年代盛传齐白石的老师是修水人,所以我们一些知识青年到处打听齐白石的老师是谁,后来才知道是陈衡恪。第三个才是陈寅恪,我以这个为切入点和最早接触的契机,慢慢买他的书,读他的著作,但是还进入不了学术的堂奥和学术史的范围。

不可否认,这些与纯学术关涉不大的陈寅恪掌故,对塑造有"中国读书种子"之誉的陈寅恪形象,起到了纯学术著作如口述文学、传记文学所起不到的作用。但陈寅恪之所以被人们视为二十世纪下半叶中国知识分子的楷模,主要是因为他倡导"独立之精神,自由之思想",他"为学不作媚时语,读书不肯为人忙"的高贵人格,不"曲学阿世,侮食自矜"的传统士大夫风范。有一个说法是"他是中国最后一个士大夫"。如果说陈寅恪掌故的广泛流传是当时社会文化背景的折射的话,那么我们今天仍然津津乐道陈寅恪掌故,就话题滞后,"至今已觉不新鲜"了。以名人掌故为热门话题的年代已经过去,文化学术界应该引领潮流,超越陈寅恪掌故时代,把话题的亮点转到陈寅恪的学术、思想、人格等方面。对陈寅恪的言说应该更上一个层次,或者说改变过去以言说陈寅恪掌故为主到以言说陈寅恪的学术、思想、人格为主。二十多年前,人们了解认识陈寅恪是以附着在他身上的感性传奇故事为先导、为切入点的。二十多年后,对陈寅恪的学术、思想、人格的研究已经有了长足的进步,人们言说陈寅恪,应该吸纳最新的研究成果,从更高的层次切入陈寅恪的精神世界,使陈寅恪研究获得符合时代的动力和理性的支撑。这就是说,"陈寅恪热"还会延续,这些掌故轶闻还会流传,但是有一个主次的关系,有一个感性和理性的关系。因为口传文学掌故中有不符合科学理性的因素,虽然它有故事情节丰富、更形象感性这些人们乐于接受的优点,但还需另一种话语,也就是研究性地、更加理性地来面对学术。这个境界就比较高,能够雅俗共赏。

十、以"预流"的精神做好陈寅恪及其家族研究

由于陈寅恪的人格具有巨大魅力,也由于他的学问足以令人仰慕,陈寅恪研究已经成为一门显学。中国的学术显学有龙学(文心雕龙)、红学(红楼梦)、鲁学(鲁迅研究),"陈学"也成为其中之一。但"陈寅恪热"中也存在背离实事求是的科学理性精神,或一味颂扬而分析不足,或断章取义任意曲解的现象,如不及时警觉,将对弘扬陈寅恪精神带来负面影响。陈寅恪在论著中反复多次告诫,做学问要谨慎、严谨、精确,史料的运用持审慎态度是治史应有的立场,并认为这一条至关重要。他曾说:"别人搞数学研究是精确到小数点,我研究史学是精确到年月日。"

在"陈寅恪热"中,纪念与研究都出现过繁荣的局面。"纪念"与"研究"是两个不同的概念,所包含的内容也有差别。所谓纪念者,是因其人其事有功国家有益人民,可为后人效法,因而在一定时候,采取一定形式,集会而纪念之,但因性质所定,往往须出于现实的政治需要,易偏难全,不能得知人论世之真谛。所谓研究者,则是对其人其事其学的全面研究,真研究方能真纪念。纪念是一时一地、某时某地的举措,研究则是无穷无尽的行为。纪念有时而尽,研究则应用无穷。陈寅恪这样世不多出的大师学者,是我们民族的光荣、学术的骄傲,当然值得纪念,但更重要的是要研究其学其人格只有真正研究渗透,才能明白如何去学习陈寅恪先生,继承发扬光大他的学问和思想人格,这是对寅恪先生最好的纪念。

纪念活动要"热",而研究则要"冷"。范文澜曾说:"板凳要坐十年冷,文章不写一句空。""冷"是为了使"热"更有理性、更有学术含量。没有学术含量作基础的"热"不会长久,有哗众取宠之嫌。2004年1月,中华书局出版陈寅恪晚年弟子蔡鸿生《仰望陈寅恪》。此书"引言"写道:"上世纪八九十年代之交,在陈寅恪先生返归道山之后约二十年,所谓'陈寅恪热'不知不觉地出现了。他的'后世相知',难道会有那么多吗?"深知陈寅恪

其人、其学的程千帆先生,在 1996 年 6 月致舒芜函中,作过一个精当的评论:"'陈学热'实体现对传统文化关注之心态,非徒重其学术创见也(多数人恐亦不懂他说些什么,但隐约感到他说的一定很重要而已)。"语含微讽,其实是十分中肯的。但愿追星族不会光临学术界,尤其对自号'文盲叟'的陈寅恪,他在生时已'闭户高眠辞贺客',作古后就更需要安息了。九泉并非热土,让大师回归自然吧。"我想,冷比热好,真知灼见是不会烫手的。"他希望学界对陈寅恪多一点纯学术性的探讨研究,而不是各取所需,把学人非学人化。让所谓"陈寅恪热"理性地回归实处,即回到"冷板凳"上,回到对陈寅恪的学术传统及其学术遗产的研究和继承上,还陈寅恪的"学人魂",把政治的还给政治,把学术的还给学术,把思想的还给思想这是对二十多年来研陈的理性思考,对今后的陈寅恪研究也具有指导意义。

1930 年 6 月,陈寅恪先生为陈垣《敦煌劫余录》作序,说了这样一段话:"一时代之学术,必有其新材料和新问题。取用此材料,以研求新问题,则为此时代学术之新潮流。治学之士,得预于此潮流者,谓之预流(借用佛教初果之名)。其未得预者,谓之未入流。此古今学术史之通义,非彼闭门造车之徒,所能同喻者也。"所谓"预流",用今天的话说,就是在做学术研究时,要进入前沿,追踪新材料、新成果,发现新问题。陈寅恪研究已然成为今日一个学术潮流。清儒有言:"为学当如大禹治水,须知天下山川脉络。"回顾二十多年来国内"陈学"兴起的历程和展望今后学术走向以及"陈学"自身的演进轨迹,可以看出"陈学"这个学术潮流有着多方面的课题价值。陈寅恪的学术、思想、人格为我们提供了常读常新的人文资源,正如傅璇琮所说:"陈寅恪确是那样一种学者,对于他们的认识,不是一次或一代人所能完成的,陈寅恪著作中有着超越于具体史事证述的深刻思考,我们每次接触它们,都会发现一些过去没有察觉到的有意义的内容。"

陈寅恪研究中还有许多空间等待人们去探索认识。尚未解决的问题和难点(也是今后研陈的方向和致力的重点)大约有以下四个方面:

1. 关于陈寅恪的生平经历,已有不少成果,大的方面已经明了了,但若以朴学家的考据精神来核实已有的相关著述,或搜辑不全,失之疏漏;或铺张过情,失之夸饰,期盼一部精审严实的《陈寅恪年谱》问世,以最准确地反映谱主的人生、思想、学术。这方面,中华书局马上要出版一部年谱,是他早年的一个弟子卞僧慧写的,他今年已经 97 岁高龄。我已经看过了这本书的清样。这位老先生非常了不起,他做学问真正继承了陈寅恪先生那种严谨的精神。他写另外一部年谱(《吕留良年谱》)写了三十年,三十年代开始写,六十年代成稿,九十年代才出版。

2. 其早年的留学经历,所受西方文化思想和西方汉学界研究方法的影响仍需深入发掘史料。清末民初,很多史料缺失,例如他留学的经费来源,他和友朋的关系,他和老师的往来,和留学生的交往等,这些史料都有待发覆。

3. 其治学范围、方向的转变,与时代的关系有待深入探讨。

4. 其治史非常看重名门望族在历史变迁之际所特有的保存、传承文化的作用和历史人物的家世、地域、人际关系、婚姻关系,是否出于自身之体验?他的家世背景对他的思想、学术产生了怎样的影响等。我的初步研究是,在五兄弟中,他最得其父亲的人格精髓。他的父亲是一位贵公子、名士,本人非常耿介和高傲。陈寅恪身上有他父亲的同类遗传基因。但是要把他们父子之间精神上的渊源关系写成论文还有一定难度。

因此,用新材料、新眼光、真见解来解决上述真问题,是摆在"研陈"队伍前面的重要任务。对于我们义宁后学者来说,继承他用真见解解决真问题的本领,光大发扬他去浮华、疾虚妄、取信征实、厚积薄发的优良学风,并融入到自己的治学与思想中去,就是对"义宁先生"陈寅恪最好的纪念。

在研究成果的具体形式上,应该继承陈寅恪重视文献材料、用材料说话的治学理念,花力气搜集发掘第一手材料,对现有的材料进行甄别考订。这就要求研究者要有朴学家做文献整理的精神与功力,对本学科盘根错节的材料进行源与流、第一手与第二手材料的考订甄别。而一些在"陈学园地"里涉足多年的专家不做文献材料工作,分不清所用材料的源流真伪,也不知某一问题已有新成果出现,常使用一些过时材料,虽云专家却不够专业。因此,"研陈"园地迫切需要借鉴中科院文研所鲁研室编辑大型《鲁迅研究学术论著资料汇编》的经验,按专题详编自七十年代以来海内外研陈资料,约请专家撰写概论述评,每本专题集后附目录索引。有深度的研究不可能建立在贫乏的资料积累之上。

江西作为陈门五杰的故乡,理应有一个阵地,有一支研究的队伍,并且多出成果。如果眼光锐利的话就应该发现"义宁陈氏"是个品牌,是可以把我们江西写大的一个文化世家。清华研究院四大导师中,梁启超是广东人,王国维是浙江人,赵元任是江苏人,只有陈寅恪是江西人。这是我们自己的人文资源,我们却没有率先抓住,以致造成"陈家在江西,陈研在省外"的现象。这种"家有至宝而不识"的现象再也不能重演了。从研陈队伍的分布情况来看,我们可以预计今后陈寅恪研究仍将以北京、上海、武汉、广州、海外学人为主,因为这些地方有陈寅恪的人脉和学术渊源,他们得"人和"。而陈氏家族成员研究陈氏家族史的研究当以江西为主,这里留下了陈氏家族较多的文献材料和实物遗迹,我们得"地利"。我们如果与学术前沿紧密联系,在科学的理论和方法指导下,可以预计将在陈氏家族文献资料搜集、陈氏家族史的著述上有所建树,进而申报课题,创办研究室和专业刊物,成立学会,为"陈学"真正成为"显学"、"实学"作有力的支撑,克服研陈园地表面上热闹,具体工作却不扎实的倾向。

吴宓赞扬义宁陈氏"义宁陈氏一门,实握世运之机轴,含时代之消息,而为中国文化与学术德教所托命者也"。义宁陈氏一门,实为我国近代人文学术重要一源,也是江西近现代道德文章的一面旗帜。发展经济与弘扬文化都需要资源,而文化指的就是文化遗产和历史积淀。

环顾江西近现代的人文学术资源,义宁陈氏确实可以在全国站得住,也经得起时间的检验。江西的近现代名人有很多,比如南昌大学校史的渊源老祖宗胡先骕,还有肖公权、李瑞清、夏敬观,这些都是在明末清初名噪一时的学者和专家。然而,他们无法与陈家相媲美,因为陈家是一个人才群体并且在人才群体中诞生了一位如此重大的人物——陈寅恪。所以,陈家犹如弥足珍贵的矿藏,经得起时间的检验。

南昌大学作为江西唯一的一所"211"大学,应该当仁不让地挖掘弘扬江西的地域文化、历史遗产。

十一、"义宁陈氏"的其他三位重要成员

下面主要介绍"义宁陈氏"文化世家中其他三位重要成员的德业、文章。

(一)"海内奇士"——陈宝箴

在陈氏家族发展史上,陈宝箴是承先启后的关键人物。他上承父祖所创"耕读传家"之门风祖德,下启"义宁陈氏"文化世家之先河。纵观陈宝箴七十年,主要有三方面值得弘扬纪念:一是青年时期科举成功;二是中年时期在与太平军作战中表现出色;三是晚年时期在湖南巡抚任上维新变法,励精图治,力行新政。

1. 科举成功

陈宝箴二十岁中秀才。当时，读书人需经县考、府考、院考如此三级考试，才能中秀才，取得参加正式科举考试的资格。许多人即使县考、府考通过，院考未过仍无法考中秀才。凡是未中秀才者，不分年龄，一律称作"文童"或"童生"即使已是七八十高龄，也仍被称作童生。只有考中秀才，你才算是取得功名。所以，陈宝箴年仅二十就中得秀才，对其家族来说是一个极大的鼓舞。清代科举，考取秀才后，便可参加三年一次的乡试考取举人。陈宝箴即于次年参加恩科乡试，顺利中举。

时至今日，我们已能清楚看出，陈宝箴中举对其家族及本人具有多么重大的意义。在民间社会，族中出了一位举人是轰动全族的大事，而对于有棚民背景的陈氏家族来说，尤为惊天动地。（闽浙、赣南、广东的客家人，离乡迁徙至赣北、皖南山区，赁山开垦，搭棚而居，因而得称"棚民"。）在当时，棚民是社会地位极为低贱的一个民系。因此，陈宝箴中举，对提升陈氏家族社会地位的作用不可小视。在他中举之前，陈家作为一个"耕读之家"，已有四代十多个文童名落孙山、艰于一衿的痛苦记忆而陈宝箴顺利中举，使得陈家彻底摆脱了文运不利的阴影，从此，文昌星高照陈氏家族。

陈宝箴科举成功绝非偶然。他是义宁州（今江西修水）读书人奋发向上的整体心态和陈家几代所成"耕读门风"共同的托举结果。陈氏家族有着源远流长的科举书香传统。陈宝箴七世祖陈于庭是乡试副榜（即副举人），七世叔祖陈于阶是进士。再传三世至陈宝箴曾祖陈鲲池，耕读之家的脉息始终未断绝。毫无疑问，如此诗礼传家的家世背景和文人素质将会传承子孙后代。咸丰八年（一八五八年），陈宝箴赴京师两次会试不第，留京城苦读三年，未能再登甲科得取进士。陈寅恪晚年所写《寒柳堂记梦稿》中说："吾家素寒贱"，"先祖仅中乙科（进士榜称甲科，乡试中举则为乙科）"，但陈宝箴的崛起，却为陈氏家族进一步的发展壮大打下扎实根基，而家族期盼的金榜题名终由其长子陈三立实现。

陈宝箴中举后，陈氏宗族为他立下了一块"旗杆石"。"旗杆石"即是树立旗杆的基座，而树旗杆，正是向世人宣告此地曾出名人。那时，只有举人才可立旗。清朝初年由县衙为举人立旗，后渐由家族自立。所以乡野调查时，看见"旗杆石"即可推断当地曾出名人，且至少是举人以上功名。

2. 叙功入仕途

陈宝箴中举后,本应接着参加会试,但因太平天国在江西的拉锯战役不少举人都失去了咸丰二年壬子恩科、咸丰三年癸丑科、咸丰六年丙辰科会试机会。而正是在江西安定之后,陈宝箴才得以参加咸丰十年庚申科会试。咸丰三年,陈宝箴父亲组织一支以陈氏家族子弟为主的团练队伍与太平军作战,陈宝箴亦参与其中。

咸丰八年,义宁州及邻近州县已无大战,各县举子纷纷公车北上参加咸丰九年己未正科、咸丰十年庚申恩科会试。陈宝箴亦参加这两次会试,未考取。按清代科举官制,考中举人即获从仕资格,但未必能得官职,只有进士可进授爵位,或分配外地,官居正七品,或留于京师为各衙门主事,官居正六品。因此,陈宝箴会试落第后曾数年彷徨苦闷,甚至想弃政经商,但之后,他抓住机遇,投曾国藩幕府下。当时,曾国藩是两江总督,并以钦差大臣身份督办江南军务。他对义宁州团练非常赞赏,对陈宝箴亦有所耳闻。因此,陈宝箴登门拜访时,曾国藩大为高兴,立即尊为上宾,称陈宝箴为"海内奇士"。陈宝箴寿辰,曾国藩亦赠联——"万户春风为子寿,半瓶浊酒待君温。"由此可见,曾对陈宝箴的推崇非同一般。

但是,陈宝箴不愿只做幕府主管文案之事,便追随湖南另一名将席宝田,缰马驰骋,屡立战功,多次叙功保奏。(清朝官制,举人未中进士,出路一则是继续会试科考,二则是投封疆大吏幕府之下,立得战功,由封疆大吏保奏求职。)陈宝箴最大战功,是同治三年为席宝田献计建策,生擒太平天国幼主洪福瑱和大臣洪仁玕。可以说,太平天国最后的覆灭与陈宝箴有一定关系。东南战事平息后,陈宝箴再次来到曾国藩幕府,曾为其保奏。同治八年十二月,陈奉旨以知府留于湖南候补。陈宝箴从此踏上仕途,先后任河南河北道知府、浙江按察使、湖北按察使、直隶布政使、湖南巡抚。仕途中,陈宝箴脚踏实地,全凭政绩,由基层逐级提拔至封疆大吏之高位。清朝官场讲究科举出身,出身以进士为贵,而进士又以翰林为贵,以乡试举人成封疆大吏者,唯独左宗棠与陈宝箴。

3. 湖南行新政

一八九五年四月,《马关条约》签订后,陈宝箴深为国家危难痛心疾首,上疏痛陈时局利弊得失。得光绪皇帝器重,已是花甲之年的他于同年升任为湖南巡抚,慨然以变法维新为己任,推行新政,先后设矿务局、铸币局、官钱局、警察局,兴办电信、轮船及制造公司,创立南学会、算学堂、时务学堂,支持谭嗣同等刊行《湘学报》《湘报》,大开维新风气,使得湖南成为全国最有生气的省份。

一八九八年五月,陈宝箴奏请力行新政,并建兴事、练兵、筹款三策以挽救危亡。同年七月,保荐"戊戌六君子"中的杨锐、刘光第参与新政。九月,他又奏请调湖广总督张之洞入京总理新政。(陈宝箴认为,康有为一介书生,或许在理论上可独当一面,却不足以把握国家改革的重责大任,只有像张之洞这样的老臣才能主持"维新变法"。可惜的是,张之洞尚未赶至京城,"戊戌变法"就已失败。)可以说,陈宝箴是地方督抚中唯一倾向"维新变法"的实权派风云人物。

陈宝箴对湖南社会的开放发展功不可没。当时的湖南,只是个偏远小省。陈宝箴到湖南主政后,大张旗鼓推行新政,整套模式按近代西方体制运作,可谓轰轰烈烈、风生水起。可以说,推行洋务新政的湖南,是晚清最有实绩的一个省。有人曾把湖南这样比喻:"中国若为古希腊,湖南当为斯巴达;中国若为德意志,湖南当为普鲁士。"日本的维新人士对湖南新政也甚为推重,将其比作明治维新时期成效最大的长门和萨摩两藩。

其实,陈宝箴在湖南推行改革的阻力非常大。有个叫周汉的道员,一开始与陈宝箴交情尚好,陈也极赏识他。但当维新发展到洋人可在湖南境内畅通无阻时,周汉无法接受,坚持"夷夏之分"。他散发招贴,谩骂诋毁湖南改革,说其辱没祖宗,败坏宗法。结果,许多湖南中下层官员受其影响开始抵制改革。他甚至煽动民众砍"电杆树",说那是洋人传来的妖怪,坚决要砍掉电线杆。他这一闹,吓得洋人不敢再来。其时张之洞正为湖广总督,得知此事,发来电报严词责备,示若听凭周汉如此胡闹,定将破坏改革大业,因要求陈惩治周汉。虽多人求情,陈宝箴不为所动,将周汉革职遣送回乡。

在当时所有巡抚中,陈宝箴的改革思想最为坚定、最为开放。湖南行新政三年,风气大变,湖湘文化从此崛起于南中国。之后,湖南产生大批杰出人物,如黄兴、蔡锷、何叔衡、蔡和森、毛泽东、郭亮等,影响近代国运。

饮水思源,湖南人感念陈宝箴的功绩。一八九八年冬,陈宝箴遭慈禧革职携眷回江西老家时,安家费用尚且无。老友朱禹田(长沙人)赠以万两,他才得以将夫人黄氏安葬于南昌西山。所剩无几后,湖南盐商又馈赠万两,他才得以于墓地不远处盖"崝庐"安居。(当地百姓尊称"崝庐"为"陈公馆"。)于崝庐栖身一年后,农历六月二十六,陈宝箴猝然去世。

上世纪八十年代初期,陈宝箴并非为正面肯定的历史人物,对他镇压太平天国农民起义的批判,至今留有痕迹。进入本世纪后,学界对"洋务运动"、"维新变法"的历史意义有了新的认识,给陈宝箴及其领导的湖南新政以新评价。陈氏主张的渐进改革,即"第三条道路"模式也渐渐受到学界的关注。他的变法主张与维新步骤,在"戊戌变法"百年纪念之际终于引起学界的重视,而其中以王元化、程巢父的论述最具史识。王元化认为,康有为主导的"戊戌变法"采取的是激进手段,把成败寄托于帝后之争,以为帝党胜利则改革成功,这是自上而下的改革路线。湖南新政则相反,它采取的是渐进手段,最大特点是公官权,从基层入手推行地方自治。

综述,陈宝箴可谓晚清一代封疆大吏。《清史稿》更为其列传记。

(二)"名父之名子,名子之名父"——陈三立

陈三立,生于咸丰三年,卒于一九三七年,享年八十五岁。他名三立,字伯严。"三立"意指"太上立德,其次立功,其次立言"(《左传》)。"伯"即"伯仲叔季"之序。弟名三畏,字仲宽,"三畏"即指"畏天命,畏大人,畏圣人之言"(《论语》)。由兄弟二人名字可见,陈宝箴尊崇儒家。

"戊戌政变"后,陈三立与父亲同被革职,全家返回南昌,卜居西山。西山是南昌乃至江西的风水人文宝地,郦道元之《水经注》中,称西山为"散原山"。陈三立居于此后,便以"散原"为雅号,号"散原老人"。

1.早年政治生涯

陈三立十九岁即中秀才,然四次乡试后方于三十岁中得举人。光绪九年进京会试落第,光绪十二年会试及第,录取为贡士。清朝考取进士需经三道程序:第一,会试,考中者为贡士(但习惯上,每于会试考中后即称进士);第二,殿试,由皇帝殿前主持,及第者赐进士;第三,朝考,经朝考取为翰林院庶吉士。陈三立虽会试通过,却因书法不是"馆阁体"而未获得参加殿试的资格。陈三立是极有个性之人,倔强而又自信,四次考举未过,并非他文章不好,而是因他厌弃八股文以散文体应试作答,而会试时,因不愿效仿千人一面的"馆阁体"而学黄山谷体,被罚停一科,要求回家练字三年,符合"馆阁体"时方能参加殿试。三年苦练书法后,陈三立才于光绪十五年补考殿试被录取,但仍因书法累及只得三甲"同进士出身"。清殿试出榜分三甲:一甲三人,依名次为状元、榜眼、探花,赐进士及第;二甲若干,赐进士出身;三甲人数最多,赐同进士出身。科举重出身,进士如未考取翰林,则会见轻于人,三甲进士尤甚。陈三立屈以主事分吏部考功司行走(行走即今见习之意),而从"行走"晋升为"主事",漫漫无期。陈三立心气高傲,在吏部不足三月即辞职回到武昌,辅佐时任湖北武昌按察使的父亲处理政务。

光绪二十一年,陈宝箴由直隶布政使提拔为湖南巡抚。陈三立旋即

携家眷至长沙。陈宝箴任湖南候补知府多年,故陈三立在此之前就与湘中名士才俊多有交往,而今三立以"抚台大少爷"身份再现湖南,散家财广结宾客,加以诗文造诣极高,时人称之为"义宁公子"。陈家亦是"家中客常满,樽中酒不空","陈氏父子开名士行"之言广为流传。

湖南新政期间,陈三立年富力强、才华出众,在整顿吏治、革新文化教育、罗致维新人才等方面多有建树。陈宝箴对儿子极为信任。钱钟书父亲钱基博曾记:"三立一言,其父固信之笃也。"故今人认为,湘中改革是父子二人合作。湖南改革中的大小事务,陈三立或参与决策,或代父处理,赢得极高的社会声誉,与谭嗣同等四人合称为"维新四公子",也叫"清末四公子"。(四公子分别为:湖北巡抚谭继洵之子谭嗣同,广东水师提督吴长庆之子吴保初,福建巡抚丁日昌之子丁惠康,湖南巡抚陈宝箴之子陈三立。)

湖南新政时创建的时务学堂,影响深远。在聘请老师、录取学生的问题上,陈三立都曾提出重要建议。先说请先生。当时,黄遵宪向陈宝箴力荐康有为担任总教习,主讲学堂,然而,陈三立在对比康梁文章后,认为梁启超虽是康有为的学生,但学问却比老师好,不如舍康而聘梁。陈宝箴同意了这个建议。再说取学生。蔡锷十四岁时考时务学堂,文章不好,被黜落,陈三立怜其年少志高,破格录取了他,日后,蔡锷竟成大业。

"戊戌变法"失败后,陈宝箴被革职。陈三立仍属吏部主事编制,于是同父亲一道被革职,罪名是"招引奸邪"。所谓奸邪,即指陈三立举荐的梁启超等维新人物。当时流传着讥刺陈三立的评议:"不自陨灭,祸延显考。"即说他祸及父亲,累及父亲革职。虽然评议有失公道不正确,但也从中反证出,陈三立对其父推行湖南新政的影响非常之大。

中国向来有"四公子"之美谈。著名的"四公子"有"战国四公子"(信陵君魏无忌、春申君黄歇、孟尝君田文、平原君赵胜)、"清末四公子"、"民国四公子"(张伯驹、张学良、溥侗、袁克文)。陈三立名列"清末四公子"之中,可见其时声誉。而后来,人们则盛赞陈寅恪为"公子之公子"。"清末四公子"名动一时,却只有陈公子晚景稍优,得享大年,谭公子、吴公子、丁公子结局都不大好。谭嗣同喋血菜市口,丁惠康呕血而亡,吴保初病痛而绝,皆在散原老人之前故去。四公子中以陈三立、谭嗣同最为著名。当时,有人以谭嗣同与陈三立比之两位旧俄贵族文人,以谭嗣同拟早逝的普希金,而以陈三立拟长寿之托尔斯泰。

2.诗坛盟主地位

革职后,陈三立心灰意冷,从此一心致力于作诗,取得巨大成就。他是清末民初"同光体"诗派的代表人物,享有"吏部诗名满海内"之誉。"同光体"是近代各种诗派的总称,又分闽派、赣派、浙派,其中,赣派继承"江西诗派",诗学黄庭坚(号山谷)、陈后山,以陈三立为首,其地位几近黄山谷。

陈三立在晚年时期,特别是八十大寿后,名声达到顶峰,成为望之巍然的泰山北斗。江西名人皆以有如此一位赣产大贤而自豪,纷上庐山拜访。许多诗人献上自己的诗集于散原老人批点,并以此为荣。有一次,在庐山避暑的蒋介石表示想见见散原老人,老人推说:"我早已是一个不问世事的老朽,即使会面,也没有什么可谈的。蒋先生公务忙,就免了吧。"这副文化名人的架子拿得多么漂亮!

一九三六年,伦敦举办"国际笔会",当时的中国政府指定两人为代表:一为胡适,代表新文学;一为陈三立,代表旧文学。可见陈三立在中国近代文坛上的超然地位。因已年届八十四岁高龄,陈三立终未能前往伦敦与会。

陈三立弟子,国立中央大学教授汪辟疆(江西湖口人),著《光宣诗坛点将录》,仿《水浒传》梁山泊一百零八将排座次,为当时著名的诗人排名次,尊陈三立为"及时雨宋江",并说:"陈散原先生,今之苏黄也,其诗流布最广,功力最深。凡有井水处,多能诵其诗,故私淑弟子遍天下。"钱钟书曾用地理名词"陵谷山原"概括唐以后的大诗人。"陵"指"三陵":杜少陵(杜甫)、王广陵(王令)、梅宛陵(梅尧臣)。"谷"指"二谷":李昌谷(李贺)、黄山谷(黄庭坚)。"山"指"四山":李义山(李商隐)、王半山(王安石)、陈后山(陈师道)、元遗山(元好问)。"原"指"一原":陈散原。安徽师范大学教授吴孟复认为:"江西历史上有三位开宗立派的大诗人,陶渊明、黄山谷、陈散原。"陈三立诗承黄山谷又另开新宇,两位修水诗人,相距近千年,交相辉映,反映了地域文化传承接力的强劲与韧性。

3. 晚年爱国情操

"戊戌政变"后,陈三立以"凭栏一片风云气,来作神州袖手人"的耿耿悲怀,淡出政治,保持距离,不再过问世事,不再与权贵交往。一九三二年,挚友郑孝胥扶助溥仪投靠日本建立"伪满洲国"。陈三立痛骂郑"背叛中华,自图功利",从此与郑不再来往。"一·二八"事变后,日军侵占上海闸北。陈三立闻此讯后彻夜不眠,自此开始密切关注战事的发展。当时他住在庐山松门别墅,特订航空沪报,每日翘首盼望,"报至则读,读竟则愀然若有深忧。一夕忽梦中狂呼杀日本人,全家惊醒"(《陈寅恪先生编年事辑》)。

光绪八年,陈宝琛充任江西主考主持乡试。应试的陈三立因弃八股以散文体作答试卷,初选时曾遭摒弃,后由陈宝琛于落第卷中检出,拔为举人。陈三立感其破格录取之恩,终生执弟子礼而不移。一九三四年初,陈三立移居北平,专程拜谒恩师陈宝琛,并不顾他人劝阻,坚持向其行三跪九叩大礼以尽弟子之仪,且云:"师道尊严,当如斯也。"其时,陈三立八十三岁,陈宝琛八十七岁,白头师生。老友罗振玉、郑孝胥见他如此传统,又劝诱他到伪满洲国去排班称臣,他断然拒绝,说"这是汉奸行为"。

一九三七年"卢沟桥事变"后,北平人心惶惶,一片混乱。居于北平陈寅恪家中的陈三立愤然说:"我决不逃难!"及至卧病在床、病情严重时,他仍在询问:"廊坊收复了吗?"陈三立一生注意出处进退,注重人格气节,对后代尤其是陈寅恪的影响极大。一九四五年十一月,江西省政府决定将设于修水的赣西北临时中学改名为散原中学,以纪念先贤,表彰忠烈,激励民族气节。

陈三立一生,历经咸丰、同治、光绪、宣统、民国,几乎见证整个近代史的发展历程。近些年来,随着学界"研陈"热的高涨和文学史的重写,陈三立以及"同光体"都得到重新评价,而其中有两种评价值得介绍。

一是,复旦大学历史系教授钱文忠,从陈三立于"义宁陈氏"中所处承前启后地位的角度立论,称其为"名父之子,名子之父"。中国社会历来采取官本位,尽管上有不测君威,一门数公或数代显宦仍不绝于书,称得上"名父之子"或"名子之父"者大有人在。但要成为"名父之名子,名子之名父",历数前世,鲜有其人。这需有数代清华的家世条件,且每一代都须在立德、立功或立言方面有足以彪炳千秋的成就。散原老人足以当之。他不仅是名父之子——清末名臣陈宝箴之子,名子之父——国学大师陈寅恪之父,而且本人亦享有大名,比"名父之子"或"名子之父"更进一境,是以"名父之名子,名子之名父"。这是世人继"清末四公子"之后,献给散原老人的又一专有名词。

二则是,学者刘讷称陈三立为"中国最后一位古典诗词大师"。这是经过分析我国新旧文学嬗替的历史现状和陈三立的诗作成就所得出的结论。

两种说法都富有新意,但若以文化、精神层面上的"证本"而言,仍以陈三立知交佛学大师欧阳竟无的一段话为佳,特为引录:"(散原先生)得志则改革致太平,不得志则抑郁发愤而一寄于诗。彻始彻终,纯洁之质,古之性情肝胆中人。发于政不得以政治称,寓于诗而不可以诗人概也。"

(三)人品高洁——陈衡恪

陈衡恪,字师曾,号槐堂、朽者,陈三立长子,一九〇二年春赴日留学,一九〇九年夏归国。归国后,他任职于北洋政府教育部,并先后在江苏南通师范、湖南第一师范、北京高等师范、北京美术专科学校从事美术教育。

陈衡恪主要有两点值得缅怀。

1. 诗书画印,兼善多能

陈衡恪才华横溢,诗、书、画、印兼善多能,绘画、篆刻曾得吴昌硕指授,在金石书画界享有崇高声誉。他曾建议鼓励齐白石衰年变法,是吴昌硕之后、齐白石之前承先启后的著名书画大家。陈衡恪是世家子弟,又是毕业于日本东京高等师范大学的留学生。在日留学八年回国后,他于教育部任佥事、科长之类职务。以其才艺、人品,陈衡恪名闻京华。

一九一三至一九二三年这十年间,陈衡恪在我国书画界名位极高,是为京派领袖人物。当时京城常有文人聚会,会后常共同作画留念,陈衡恪若不上前起第一笔,他人皆不敢动笔。那时,张大千尚未北上来京,徐悲鸿尚未学成归国,溥心畬尚在戒坛寺苦用功。辛亥之后,齐白石初到北京,知者尚少,且多画工笔仕女,耗时费力,不易取胜时流。后来,陈衡恪劝他改画大写意,又为他筹办日本东京展览会。齐白石听从建议改其画风,东京展览会也极为成功,数百幅画销售一空,引起日本艺术界极大兴趣,齐白石声名大噪,齐白石虽比陈衡恪年长十二,但得其助力,大器晚成。

2. 性行纯笃,人品高洁

一九〇九年,三立弟子、衡恪好友胡朝梁,赠诗"陈家兄弟文章伯,佳句流传江海间"。因家业凋零,生活所迫,自一九〇六年起,陈三立开始在报刊上发表诗作获取稿费。之后,衡恪跟进,方恪、隆恪随后。陈氏父子之名频频现于报端,父子诗文常同载一刊。十余年间,陈氏父子名声大噪,世传"散原诸子均能作诗",而在其中,得分最高者当属衡恪。表面上,得分最高是因衡恪的诗、书、画、印技法高成,而其实是因传统"世重其艺,我重其人"之念。衡恪人品之好,为当时文坛士林一致公认、口耳相传。陈衡恪悼亡诗写得极好,感人至深,而这恰是他高洁人品的最好例证。

陈衡恪元配夫人范孝嫦(菊英),不幸于一九〇〇年二十五岁时逝世。六年后,衡恪续娶汪梅未,仍是书香门第之后。但是,继室汪梅未(春绮)

又不幸于一九三一年三十一岁时香销玉殒。春绮逝世一月后,衡恪含泪刻成一方印,印文是"深知身在情长在",边款"师曾悼亡,乃有此作,灯前自赏,不禁泫然"。"深知身在情长在"是晚唐李商隐句,全诗为"荷叶生时春恨生,荷叶枯时秋恨成。深知身在情长在,怅望江头江水声。"(《暮秋独游曲江》)两位夫人相继病故后,陈衡恪陷入"此恨绵绵无尽期"的哀痛中。他曾以孝嫱、春绮字号将书房名为"菊梅双影盦",并镌刻"菊梅双影盦"室名印一方。

民国时期的诗评家普遍认为,衡恪于诗一道虽承家学而不貌袭其父避俗避熟、奥远曲折之风。陈师曾诗风冲和萧澹,情真语挚,悼亡诸作尤工。悼亡诗代表作有《至前妻范氏墓所》,"酬酒对荒山,泉枯草亦干。封兹一抔大,迟我十年看。人事祇如此,悲怀耿未殚。驰晖背云去,怆立又空还。"《春绮卒后百日往哭殡所感成三首》其二云:"故人九原土,新人三寸棺。相继前后水,一往不复还。我何当此戚,泪眼送奔澜。生时入我门,缘髪承珠冠。死别即尘路,灵輀载鸣鸾。忽忽十年事,真作百年看。念此常恻怆,凋我少壮颜。少壮能几何,厌浥朝露团。会当同归尽,万事空漫漫。"其中,以"酬酒对荒山,泉枯草亦干。封兹一抔大,迟我十年看"及"故人九原土,新人三寸棺。相继前后水,一往不复还"最佳。诗句如行云流水,明白晓畅,但字字读来,仿佛能听见作者平静叙述后的咽泪吞声。

另有一首悼亡名作《题春绮遗像》:"人亡有此忽惊喜,兀兀对之呼不起。嗟余只影系人间,如何同生不同死。同死焉能两相见,一双白骨荒山里。及我生时悬我睛,朝朝伴我摩书史。漆棺幽閟是何物,心藏形貌差堪拟。去年欢笑已成尘,今日梦魂生泪泚。"此诗言语虽如同闲话家常,感情起伏变化却紧扣住读者心弦。诗作开头说,古人亡后见其遗像似是一桩喜事,但每"兀兀对之呼不起",又勾起丧亲人之痛,转念同死,然同死仍不能相见,不如让遗像"朝朝伴我摩书史"。诗后半部分又将笔锋转向现实,"去年欢笑"今梦魂,分外得孤寂、凄凉,以至悲泪纵横。全诗采用情景交融、虚实相错的手法,一气呵成,具有"唯将终夜长开眼,报答平生未展眉"(唐元稹悼亡诗《遣悲怀》三首之一句)的艺术魅力,确是其上乘之作。将其诗作与苏轼《江城子·十年生死两茫茫》比照阅读,会发现衡恪诗深受前人影响。

一九八八年,北京荣宝斋出版《陈师曾印谱》,收入"深知身在情长在"印。我一见此印印文即爱其俊爽,辞浅意深,似有晚唐风味。彼时尚不知是李义山诗,多年来一直以为是衡恪自己的佳句。印文与边款"师曾悼亡,乃有此作,灯前自赏,不禁泫然"营造了一种伉俪情深、深情绵邈的伤感氛围,使读者对这位悼亡人产生深深敬意。的确,衡恪之悼亡情真意切,毫不矫情。他对两位前妻的长久怀念,成就近世文人悼亡的一段佳话。悼亡之作贵真,陈衡恪的悼亡诗,不仅在清末民初的悼亡诗作中有一席之位,亦有资格入选历代悼亡名作。

一九二三年六月二十九日,陈衡恪继母俞夫人逝世。治丧期间,陈衡恪极尽长子之责,奔走操劳。南京酷暑,陈衡恪不幸感染伤寒,而日本医生将其误诊为痢疾,以致病情延误。一个多月后衡恪病逝,年仅四十八岁。这是陈家的又一大劫难。陈衡恪猝逝,师友同仁同声一哭。正在比利时布鲁塞尔访问的蔡元培得知噩耗,悲叹:"陈师曾君在南京病故,此人品性高洁,诗书画皆能表现特性,而画尤胜。曾在日本美术学校习欧洲画时,参入旧式画中,有志修中国图画史。在现代画家中,可谓难得之才,竟不永年,惜哉。"一个多月后,北京文化艺术界三百余人借江西会馆为其举行追悼会。其时恰值日本东京大地震之后,故梁启超在演讲中称陈衡恪猝逝为"中国文艺界之大地震"。在南京陈宅办丧事时,陈衡恪留日好友弘一大师(李叔同)从浙江衢州赶来,身着袈裟,在陈衡恪棺木前三叩首,不言只字,叩首毕即飘然离去。

十二、从"耕读之家"到"文化世家"

文化世家在中国的大量涌现始于南朝,南朝统治之地非常富饶,而兴盛的经济可支撑文化事业的发展。因此,自上而下重视文学的社会风气盛行,使得文学才能的高低成为衡量士人才学的标准。而各家族内部世代相传的文化积累和视文学为家学的自我意识,又为文学家族获得了形成、发展、延续的可能和动机。南朝时期的家族是一个个由血缘关系联结而成的特殊共同体,每个家族形成的时代、地域、过程不同,决定了各自不同的家风、不同的家学内涵。但仍有两点共通,对此钱穆曾有论述:"当时门第传统共同理想所希望于门第中人,上自贤父兄,下至佳子弟,不外两大要目,一则希望其能具孝友之内行,一则希望其能有经籍文史学业之修养。此两种希望,并合成为当时共同之家教。其前一项之表现则成为家风,后一项之表现则成为家学。"陈寅恪关于"世家"、"门风"的论述很多,如:"士族之特点既在门风之优美,不同于凡庶,而优美之门风实基于学业之因袭。故士族家世相传之学业乃与当时政治社会有极重要之影响。"那时的诗书之家都讲究门风祖德,如庾信《哀江南赋》中的名句:"陆机之辞赋,先陈世德;潘岳之文采,始述家风。"

隋唐以后,中国通过科举选拔人才,民间社会逐渐形成"耕读并举,作育人才"的模式。科举时代,"耕读传家"对农家具有巨大吸引力。"耕"是生存之本,"读"是进身之阶,是乡民攀登社会阶梯的唯一途径。在已逝去的年代里,耕读不仅仅是属于文化层面的田园牧歌,而更是家族的头等大事,是古人日常生活的重要内涵。他们晴耕雨读,春耕冬读,秀者抱经,朴者负耒,众多寒门细族在这种耕读秩序下崛起于阡陌陇亩之中。而陈宝箴家族,就是一个典型范例。过去"耕读传家"的模式是如此,六七岁时孩子入家塾,至十二三岁遴选淘汰。有天赋异禀的孩子留在家塾继续读书,不事农活,而不善读书的孩子下地干活,从事农耕。

细究陈宝箴家族,其属客家移民,史称"棚民"。一般说来,棚民刚迁移至某地,考虑最多的是如何生存,站稳脚跟是首要任务。只有生活初步安定,解决衣食温饱,读书的问题才会提上议事日程。黄仁宇先生曾指出:"一个农民家庭如果企图生活稳定并且获得社会声望,惟一的道路是读书做官。然而,这条路漫漫修远,很难只由一个人或一代人的努力就能达到目的。通常的方式是一家之内创业的祖先不断地劳作,自奉俭约,积铢累寸,逐步上升到地主。而这一过程常常需要几代人的努力,经济条件初步具备,子孙就获得了受教育的机会……表面看来,考场内的笔墨,可以使一代清贫立即成为显贵,其实幕后的惨淡经营则历时已久。"陈宝箴家族的发展道路非常符合这条规律。从最低贱的"棚民"到有一定地位的耕读之家,再到举世闻名的文化世家,陈氏家族创造了勤耕苦读的奇迹,见证了耕读模式的合理性。

同治末年,陈宝箴以知府就官湖南,遂挈眷定居长沙。陈氏家族最优秀的一支从此走出山外,奔向更广阔的天地。陈宝箴、陈三立父子凭借家族数代积累的英锐之气,际会时代风云,广交天下英才,盱衡时局国是,吏能廉洁及气节文章颇负重名于当世。陈宝箴终以举人出身,跻身于晚清封疆大吏之列,政声人品得到朝野名流的高度评价。陈氏家族遂从耕读人家一跃而成为中国近世几个著名的世家显第之一。

陈三立也秉承祖先勤耕苦读的传统,并将其运用于城郭之中。一九〇〇年,陈三立挈眷定居金陵,先办家塾,三年后将家塾扩为小学,名"思益小学"。这是南京第一座新式小学,开近世中西合璧新式教育风气的先河。其时,中国正面临巨变,科举制度即将解体,中体西用思想已成为社会思潮的主流,以"声、光、电、化"为标志的新学涌入国门。当此中西文化碰撞消长时刻,进士陈三立以预流的胸襟识见、开放的视野心态,率先在家塾中开设新学课程,继又鼓励子弟出洋。在这种新旧兼容、条件优越的教育背景下,陈氏子弟挟家学之渊源,得风气之先,在家塾中初步领略新学之后,留洋深造。陈氏家族中,九个子弟先后留学。而陈寅恪更以迈往不屑之气,刻苦坚韧,留学日、美、德、法共计十三年,为我国近世留学史留下了一段佳话。吴宓教授曾说,陈寅恪是"全中国最博学之人"。

上世纪二三十年代,散原老人陈三立确立其文坛泰斗的地位,子息皆已崭露头角:陈衡恪诗书画印卓然名世;陈寅恪、陈登恪执教上庠;陈隆恪、陈方恪赋诗填词,初露锋芒。而陈寅恪沉潜学术,终成一代史学大师。可谓名父名子,先后辉映。一九三四年,吴宓教授撰文赞扬陈氏家族:"一家三世,为中国近世模范人家……父子秉清纯之门风,学问识解,惟取其上,所谓文化贵族。降及衡恪、寅恪一辈,犹然如此,诚所谓君子之泽也……故义宁陈氏一门,实握世运之机轴,含时代之消息,而为中国文化与学术德教所托命者也。"评价之高,解识之深,至今难出其右。"义宁陈氏"文化世家的徽号至此业已名成义立。

"义宁陈氏"作为一个文化世家受到世人的关注和崇敬,是以上世纪八十年代的"陈寅恪研究"热为先导。文化学术界由对陈寅恪生平、学术、人格、思想的研究深入至他的家族,深入至这个家族对一代德人儒宗产生的影响。八十年代,与这个家族声名密切相关的"戊戌变法维新运动"、"同光体诗派"刚从极"左"的阴云笼罩下解脱出来,人们还来不及对其进行梳理与研究。因此对于大多数中国人来说,陈宝箴、陈三立、陈衡恪、陈寅恪并非是耳熟能详的名字,人们面对的只是一个没有俗世声名的特殊家族。

进入九十年代后,学术界对"义宁陈氏"的介绍和研究有了长足的进展。人们开始发现,"国之瑰宝"、"文化巨人"陈寅恪的背后是一个强大的陈氏家族。学者们或用"义宁陈氏"的家世渊源来解释陈寅恪的文化观念和政治思想,或从新发现的陈氏家世资料生发开去,阐述昔日世家显族的道德精神和文化传统;或指出"研究'陈学'并不意味着仅仅研究寅恪先生,我们面对的是义宁陈家这一在近现代文化史上占有举足轻重地位的文化家族"。"义宁陈氏",就是这样一步一步地走进读者的视野。原来,这个家族早在清末民初就已声名远播。陈氏与近代几个著名的家族,如曾国藩、李鸿章家族都有姻亲戚谊,与现代许多显赫的人物也都有着直接或间接的关系。在现代人物网络中,"义宁陈氏"占有相当重要的位置。陈氏家族公孙三代四人——陈宝箴、陈三立、陈衡恪、陈寅恪,分立条目载入新编《辞海》。祖孙四人享此殊荣者,《辞海》中仅此一家。

二〇〇二年,修水县人民政府为陈氏文化世家修建了"陈门五杰纪念广场"。与山外蓬勃的"陈寅恪热"相比,故乡的纪念虽然慢了半拍,但毕竟还是来了。如果说,《辞海》为陈宝箴、陈三立、陈衡恪、陈寅恪分立条目创下特例的话,那么,"五杰广场"是故乡人民为陈氏家族创造的第二个特例。举国境内,以一个家族成员命名的文化广场,迄今尚无第二家。而作为文化广场发起者之一,我有幸撰写了广场上五座碑柱的碑刻与祭文。

"耕读传家"曾是中国传统农业社会中,小康农家所努力追求的一种理想生活图景。它从形而下的实际耕读行为,上升为哲学层面的理念、风俗,对中国民间社会产生了深远影响。相对于现代教育体制而言,耕读的要义在于教育民间化、家族化。清末以后,耕读模式在欧风美雨的冲击下,渐渐边缘残破。所幸,从耕读之家走出来的最后一茬士大夫还没有立即割断脐带。虽然洋学堂已纷至沓来,但不少旧族仍然重视私塾授业,家学秉承,让子弟从小受到严格的人品、国学教育。根基既立,再送至新学堂去,再进一步自费或公费留洋。由此眼界得以开拓,思维得以更新,传统国学与现代学理、方法相结合,于是群贤出世。立足于本位文化,精研异族文化;汲取域外智慧,开拓本土资源——这是近世人才成长、学术转型的一条规律。但是后来,我们违背了这一规律,民间已失去自办教育的体制条件,家塾在民间社会彻底歇绝。民国以后,国立大学、私立大学、教会大学积累的文脉皆斩根断脉,中西学统失去凭依。中国新教育体制并未朝着清末力主废除科举的先行者所设计的那样成功地走下去,"义宁陈氏"这样的书香门第成为广陵散已是无可挽回的事实。陈氏家史表明:没有民间社会的耕读门风,哪有三代承风的文化世家? 没有中西人文、新旧学问的深度融合和衔接,还能产生陈寅恪这样的大师吗?

哲人已矣,典型犹存。乡邦遗献,俎豆素馨。庄严亮丽的"五杰广场",是修水人民为"义宁陈氏"文化世家树起的一座丰碑!(掌声)

最后,谨以庄子的两句话来结束本次讲座——"万物有成理而不说,天地有大美而不言。"谢谢!(掌声)

现场互动

学生一:刘教授,您好! 感谢您的精彩讲座! 作为中文系的学生,我对文学极感兴趣。我认为,我们这一代人中,有许多人对"义宁陈氏"并不了解。不仅如此,我们年轻一代对中华传统文化的了解也越来越少。在这种传统文化流失的社会背景之下,您认为我们应该做些什么?谢谢!

刘经富:我主要从事古文献、古籍整理,因此你所提的问题,对我而言有些生疏,但也略微有所了解。在传统文化大面积流失的社会背景之下,中华传统应如何在八九十年代出生的新一辈中薪火相传?这一问题,不只是你们,我们这些五十年代出生的一辈人也经常思索。

就我个人的体会来说,学习中国传统文化首先要有极大的兴趣。古语云:知之者不如好之者,好之者不如乐之者。以我自身为例,我酷爱中国的传统文化与文字语言。"文化大革命"期间停课,同龄人都玩得不亦乐乎,而我却怀着极大兴趣听一位邻居老人讲《说唐》。至今我仍记得老人当年说"薛仁贵征东"时的神情、语气。

我年轻时下工夫背过古文诗词,现因神经衰落记忆力下降,只能记得大概内容。记诵是学习传统文史的基本功。青年时期是记诵的黄金时期,二十岁可背古文百篇,五十岁或许尚存十几篇;二十岁时只背十篇,五十岁时就一篇也没有了。写作练笔,则是我另一珍贵经验。学问积累到一定程度,一定要动笔——动了笔,知识学问才能得以巩固生根。

我平生最大的缺憾,就是对传统文化中的经学知之甚少。传统经学相当于现今所称的哲学,儒学在当时的地位相当于今日的马克思主义。我上两辈的读书人,对经学的知解程度非常深厚。《论语》《孟子》《幼学琼林》中的精彩语典,信手拈来,而我们却需要查询原著。因此,大家要趁着年轻时,广泛涉猎经学著作并抄录、背诵。反复背诵直至写作能够应用自如,文史知识就有一定基础了。

学生二:刘老师,您好!感谢您的精彩讲座。陈氏家族确实声名在外。这样显赫的文化世家正犹如一块丰碑,在中国历史上有着深远的影响。您觉得,作为当今大学生,我们应该如何学习陈氏家族的文化精神以提升自己呢?谢谢!

刘经富:陈寅恪学术研究,属于"小众话题",只有搞那一行的专家才懂;但陈寅恪巨大的人格魅力则深入人心,为我们树立了知识分子的楷模。因此我们主要是学习"义宁精神",应继承发扬陈寅恪为学术而勇于献身、坚定不移、独立自由的品格。中华文化传统教育历来倡导做人为先,品德为重。无论是为学还是做事,做人是第一位的。而且义宁先生的风骨、品格,比他的专业学问有更多感性事例和材料,比较容易掌握。

我主张青年人最好进入高校,并不只为单纯地学习书本知识。是因为在高校能遇到有思想、有经历、有人格的老师,同时也有来自五湖四海不同地域文化的同学。因此,大学四年中,同学们要充分利用高校的文化氛围和学术平台提升自己。如果碰到好老师,应与他多交流。课堂之上,老师或许公事公办,面孔严肃。但在课后平常生活中,若相得相知,老师们常常会纵兴畅谈。古来弟子门生常与师长相聚,风乎舞雩,如沐春风。

　　学生三:刘教授,您好。我想请教您:陈寅恪先生留学列国,必然受到欧美文化的影响。中外文化交汇、碰撞中,他如何坚持以民族文化为本位呢?

　　刘经富:陈寅恪先生的文化观,是陈寅恪研究中最难说清楚的问题,颇多争议。赞成者认为陈寅恪先生是符合潮流的新派人物;反对者认为他是文化保守主义者,是新形势下张之洞式“中体西用”的代表。但陈寅恪先生有一点很了不起:他坚守中国传统文化的价值观念,认为传统文化价值观是中华民族文化体系的精华。无论社会发展到何种程度,几千年实践证明都证明,薪火传承的民族文化精神内核都不可抛弃。无论经商、入仕或是为学抑或从事科技工作,都需修身养性,做人为先。对于“四维八目”、“老吾老以及人之老,幼吾幼以及人之幼”、“己所不欲,勿施于人”等中华传统文化的核心价值,他不容许对其的扭曲玷污,终其一生捍卫核心价值的神圣地位。这一点他是看得很准的。

　　学生四:刘老师,您好!陈寅恪先生以“以诗证史”闻名,也在该方面有所建树并且著有《元白诗笺证稿》。我想请问您,这部著作对后世的影响表现在哪些方面?您如何看待陈寅恪“以诗证史”的治学方式?谢谢!

　　刘经富:陈寅恪先生的“以诗证史”是其学术的亮点,学术界普遍认可他开创了一种新的治学方法。众所周知,对于学术研究,方法极其重要,而陈寅恪的“以诗证史”则开创了扩充新史料的方法。

　　章学诚主张“六经皆史”,扩大了史学材料的范围。陈寅恪在章学诚“六经皆史”的基础上进一步扩大史料范围,他把小说、传奇、野史等甚至中医的医书都视为史料。所以,他的成功之处就在于,不仅找到了治史的新方法,还更加扩大了治史的范围。譬如,他用中医著作《黄帝内经》、《金匮要略》考证病症“狐臭”之最初称为“胡臭”,说明该疾病是由中亚与中国边疆少数民族交往中传入的。南京大学的著名学者程千帆也对陈寅恪的“文史互证”有着极高的评价,说有方法论的价值。

　　同时,他影响了后世治学的态度,给后人以极大启示。陈寅恪遵循

"实事求是,凭材料说话"的科学理性精神。他注重稗官野史、诗词小说中的重要历史信息,即使它们与正史有着差距,也不厌其烦地进行考证研究,"去伪存真,由表及里,由此及彼。"所以,"以诗证史"提高了一个人考证的功力和理念,这也是"以诗证史,文史互证"的价值和意义所在。

具体来说,《元白诗笺证稿》是其学术上的里程碑。起初,他主要研究中亚方面的语言、历史,后来转向为唐朝的史学研究,有《元白诗笺证稿》、《唐代政治史述论稿》和《隋唐制度渊源略论稿》三本著作。后两本书是研究隋唐历史的重要著作,而前者却跨越了学科领域,即历史和文学的结合。所以,《元白诗笺证稿》真正反映了陈寅恪博学多才和在考证方面的卓越才能。

学生五:刘老师,您好!谢谢您的精彩讲解。在您讲解的过程中,我产生一个疑问:您提及陈寅恪和钱钟书两位学术泰斗中的学术分歧,请刘老师为我们具体介绍这方面的知识。谢谢!

刘经富:陈寅恪和钱钟书之间的关系一度是炒作的话题。刚才我提及了一些"钱迷"力挺钱钟书而贬低陈寅恪。毕竟,当时"陈寅恪热"如日中天,倘若扬钱抑陈继续发展,势必引起众怒。陈寅恪是钱钟书的老师,在大学时期,虽然钱钟书没有听过他的课,但名义上仍旧是其学生。陈寅恪对其学生钱钟书非常赞赏,曾为钱钟书调离西南联大打抱不平。由此可见,他非常爱才。钱钟书在其著作中不点名地对陈寅恪"以诗证史,文史互证"的考据提出反驳,也对陈寅恪花十年功夫考证柳如是、钱谦益往事不以为然。在一次海外学术研讨会中,钱钟书点名道姓指出陈寅恪学术失误的地方,不过这并不能说明钱钟书对陈寅恪就有多大的不恭敬。

我认为他们之间不具有可比性。首先,身份有所差异,一个是老师,一个是学生;其次,一个是通儒,一个是国学专家。通儒和国学专家的区别在于通儒关注民族国家历史文化的大趋势、走向和未来,关注的是精神和文化层面,更侧重于道统和学统,这就是通儒的标准和境界。而专家很专业,即在某一方面很有研究。以山脉为比喻,山脉有主峰也有其他高峰,通儒如同主峰而专家如同其余一座座的高峰。当然这只是我的浅见。

同学六:刘教授您好。我想问的是,我们应该如何看待当前的国学热呢?现在很多同学重拾国学,我们南昌大学也开设了国学班,那么,我们应如何学好国学?我们应如何处理中国传统文化和西方外来文化的关系?

刘经富:实际上,"国学"一词,"五四"之后就已出现了。所谓"国学",

即是与"西学"相对应的一个名词。但是,国学的内涵到底是什么尚未可知。我们只是偏好于将传统文史之学都纳入其范畴之内。二三十年代时期,国学即指哲学、经学、子学,普遍教教授的汉赋、唐诗、宋词尚不达国学标准。国学,应是关乎民族精神文化层面的大课题。但是现在,我们把国学等同于传统文化,把步入工业文明、城市文明后那些随之慢慢消逝的田园牧歌式古老文化都当作了国学。这似乎有些混杂不清,其外延和内涵仍有待鉴别。

如今,各个高校的中文系都在学习唐诗宋词,那是不是写几篇有关杜甫李白的论文就称得上精通国学了呢?在传统文学之外另设"国学"专业,容易导致概念不清。九十年代后,在传统文化大面积流失的情况下,很多高校开始关注国学,中国人民大学、武汉大学、南昌大学等高校先后创立国学班,这是人文学科的新起点,本无可厚非。但有些高校借此名目彰显其校人文素养,似有沽名钓誉之嫌。

第二个问题,关于如何继承国学,与前一位女生如何继承中国传统文化的提问相类似。作为年轻一代,一定要守住两样国学"瑰宝"。一是儒家道家的核心价值学说,《论语》、《孟子》、《老子》、《庄子》,这些经典著作一定要"啃"。"啃",是饿急的人扑在面包上的形象。啃书很费劲,很辛苦,但若能将这些经典"啃"完,你就打下了国学的根基。《论语》、《孟子》、《老子》、《庄子》、《采唐集》、《弟子规》、《幼学琼林》、《增广贤文》等经学著作,定要广泛涉猎。

二是经典诗词需背三到五百首,名文美赋需背至一百篇。大学四年,我们应下苦功记诵。二十岁时你能背诵古文百篇,四十岁或许只能默诵十几,及至花甲,腹中恐只存二三。但若你一篇不背,或是二十岁时仅背二十篇,那么五十岁时,腹中空空。我年轻时,正是按照百篇的要求来背诵。现能一字不落背下的,虽只余《岳阳楼记》、《阿房宫赋》两篇,但其他古文,依然有大概印象。传统的文史经学,一定要背诵,一定要读出声音来,记到心里去。这是我的忠言,腹有诗书,人有学养,方才不辱没那一纸文凭。

精彩评论

落寞身影后那笃定的虔诚

程志坚（新闻 072）

在午后恬适的时光里，笔者静静地聆听着"前湖之风"周末讲坛刘经富教授对"国学大师"陈寅恪家族及其生平历史的娓娓道来。傅斯年语中"三百年学问仅此一人"的这位学术老人似用孤寂的生命悲歌带给了现今时代学术研究无尽的思绪。

遥遥回眸，忆陈先生在《赠蒋秉南序》中云："凡历数十年，遭逢世界大战者二，内战更不胜计。其后失明膑足，栖身岭表，已奄奄垂死，将就木矣。默念平生，固未尝侮食自矜，曲学阿世，似可告慰友朋。至若追踪前贤，幽居疏属之南、汾水之曲，守先哲之遗范，托末契于后生者，则有如方丈蓬莱，渺不可即，徒寄之梦寐，存乎遐想而已。呜呼！此岂寅恪少时所自待及异日他人所望于寅恪者哉？"寂寞是治学的天然朋友，名利是求知的最大阻力。观陈先生留洋求知一十三载，未尝求取一洋学位。究陈先生历学至三十九岁方才不堪父母之命而成婚。这是何等之毅力，何等之洒脱！卓越源于不凡，非常之学取自孤灯冥烛中那一缕缕困丝落发。落寞的身影中依稀窥见那笃定的虔诚，陈先生所倡导的"独立之精神，自由之思想"在历史研究中熠熠生辉。

让人惊叹的是著名的《论再生缘》、《柳如是别传》。如此巨著是陈先生失明、膑足之际依靠顽强的毅力艰难完成的。恰似太史公笔下孙子膑足、左丘失明典故。伟大而卓越的成就往往有着惊人的相似，好比希腊的《荷马史诗》、霍金的《时间简史》和人类文明的山水花园里面绽放的一朵朵奇葩。

网站留言精选

海宁：文化给我一种差异感。民风民俗有所差异，文化自然有一定的差异。文化的传播，精神风貌的传承，除了一个个古老的传说和一本本书籍以外，更重要的是一位位思想伟人的存在。

游客：义宁世家，太伟大太辉煌。

寒叶：学术奇葩，神州大儒。斯人已逝，灵魂永驻！

（主持人 周菲菲 录音整理 胡杨梅 高雅 摄影 肖梦瑶 程志坚）

后记

　　时光荏苒，岁月如梭，距第一批"前湖之风"文化丛书(共3辑)的出版已逾4年了。4年来，讲坛踵事增华，越办越好，在校内外获得了不少声誉，一个充满朝气和活力的名字——"追风人"，也由此产生。

　　《左传》上曾说"言之无文，行而不远"。此次系列文化丛书的出版，也算是"前湖之风"周末讲坛的"售后服务"吧。一来，对于那些未能亲赴讲座的听众不至于抱憾；二来，能将讲座嘉宾的思想以文字形式记录并使之永存，这也是我们一如既往的心愿。

　　这一辑书稿总共收录了11篇讲稿(第五十八期——第七十期)，排列组合在"复兴之路"、"热点聚焦"、"科技纵横"、"成功探秘"、"文艺漫谈"、"解读大家"六个版块。其中既有对接社会现实的经验之谈，又有聚焦热点的真知灼见；既有穿越时空的心灵交流，又有温情款款的浪漫感怀。

　　感谢校党委书记胡永新拨冗赐序，感谢校长周创兵的殷殷寄语。两位领导的文字，不仅增色文本，更是对讲坛的鼓励和鞭策。

　　本书的编辑出版，饱含了校领导对发展繁荣校园文化的期待和支持，荟萃了演讲嘉宾的智慧和心血，凝聚了宣传部同仁和"前湖之风"周末讲坛联络处同学的辛勤汗水，对他们的努力我们深表感谢！

　　最后，感谢江西教育出版社及周建森副社长、罗京编辑对本书出版的指导和帮助。

　　囿于学识，不足之处，恳请方家指正。

编者

2014年6月

"前湖之风"周末讲坛联络处 58—70 期
主要学生工作人员

序号	姓名	专业	年级	职务岗位
1	李宝峰	科技哲学	研二	总策划
2	廖碧星	哲学	本科	策划人
3	李琴	微生物	研三	办公室
4	叶萍	伦理学	研一	宣传策划
5	苑玉红	马克思主义哲学	研二	会场布置
6	程志坚	新闻	本科	文字编辑
7	莫明锦	计算机	本科	网络宣传
8	罗武	档案学	本科	产品推广
9	汤蓓	播音主持	本科	主持人
10	高艳阳	新闻	本科	主持人
11	崔永明	播音主持	本科	主持人
12	周菲菲	播音主持	本科	主持人
13	张琪	传播学	研一	主持人
14	罗琳	对外汉语	本科	书稿校审
15	甘晴	应用心理学	研二	书稿校审
16	吴晓燕	行政管理	本科	书稿校审
17	张瑶	法学	本科	书稿校审
18	严思远	汉语教学	本科	书稿校审

图书在版编目 （CIP） 数据

"前湖之风"周末讲坛.第5辑/刘继荣编.--南昌：江西
教育出版社，2014.8
ISBN 978-7-5392-5480-7

Ⅰ.前… Ⅱ.刘… Ⅲ.社会科学—文集 Ⅳ.①C53

中国版本图书馆 CIP 数据核字（2010）第 171507 号

"前湖之风"周末讲坛·第五辑
QIANHUZHIFENG ZHOUMOJIANGTAN·DIWUJI
刘继荣 编

江西教育出版社出版、发行
（南昌市抚河北路 291 号　邮编：330008）
各地新华书店经销
南昌大学昌大印刷厂承印
787 毫米×1092 毫米　16 开本　17 印张
字数：300 千　印数：1-2000 册
2014 年 8 月第 1 版　2014 年 8 月第 1 次印刷
ISBN 978-7-5392-5480-7
定价：38.00 元

赣教版图书如有印装质量问题，请向我社调换　电话：0791-86710427
投稿邮箱：JXJYCBS@163.com　　来稿电话：0791-86705643
网址：http://www.jxeph.com

赣版权登字-02-2014-252